第100回目のドイツ図書館司書大会のモットー「未来のための図書館，図書館のための未来」のイメージに，ウルム（右）とコットブス（下）の新しい図書館はぴったりである。1518年に創立されたウルムの学術図書館，ウルム市立図書館（バーデン＝ヴュルテンベルク州）は，1896年創設の市立自由図書館・読書館と1968年に合併した。1999年にはケルンの建築家ゴットフリート・ベームが新しい市立図書館の建築を引き受けた。歴史的なウルム大聖堂の近くにあるガラスと金属からできたピラミッド型の中央図書館は，2004年4月15日に竣工式が執り行われた。4,600㎡の面積を持ち，21万冊の資料を提供している。

ブランデンブルク工科大学の新しいシンボルとして，また大学と街の接点として，コットブスにある大学図書館（ブランデンブルク州）の斬新な建築が生まれた（建築家はバーゼルのヘルツォーク＆ド・ムーロン）。この新しい図書館には，ブランデンブルク工科大学の情報・資料提供サービスの新しい構造に立脚した未来志向の構想がある。さまざまな機関が，2004年に情報・コミュニケーション・資料センター（IKMZ）へと統合され，共同で新しい建物の中に事務所を構えたのである。このコンセプトにより，当大学図書館は2006年に「ライブラリー・オブ・ザ・イヤー」に表彰された。

1999年に開館したドルトムント市立・州立図書館の新しい中央館（ノルトライン＝ヴェストファーレン州，建築家はマリオ・ボッタ）は，都市建築に新しい指針を示す画期的なものであった。長い石造りのメインビルディングの前に，ガラスで覆われた円形の開架資料ゾーンがある。大規模な音楽資料館，美術工芸品の貸出センター，そして古写本部門を持つこの図書館の資料は，約110万冊になる。

大学外研究機関の中心地の一つが、ワイマールである。アンナ・アマーリア公妃図書館（テューリンゲン州）の2005年冬に開館した研究センターは、そのほかのいくつかの宮殿と地下の書庫からなる新しいワイマール図書館群の一部である。「赤の城」の中庭に生まれた立方体型の図書室は、分類ごとに配架された開架書架（容量20万冊）を持ち、メインビルディングである「緑の城」のロココ様式の閲覧室（次ページ下）と対をなす。建物の完成以来、図書館は啓蒙時代からロマン派までのドイツの文学史研究のための理想的な環境を提供している。

140万冊を所蔵する世界最大の議会図書館の一つでありながら、ドイツ連邦議会図書館は、1949年の創立以来ボンの臨時の空間に仮住まいをしていた。2004年、ベルリンの帝国議会の隣に建てられたマリー＝エリーザベト＝リューダー＝ハウス（建築家はシュテファン・ブラウンフェルス）に移転し、初めてふさわしい空間を得た。円形建築の中に置かれた閲覧室とその周りをとりまく歩廊には、2万冊の資料と50席の閲覧席があり、閲覧席は議会を模して半円形に配置されている。

2009年にオープンしたグリム兄弟センター（建築家：マックス・ドゥドラー）は、ベルリン・フンボルト大学の新しい図書館で、12の人文・社会分野の分館が同じ建物に同居している。蔵書は250万冊で、そのうち150万冊が開架式の書架に並べられている。全部で1,250席の座席があり、そのうち500席がPC用、44席がマルチメディア用である。さらには10のグループ・ワーキング・ルームや55の個室があるが、これらをもってしても、図書館内の学習環境へのニーズには追い付けていない状況である。

ニーダーザクセン州ヴォルフェンビュッテルにあるアウグスト公爵図書館は，公爵のコレクションとして1572年に創設され，17世紀にはヨーロッパ最大のコレクションの一つとなった。今は，ヨーロッパ文化史の研究施設として機能している。ヴォルフェンビュッテル図書館群の中央には1884年から1887年にかけて建てられたアウグスト図書館の「アウグストホール」(右)がある。13万5000タイトルに上るメインコレクションが，ここに収められている。

テューリンゲン州ワイマールのアンナ・アマーリア公妃図書館は，1766年に完成したとびきり豪華なロココ＝バロック様式のホール(下)を持つ。それゆえ，このホールを建てた公妃の名前が，1991年に図書館の名前として選ばれた。2004年に火災に遭い，上層階と5万冊の本が焼けたが，2007年に再び開館した。また2005年には現代建築の研究センター(前ページ上)の竣工式が行われた。図書館は古い蔵書の目録化の数々のプロジェクトに参加しており，また『ドイツ古典主義国際目録 1750-1850』を編纂している。

　2005年に竣工したベルリン自由大学の文献学図書館の新館。華々しい建築で知られるイギリスの建築家サー・ノーマン・フォスターの構想による。図書館の機能と外見から、「ベルリンの脳」というあだ名がつけられた。2006年には、2年に一度のベルリン建築賞を受賞した。それまでは人員的にも空間的にも不足していた11の研究所図書館が、楕円形の泡の形をした建物の中に統合された。開架書架の収納量は80万冊、閲覧席は640である。

　ドイツには、公共図書館や市民大学、芸術団体の運営する約120の「美術工芸品や写真の貸出センター」がある。絵画や工芸品を貸し出すのみならず、現代の芸術家との出会いの場を提供し、現代芸術の仲介を行う。多くは複製品で、オリジナルのものは少ないが、平均では1館あたり1,500から2,500点の貸出可能な作品を所有している。写真はビベラハ・アン・デア・リス市立図書館(バーデン=ヴュルテンベルク州)の美術工芸品貸出センター。革新的なサービスにより、2009年に「ライブラリー・オブ・ザ・イヤー」を受賞した。

　アウグスブルク市立図書館(バイエルン州)は、2009年に竣工した新しい図書館(建築家はハンス&シュテファン・シュランメル)に移転した。あまり適切とは言えない古い建物を使用していたが、2005年に市民の要求が認められた結果である。ガラスを多用した建築は、高度な省エネルギー技術、遊び心あふれる色使い、個性豊かな採光方法を採用しており、人々を魅了する。鏡を使って太陽光を内部に取り込むため、可能な限り人工光を使用せずに済む。また角柱が太陽光を反射し、虹色の光が白い窓下の壁を彩る。

ドイツ図書館入門
―― 過去と未来への入り口

Bibliotheken in Deutschland
Portale zu Vergangenheit und Zukunft

ユルゲン・ゼーフェルト,ルートガー・ジュレ著
伊藤 白訳

日本図書館協会

Jürgen Seefeldt und Ludger Syré
Portale zu Vergangenheit und Zukunft – Bibliotheken in Deutschland
Im Auftrag von Bibliothek & Information Deutschland e.V.（BID）
harausgegeben
Mit einem Vorwort von Claudia Lux
4., aktualisierte und überarbeitete Auflage

© George Olms Verlag, Hildesheim 2011
Alle Rechte vorbehalten
Printed in Germany

ドイツ図書館入門　：　過去と未来への入り口　／　ユルゲン・ゼーフェルト，ルートガー・ジュレ著　；　伊藤白訳． ‐ 東京　：　日本図書館協会，2011．‐ 169p　：　21cm．‐ Portale zu Vergangenheit und Zukunft – Bibliotheken in Deutschland, 4., aktualisierte und überarbeitete Auflage の翻訳．‐ ISBN978-4-8204-1111-6

tl. ドイツ　トショカン　ニュウモン　al. ゼーフェルト，ユルゲン（Jürgen Seefeldt）　a2. ジュレ，ルートガー（Ludger Syré）　a3. イトウ，マシロ
sl. 図書館―ドイツ　①010.234

ドイツの州と主な都市

目次

第 4 版へのまえがき　7
第 3 版へのまえがき　11

1　歴史——ドイツの図書館の発展　15
1.1　中世から脱宗教化の時代まで　15
1.2　19 世紀から第二次世界大戦　20
1.3　東西分裂から統合へ　23

2　教育と文化——ドイツの行政構造　29
2.1　教育機関　33
2.1.1　一般の学校　33
2.1.2　職業教育　34
2.1.3　公共あるいは民間のメディア部門：写真・映画サービス機関，教育メディアセンター，メディア業界　35
2.1.4　職業の継続教育と再教育　36
2.1.5　生涯教育および市民大学　36
2.1.6　大学およびその他高等教育機関　37
2.2　書籍取扱業　40

3　図書館の多様性——ドイツの図書館の多様な実態　43
3.1　さまざまなタイプの図書館設置母体　43
3.1.1　公的設置機関　43
3.1.2　教会　44
3.1.3　私立の機関　45
3.2　さまざまなタイプの図書館　46
3.2.1　国家レベルの図書館　46
（1）ドイツ国立図書館（DNB）　46
（2）ベルリン国立図書館（SBB）　50

（3）バイエルン国立図書館（Bj26SB）　51
　　　（4）中央専門図書館　52
　3.2.2　州立図書館および地域図書館　55
　3.2.3　大学図書館　58
　　　（1）総合大学図書館　58
　　　（2）専門大学・その他の大学の図書館　61
　3.2.4　専門図書館　62
　3.2.5　公共図書館　65
　　　（1）自治体の公共図書館　66
　　　（2）公共図書館のための図書館支援センター　71
　　　（3）教会による公共図書館　72
　3.2.6　特殊分野の公共図書館　73
　　　（1）子どもおよび青少年のための図書館　73
　　　（2）学校図書館　75
　　　（3）特別な利用者のための図書館活動　77
　　　（4）その他の図書館　78
　3.2.7　情報のインフラストラクチャーとしての施設　79

4　図書館司書という職業と図書館関連団体
——ドイツの図書館制度 …………………………………… 81

4.1　図書館員の仕事 ……………………………………………………… 81
4.2　図書館員の職業教育の歴史 ………………………………………… 83
4.3　ドイツの図書館員教育と教育機関 ………………………………… 84
4.4　図書館員の継続教育，再教育 ……………………………………… 86
4.5　ドイツの図書館関連団体 …………………………………………… 87
　4.5.1　公益法人「ドイツの図書館と情報」（BID）　88
　4.5.2　ドイツ図書館協会（dbv）　89
　4.5.3　情報・図書館職業組合（BIB）　93
　4.5.4　ドイツ図書館司書協会（VDB）　95
　4.5.5　ロイトリンゲンの図書館購買センター（ekz）　95
　4.5.6　ギュータースローのベルテルスマン財団　98
　4.5.7　ミュンヘンのゲーテ・インスティトゥート　99
　4.5.8　ドイツ情報科学技術協会（DGI）　101
　4.5.9　国際協力　102

5 ドイツの図書館協力
——地方の，地域の，そして国家サービスの協力······105
- 5.1 図書館協力の理念······105
- 5.2 市場調査と資料収集における協力活動······108
  - 5.2.1 ドイツ学術振興会（DFG），特別収集領域計画と仮想専門図書館　108
  - 5.2.2 ドイツ刊行物収集計画　111
  - 5.2.3 公共図書館の書評協力　112
- 5.3 目録作成における協力······114
  - 5.3.1 地域の図書館ネットワーク　115
  - 5.3.2 雑誌総合目録データベース（ZDB）と電子雑誌図書館（EZB）　119
  - 5.3.3 古い出版物の目録　120
- 5.4 利用者サービス，情報提供サービスにおける連携······122
  - 5.4.1 地域を越えた相互利用システム　122
  - 5.4.2 電子ドキュメントデリバリーサービス「スビト」　124
  - 5.4.3 情報提供サービスにおける連携　126

6 図書館の未来，未来の図書館······128
- 6.1 大枠条件と戦略······128
- 6.2 未来の公共図書館像，そのモデル······132
- 6.3 学術図書館の現実とビジョン······134
- 6.4 電子図書館······137
- 6.5 結論と展望······141

訳者あとがき　143
索引　146

第4版へのまえがき

『過去と未来への入り口　ドイツの図書館』の第4版が，ベルリンで行われる第100回目の図書館司書大会に合わせて，アップデートされた新しいバージョンとして出版されることになりました。この本は，2003年に行われた第96回国際図書館連盟（IFLA）年次大会のさいに初版が出て以来，大きな成功を収めてきました。英語，アラビア語，中国語をはじめ9カ国語に翻訳され，各地で出版されてきました。ドイツの図書館と情報機関の歴史，構造，発展，その協力事業，そして図書館・情報部門の諸団体について，コンパクトに紹介しています。外国の図書館関係者にとっては，ドイツの図書館の情報を大まかに簡単につかみたい場合には，この本は必須とも言えるものです。ドイツ国内で図書館学や情報科学を専攻している学生にとっては，この本は基礎文献であるとともに，卒業試験までをともに過ごす，信頼できるパートナーです。図書館や情報機関で働く人々にとっては，この新しい版は，ドイツの図書館の発展について最新の情報をさっと手にいれることのできる重要な標準書です。図書館に関心のある政治家にとっては，文化・教育政策を成功させるために現代の図書館が持つ意味を，情報社会の重要な局面を迎えた現在において図書館が果たす役割の重要性を教えてくれる，基本的な読み物です。そして図書館の利用者にとっては，ドイツの図書館や情報機関がどのような資料，どのようなサービスを提供しているのかを知ることのできる，たくさんのヒントが詰まった本です。

ドイツの図書館は，途絶えることのないダイナミズムで動いています。新しく生まれる技術によって，新しい情報が提供可能になり，またその形式も変わってきています。たとえば，

- 電波による個体識別（RFID）によってセルフサービスでの貸出が可能になりました。

クラウディア・ルクス BID 会長

- 携帯電話向けの図書館サービスが始まりました。
- 著作権の切れた作品の大量デジタル化が行われ，インターネットからアクセスできるようになりました。
- 価値の高い文化財の個別デジタル化が行われ，モバイル端末で表示できるようになりました。
- 電子図書や電子雑誌の出版が広がり，それによって電子的にフルテキストを読むことができるようになり，また電子書籍の貸出も始まりました。
- Web2.0の技術の導入により，社会における図書館のプレゼンスを積極的に表現できるようになりました。

建築物としても魅力的な図書館が新しく建設され，これによって利用者のための新しい作業環境，学習環境が生み出されました。図書館内どこでも使うことのできる無線LANが整備され，図書館でのマルチメディアを使った学習や仕事が容易になり，図書館という学習空間は利用者であふれる場所へと発展しました。

今回，二人の著者，ユルゲン・ゼーフェルトとルートガー・ジュレは，この本を再び改定すると申し出てくれました。2003年の第2版，2007年の第3版のときもそうでしたが，この第4版でも改めて全体的な書き直しが必要となりました。統計の数値を一つひとつ調べ，直す必要がありました。しかしそれのみならず，この4年間ドイツの図書館が絶え間なく変化し続けてきたため，本文の4分の1を新しく書き直さなければなりませんでした。特に，図書館協力の環境やそのあり方，そしてデジタルサービスについては大きな書き換えが必要でした。

2006年に行われた，連邦と州の新しい関係を定める連邦制改革は，図書館にも大きな変化を及ぼしました。連邦議会の諮問委員会「ドイツの文化」による要求が肯定的に受け止められ，現在では3つの州で「図書館法」が作られました。バチェラー（学士）やマスター（修士）という課程を取り入れた新しい大学の制度「ボローニャ・プロセス」（2.1.6参照）の実施，それに「エリート大学創設計画」（2.1.6参照）の導入によって，大学の使命も変わってきました。こういった環境の変化の中，図書館と教育機関との関係は活性化され，拡大されました。図書館は今，地域のレベルで，学校や市民大学その他の文化施設と協力して事業を行っています。

インターネットを通じて電子的な視聴覚資料，画像，テキスト，映像データが提供できるようになり，サービス対象が大きく広がったことは，すべての図書館にとって新しい挑戦だったと，二人の著者は報告しています。公共図書館は現在，厳選された電子出版物へのアクセスを，「オンライエ」（4.5.5参照）で提供しています。ドイツ国立図書館では，インターネット出版物の収集が始まりました。仮想電子図書館の「アカデミック・リンクシェア」（5.2.1参照）では，図書館が協力して重要なインターネット情報を紹介しています。雑誌総合目録データベースからは，10万以上の電子雑誌の情報を得る

ことができます。これらすべてのことが，デジタル時代の到来という大変革を図書館や情報機関がいかに成功裏に乗り越えてきたかを示しています。

　この4年のあいだに，資料のデジタル化事業は大きく進みました。ドイツ学術振興会の支援や欧州デジタル文化遺産ポータル「Europeana」(4.5.9参照)のための図書館独自の取り組みが，この動きにはずみをつけました。2010年末に連邦の支援によって創設された「ドイツ・デジタル図書館」(6.3参照) は，ドイツ語圏における知と文化への新しいアクセス拠点を形成することでしょう。

　目録フォーマットのMABからMARC21への変更，新しい国際目録規則RDAの計画，メタデータの改善，目次を参照でき，画像検索やセマンティック・ウェブまでを備えた充実した目録は，図書館がどの方向に向かって進み出したかを示しています。ネット経由での情報提供サービスは，学術図書館・公共図書館双方に広まり，FacebookやYouTubeその他のソーシャル・ネットワークを使った，時代に即したマーケティングも始まっています。

　すべての図書館団体のとりまとめ役である公益法人「ドイツの図書館と情報」(BID, 4.5.1参照) の中でも，大きな動きがありました。2009年にはイメージパンフレット『図書館が良い21の理由』が作成され，これを使ってBIDは政治家その他の政治的決定権者に図書館とそのサービスについて広報を行いました。〔私がIFLA会長を務めた2007年から2009年にIFLAのテーマとして提示した〕テーマ「図書館を議題に」は，BIDにとって現在も最も重要な課題の一つです。2011年2月にロイトリンゲンで開かれたロビー活動セミナーでは，各図書館団体間で改めてこのテーマについて意見交換が行われ，ロビー活動の専門職化，図書館団体間・図書館団体役員間の協力の強化を行うことで合意が得られました。ロビー活動の資金についても新しい構想が生まれました。

　BIDは，この新しく改定された本が再び多くの言語で，国際的な場面で図書館や情報界に資することを願っています。BIDの会員であるゲーテ・インスティトゥート (Goethe Institut, 4.5.7参照) が，これまでの版と同様に，世界中に張り巡らされたネットワークを利用してこの本を多くの言語に翻訳し，またホームページに掲載してくれるならば，心より感謝いたします。第1版の英語版の翻訳者ディアン・ペルツ＝ルッシュ氏，第2版の英語版翻訳者ジャネット・マッケンジー氏については，これらの英語版がさらなる多くの言語の翻訳の基礎となったものであり，特に名前を挙げさせていただきます。このドイツ語版第4版をもとに，英語版第3版がまた刊行されることを，心より願ってやみません。

　この第4版の出版に再び携わってくださったゲオルク・オルムス社の質の高い仕事，そして多くのご厚意なくしては，この本は生まれなかったことと思います。同社にはとりわけ心より感謝申し上げま

す。今後さらに版を重ねるにあたっても，ご一緒に仕事ができることを今から楽しみにしています。

　この本のために豊富な写真を提供してくれたすべての方に，そのご支援に対して感謝申し上げます。これらの写真が魅力的な文章に加わることで，この本は視覚的にもわかりやすく，人を惹きつけるものとなり，世界中からの注目を集めることは間違いありません。

　最後に，二人の著者，ユルゲン・ゼーフェルトとルートガー・ジュレの名前を再び挙げて，感謝を申し上げたいと思います。二人のために，また私たちみなのために，この本が再びドイツと世界で読まれることを，そしてドイツの図書館や情報機関の仕事が世界に認められることを願っています。

クラウディア・ルクス
公益法人「ドイツの図書館と情報」(BID) 会長

第3版へのまえがき

　ベストセラーになるとは。2003 年，ベルリンで開催された第 69 回「国際図書館連盟」（IFLA）年次大会に合わせてこの本の第 1 版が出版されたとき，著者も編集者も，まさかそんなことを想像してはいませんでした。「入り口」，すなわち「ポータル」という言葉がこの本の代名詞となり，それは図書館が「知」の世界への「ポータル」であることを象徴していましたが，この『ポータル』は飛ぶように売れ，4 か月後には校訂第 2 版を出さなくてはならなくなりました。ドイツ語版と同様に IFLA 年次大会に合わせて出版された英語版も，その間に品切れとなっていました。

　この売れ行きを見て，2007 年の第 3 回「ドイツ情報・図書館ライプツィヒ大会」（4.5.1 参照）で，内容を刷新したドイツ語の新版と英語の第 2 版が出版されることが発表されました。そこに，ドイツの図書館についての情報が求められるさらなるきっかけが，またもや IFLA から出てきました。クラウディア・ルクス博士の IFLA 会長への就任です。2007 年から 2010 年にかけて，ドイツ人としては 3 番目となる IFLA の代表を務めることになったのです。これを受けて編集者たちは，ゲーテ・インスティトゥート（4.5.7 参照）がこの新版をも再び可能な限り多くの言語に翻訳してくれると期待しました。と

バーバラ・リゾン BID 前会長

いうのも，第 1 版はすでにゲーテ・インスティトゥートのホームページ上に電子版として 8 つの言語に訳されて掲載されており，また冊子体としてもゲオルク・オルムス社から 6 つの言語で出版されていたからです。

　今回『過去と未来への入り口』の新版を出版するにあたって，公益法人「ドイツの図書館と情報」（BID，4.5.1 参照）は，この新版の情報をアップデートするつもりでした。しかし実際のところ，更新の作業の中で分かってきたのは，この 4 年のあいだにドイツの図書館の状況にいかに重大な変化が生じていたかということ

11

でした。二人の著者ははじめ，部分的な書き換えのみを行う予定でしたが，章によっては結果的に完全に書き改めなければなりませんでした。というのも数値や名称を修正するのみならず，事例や図表を新しくする必要がありましたし，新しい写真を加え，また2003年以降ドイツの図書館で実現した重大なイノベーションについてもできるだけ多くの配慮をする必要があったためです。

それでは，このような徹底的な改訂が必要とされたこの4年間の大きな変化とは，どのようなものだったのでしょうか。

まず総じて強調すべきなのは，ドイツの図書館がさまざまな形で，ドイツの文化・学術サービスの革新のエンジンそのものに属していたということです。この4年のあいだに『ポータル』の新しい版を出版しなければならないほど多くの発展があったという事実自体が，私たちの仕事のダイナミズムを示しており，私たちの仕事が技術的，社会的環境へ常に対応してきたのみならず，革新し続けるサービス業界の刺激剤としての役割を果たしたことを示しているのです。

そういった活動のキーワードとして挙げるべきなのは，2003年以降実現してきた，新しい電子図書館サービスの発展です。たとえば「ヴァスコーダ」（5.2.1参照）の構築，文化遺産の保存のための長期的保存の措置（Kopal, 6.3参照），そして目覚ましい勢いの仮想専門図書館（5.2.1参照）などがその事例です。しかしそれだけでなく，既存のサービスやその方法もこの3年のあいだに大きく変わり，内容を適合させる必要がありました。

同様に，地域を越えた連邦全域的な共同事業の分野でも，たとえば統合システムや相互貸出，そして電子的なドキュメントデリバリーサービスなどにおいて著しい変化が起こりました。ドイツ図書館研究所（DBI, 1.3参照）の閉鎖後，重要な中枢業務の担い手として創設された「図書館専門情報ネットワーク」（knb, 4.5.2参照）は，地域横断的・地方分権的に組織されたサービス機関として，研究所の仕事を受け継いだのみならず，人員の面でも財政的にも確固たる基礎を築きました。

さらに，戦略ペーパー『図書館2007』（4.5.6参照）の公開によって，図書館をめぐる政策についての議論が開始されました。これはまず国家レベルでは，ドイツ連邦議会の文化諮問委員会を通して行われ，またそれぞれの州のレベルにおける議員や担当大臣とは，ドイツ図書館協会（dbv, 4.5.2参照）の地域組織を通して推し進められました。州レベルでの図書館法制定に向けたさまざまな議論が起こり，図書館の基盤をこれまで以上に固めることができるという希望が生まれました。こうして図書館が再び議題に上るようになり，生涯学習，学問や研究，文化遺産の保存，そしてこの変わり行く社会での文化的アイデンティティの確立のために図書館が果たすことのできる機能について，多くの議論がなされました。

2006年の連邦議会で採択された連邦制改革は，図書館についてもその政治的戦略の方向性の見直しを迫るものでした。

第3版へのまえがき

各州の文化・教育分野の独立性がさらに強くなり，このため連邦全土にわたる重要な政策とスタンダードの実現，そして外国に向けたドイツの図書館全体としての主張がさらに難しくなったのです。

また図書館員自身の仕事にもいくつか重要な変化がありました。「ボローニャ・プロセス」(2.1.6 参照)のキーワードのもとに大学の改革が始まり，これが図書館の分野においても後継者の養成に大きな変化をもたらしたのです。

最後に，ドイツの図書館界のとりまとめ役が 2003 年に新しく創設されました。公益法人「ドイツの図書館と情報」(BID)です。〔前身である「ドイツ図書館協会全国連合」(BDB)への〕ドイツ情報科学技術協会（DGI，4.5.8 参照）の加盟により，2004 年の第 2 回ドイツ情報・図書館ライプツィヒ大会でこの名前になりました。

情報業界のあらゆる機関におけるこれらのロビー活動の拡張の裏には，多くの都市での文字通り目に見えるほどめざましい図書館の発展がありました。この数年に，建築学的に重要な数多くの新しい図書館が，時にはまったく新しい建築物として，時には歴史的な建物の改築として生まれました。これらの建物からもいくつか選んで，新しい写真を加えて紹介する必要がありました。

刊行に際してまず感謝したいのは，著者のお二人，ユルゲン・ゼーフェルトとルートガー・ジュレです。二人は，できるだけ短い時間で第 2 版の改訂を行ってほしいという BID の無理難題を文句一つなく快く受け入れてくれました。特別に感謝したいと思います。一緒に仕事をすることは，私にとって大きな喜びでした。

同様に感謝申し上げたいのは，訳者のみなさまです。とりわけ第 1 版を翻訳してくださったディアン・ペルツ＝ルッシュ，それに英語版第 2 版への改訂を行っていただいたジャネット・マッケンジー，そしてゲーテ・インスティトゥートの依頼によりさらなる言語に翻訳していただいたすべての方々に御礼申し上げます。

ゲオルク・オルムス社には，視覚的にも魅力的な本の作成に再びご協力いただき，質の高い仕事をしていただきました。感謝を申し上げます。

この本の視覚的な魅力は，写真が付け加えられたことによって実現したものです。協力していただいたすべての方に心より御礼申し上げます。

この本が再び多くの人に読まれるものと期待しています。そして広い関心を集めることを。ドイツの図書館とそれに従事する人々は，その関心に値するのですから。

バーバラ・リゾン
公益法人「ドイツの図書館と情報」(BID)
前会長

数値で見るドイツの図書館 2009

全図書館(すべての分野，すべての設置母体，ボランティアに運営される図書館を含む。)

図書館数(研究所図書館や分館を含む)	10,855 館
全蔵書数(冊子体および電子媒体の資料を含む)	3 億 6200 万点
貸出点数	4 億 6600 万件
資料収集費	3 億 9800 万ユーロ
職員数(フルタイム換算)	23,230 人
全経費(諸経費および人的経費。専門図書館を除く)	17 億 130 万ユーロ
登録利用者数	1082 万人
相互貸出数	420 万件

学術図書館，総合図書館，地域図書館，大学図書館

図書館数(研究所図書館や分館を含む)	834 館
全蔵書数(冊子体および電子媒体の資料を含む)	3 億 1440 万点
冊子体蔵書数(本，雑誌，新聞，博士論文)	2 億 3850 万点
貸出点数	9600 万件
資料収集費	3 億 100 万ユーロ
職員数(フルタイム換算)	11,847 人
全経費(諸経費および人件費)	8 億 3500 万ユーロ
相互貸出数	395 万件
利用者席数	98,788 席
そのうち，PC 利用席数	15,922 席
登録利用者数	285 万人

公共図書館(学校図書館を除く)

	ボランティアの運営によるものを含む	ボランティアの運営によるものを除く
図書館数(研究所図書館や分館を含む)	10,021 館	3,427 館
全蔵書数	1 億 2340 万点	9610 万点
貸出点数	3 億 6970 万件	3 億 3280 万件
資料収集費	9740 万ユーロ	8270 万ユーロ
全経費(諸経費および人的経費)	8 億 7810 万ユーロ	8 億 3590 万ユーロ
利用者数	1 億 216 万人	1 億 910 万人
登録利用者数	800 万人	620 万人
職員数(フルタイム換算)	11,385 人	11,067 人
相互貸出数	25 万件	21 万件
イベント開催数	30 万件	23 万件

学術専門図書館(ドイツ図書館統計への登録館)

図書館数(研究所図書館や分館を含む)	193 館
全蔵書数(冊子体および電子媒体の資料を含む)	2830 万点
冊子体蔵書数(本，雑誌，新聞)	2230 万点
貸出点数	180 万件
資料収集費	2440 万ユーロ
職員数(フルタイム換算)	934 人
登録利用者数	42 万人
相互貸出数	8 万件

出典：ドイツ図書館統計(DBS) 2009 (2009 年 12 月 31 日時点)

1 歴史
——ドイツの図書館の発展

現在のドイツの図書館の構造と状況を理解するためには，少しばかりドイツの歴史に寄り道をすることが必要である。いくつかの時代の歴史地図を見てみよう。すると，次の二つの事実に気がつくのではないだろうか。

- 「ゲルマン語」を話す人々の住む中欧地域の領域は，必ずしも常に一定だったはなく，数世紀の間に大きさをさまざまに変えている。その境界線は常に変動を続けていたものの，少なくとも西暦1000年ごろには「ドイツ」の領域を示していた。
- この「ドイツ」はどの時代においてもいくつかの領邦に分割されていた。その数は初期には簡単には数えられないほどだが，1803年から1815年のあいだあたりから著しく減少する。これらの領邦は1871年のドイツ帝国の建国以降も州となって存続し，1949年以来16の州を持つ連邦国家であるドイツ連邦共和国の今日の構造までも決定することとなった。

ドイツはこれまで一度も中央集権的な国家であったことがなく，そのためその文化は，主としてそれぞれの領邦や州で発展し，地域ごとに特色あるものとなってきた。ドイツ連邦共和国の憲法である「基本法」が，文化政策・教育政策上のほとんどすべての案件を州の専権事項としたのは，この歴史的伝統ゆえである。そしてこのことが，なぜ図書館制度が地域レベルで発展してきたのか，そして現在に至るまで地方分権的構造を根強く持ち続けているのかということを本質的に説明している。

1.1　中世から脱宗教化の時代まで

ローマ帝国の属州であったゲルマニアの大都市に，すでに図書館が存在した可

815年の司教区設立にまで遡るヒルデスハイム大聖堂図書館（ニーダーザクセン州）は，ラテン語とフランス語で15世紀後半に書かれた聖務日課書を所蔵している。特徴的なのはこの「円形古写本」で，266枚のこの羊皮紙が直径9cmの円形に切り揃えられている。

能性はある。とはいえドイツの図書館の歴史は，古代というよりは中世に始まる。イタリアやスペインを発祥の地として，6世紀以降，修道院が図書室と写本室を備えた書籍文化センターへと発展し，古代の伝統を伝える役割を果たしたのである。

カロリング朝時代（9世紀～10世紀）には，アイルランドやアングロサクソンの宣教師の影響により，ドイツにも大聖堂図書館（ケルン，マインツ，ヴュルツブルク，フライジング等）や修道院図書館ができた。とりわけその中でもフルダやローシュ，ザンクト・ガレン，ライヒェナウやムルバッハの図書館は最大級で，数百冊の本を所蔵していた。中世末期までには，新しい教団（カルトゥジオ会，シトー会，アウグスチノ会，プレモントレ会）が創設され，それによって修道院図書館の数は飛躍的に増加した。とりわけ托鉢修道会（ドミニコ修道会やフランシスコ修道会）は学問と教育を自らに課しており，そのため図書館を不可欠な施設と見なすようになっていた。

こういった学術機関のほかに，中世最盛期（900～1300年）以来，伝道と教育のための新しい場，つまり学校共同体が生まれていた。それらは少しずつ，独立した研究施設である「教師と学生の共同体」へと統合し，今日の大学の萌芽を形成していった。イタリア（サレルノとボローニャ）やフランス（パリ），スペイン（サラマンカ）そしてイギリス（オックスフォード）と比べ，ドイツでは150年も大学建設が遅れた。しかしそのことによって逆にドイツでは，新しい蔵書が形成されることになった。とはいえ，それは控えめなものであった。ドイツでは教授が個人図書館に重要な図書を所蔵し，学生は教授の本からノートをとったり複写をしたりするのが通常だったからである。当時のドイツ帝国内では，プラハ（1348年）が最初に建設された大学で，ウィーン（1365年），ハイデルベルク（1386年），ケルン（1388年），エアフルト（1392年）がこれに続く。

古代後期以降の本の文化の発展に特徴

『ハインリヒ獅子公の福音書』は，1188年にヴェルフェン公の依頼によりヘルマースハウゼン修道院で書かれた，中世の書籍芸術の中でも最も豪華なものの一つである。この羊皮紙の古文書は，ヴォルフェンビュッテル（ニーダーザクセン州）のアウグスト公爵図書館（口絵参照）に保管されており，ニーダーザクセン州，バイエルン州，ドイツ連邦共和国，そしてプロイセン文化財団の4者が所有権を持っている。

1 歴史——ドイツの図書館の発展

1493年にニュルンベルクのアントン・コーベルガーによって印刷されたシェーデルの『世界年代記』は、(後に着色された)木版画1,809枚を掲載する、初期出版の作品の中でも最も挿絵の多い作品である。編集者であるニュルンベルクの医者にして人文主義者ハルトマン・シェーデル博士は、その時代には市最大だった個人図書館を所有していた。写真はジグマリンゲン(バーデン=ヴュルテンベルク州)にあるホーエンツォレルン侯宮廷図書館所蔵のもの。

的なのは、巻物から本(コデックス(Codex)と呼ばれる古写本)へ移行したこと、またその素材もパピルスから羊皮紙、そして後にはより安価な紙へ移ったことである。これにより、本を戸棚や壁の作り付け棚、長机の上へ保存できるようになった。また、写本により本の数が増加したこと、古写本に入れられた挿絵、そしてラテン語が広まったこともこの時期の特徴と言える。

中世には教育制度が聖職者の占有物であったため、聖職者以外が図書室を所有することは稀であった。とはいえカール大帝(742～814年)は、〔例外的に〕注目に値する宮廷図書館を所有していた。しかしそれは継続されることがなく、カロリング朝の後継者たちはしばしば、修道院や大聖堂に豪華な古写本を贈ることで

満足した。教養というものに対する貴族の理想が変わり、文字が読めること、博識であることの重要性が認められるようになってはじめて、貴族の屋敷や王宮に蔵書が形成されるようになった。

13世紀以降、書物文化は都市にも浸透した。しかし市民個人の図書館の数はまだ少なく、人文主義の時代になって、「学者の図書館」として初の隆盛期を迎える。14世紀になると、都市の役所にサービスをする評議会図書館が新しい図書館の型として形成されるようになり、これが後

『ベルトルト祈祷書』の黄金の装丁。バーデン=ヴュルテンベルク州シュトゥットガルトにあるヴュルテンベルク州立図書館の所蔵で、1225年から1250年のあいだに、推定ではコンブルクの工房で作成された。王座に就くキリストの肖像は、ビザンチン様式で、これはボーデン湖岸のライヒェナウ修道院で広まっていた本の挿画のスタイルである。

17

バイエルン州アルゴイ地方オットーボイレンにあるベネディクト修道院図書館は、バロック様式の閲覧図書館の傑出した事例である。ぐるりと配置された書架は、44本の大理石の柱に支えられたバルコニーにまで続く。ホールの中央にはギリシャのパラス・アテネが、知の守護神として立っている。

の学術市立図書館の基礎となった。とりわけ早い例が、1370年の記録に現れるニュルンベルクの評議会図書館である。

　羊皮紙から紙への素材の転換からは100年が経った15世紀の半ば、ヨハネス・グーテンベルクによって印刷技術が発明されると、図書館の蔵書がより急速に増加する条件が整った。本の印刷はあっという間に広まり、宗教改革の思想を加速することになった。そしてそれがさらに、学校や教会、町に図書館の建設を促すことになった。また一方で、この宗教改革は、ドイツ中で修道院の閉鎖を引き起こした。それによって修道院図書館も終わりを告げ、「役に立たない」とみなされた中世神学の文献は、処分されることとなった。

　それに続く反宗教改革は、図書館建設の波を引き起こす。これに特に貢献したのはイェズス会で、同会の教育施設のために図書館を建設した。〔机の上に本を鎖でつないでおく〕「卓上図書館」から「閲覧室図書館」への移行を実現したのも、おそらくイェズス会と考えられている。宗派の分裂は大学の領域でも進行する。当時のプロテスタントの大学としてはマールブルク（1527年）、ギーセン（1607年）が、カトリックの大学としてはディリンゲン（1551年）、ヴュルツブルクがある。とはいえ、ドイツの大学図書館の状態はむしろ惨めなものであった。学生数は安定せず、その数がドイツ帝国全土で4,500人を超えることは、18世紀の終わりまでなかった。

　15，16世紀はまた、宮廷図書館の始まりの時期でもある。これは、一方では教養を求める人文主義的な傾向から、他方では君主としての地位上の要請から発生したものであった。とはいえその発展は、君主の愛書家傾向や個人的な興味関心に大きく左右された。例としては、ウィーンのドイツ皇帝宮廷図書館（公式には1368年建設）のほか、ミュンヘン（1558年建設）およびドレスデン（1556年ごろ）の宮廷図書館などが挙げられる。また、ハイデルベルク選帝侯の蔵書もその一つであるが、これは1558年に、当時最も有名なドイツの図書館として知られていたハイデルベルク宮廷文庫（Bibliotheca Palatina）へと統

1　歴史——ドイツの図書館の発展

1914 年，ベルリンの王室図書館はウンター・デン・リンデン通りに新館を建設した。建築家はエルンスト・フォン・イーネで，ヴィルヘルム様式である。王室学術アカデミーと大学図書館も同居した。今日ではベルリン国立図書館（SBB，3.2.1(2)参照）となっているこの建物の至宝は円形のドーム閲覧室であったが，戦時中に破壊された。写真は 8 つある中庭の 1 つで，通用口がある。

合された。
　30 年戦争（1618～1648 年）の時期の衰退の後，18 世紀になって，外国の模範に倣った図書館建築の隆盛期が訪れる。豪華な飾りのバロック様式の閲覧型図書館が，修道院や宮廷に開設された。これは，一方では実用的な，また他方では美的観点からのニーズを満たすものであった。
　しかし 17 世紀から 18 世紀にかけて最も特徴的なのは，何よりも宮廷図書館の発展である。この時期には，ほとんどすべての領主が図書館を持つようになっていた。領主による蔵書で重要なものの一つは，ヴォルフェンビュッテルの小さな居城（ブラウンシュヴァイク＝リューネブルク公爵領）に作られた図書館である。一方ベルリンには，1661 年に選帝侯の宮廷図書館が建設され，1781 年に王立図書館と名を変えると，その後第二次世界大戦の時期までにドイツで最も重要な図書館へと発展した。これが現在のベルリン国立図書館（SBB，3.2.1(2)参照）である。

　人文主義の時代以降，作家や学者所有の個人図書館の数も飛躍的に増加した。啓蒙主義時代の新しい大学として最も重要なのは，ゲッティンゲン大学（1737 年）である。同大学の図書館は，学術研究にサービスを行う機関として建設され，質の高い選書を行った。そのさい，研究者が必要とする新刊書にとりわけ注意が払

バイエルン州のバンベルク州立図書館は，世俗化された修道院のコレクションやかつてのバンベルク司教の教会財団を，やはり解体された大学の図書館と融合させる必要性から 1803 年に設立された。1965 年からは，かつての大司教の「新宮殿」の中にあり，数々のバロック様式の美しい部屋を持つ。写真はカールスベルク図書館で，いわゆる「ドミニコ修道会書棚」がある。1972 年からはバンベルクは再び大学の街となっている。

19

われ，図書は分野別にシステマティックに並べられた。一方，1694 年にはハレ大学が初の改革大学として開校し，すぐにドイツで最も学生数の多い大学へと発展した。

　1803 年，「脱宗教化」〔すなわちナポレオン軍への敗戦による聖界諸侯領の俗界諸侯領への併合〕によって史上最大の図書の移動が生じる。以前，宗教改革の時期には，プロテスタントの地域の領主がカトリック教会の蔵書の没収を行ってい

イギリスやフランスと同様に，ドイツでも閲覧室図書館の後には書庫のある図書館が生まれた。そのさい，閲覧室と書庫，そして事務所は空間的に分離された。ザクセン＝アンハルト州のハレ大学図書館（建築家はルートヴィヒ・フォン・ティーデマン）の合目的的な近代建築は，その好例である。上層階には利用者は入れず，下層階が部分的に書庫として使われている。建設は 1880 年。1995 年から 1999 年にかけて修復された。

るが，今回はカトリックの地域，すなわち南ドイツと西ドイツでいわばそれと同じような出来事が起こったのであった。結果的に，教会の財産が領邦国家領主に没収され，閉鎖された修道院の蔵書が国家の図書館の，とりわけ宮廷図書館や大学図書館の所蔵となった。

1.2　19 世紀から第二次世界大戦

　19 世紀初頭のナポレオン時代には，小さい領邦国家が数多く消滅し，存続する力のない小さな大学が多数閉鎖された。一方で，たとえばプロイセンでは大学をめぐる新しい状況が生まれていた。多方面における国家の改革が行われる中，大学制度も刷新され，「近代的な実用図書館」が定着した。これが 19 世紀の学術図書館の発展に最も特徴的な点である。

　〔普仏戦争に勝利し，国家統一を達成

現在のハレ大学・州立図書館（ザクセン＝アンハルト州）の書庫は 4 フロアを突き抜けて各階の天井を支えるスティール製の支柱と，木製の書架からなっている。各階の天井は格子状になっており，ガラスの屋根からの光を通す明かり取りになっている。

した〕1871年以降，ドイツの図書館制度の決定的な革新が，これもまずはプロイセンにおいて広まった。新築ラッシュが始まった。学問の繁栄と新しい学問領域の発生によって加速度的に増え続ける本を保存するため，書庫が建設された。開館時間が延長され，貸出の条件も緩和された。個別の大学の図書館の利用者がすべての図書館の蔵書を利用できるように，協力事業が始まった。この関連で「プロイセン総合目録」(Preußischer Gesamtkatalog)や「ベルリン目録」(Berliner Titeldrucke)，「プロイセン目録規則」(Instruktionen für die alphabetischen Kataloge：PI)，それに「レファレンスオフィス」や「相互貸借」などが生まれた。

出版物の急速な増加によって，図書館では収集計画に基づいたより厳密な選書が必要となった。さらに後には収集の重点領域の設定や相互貸借による蔵書の相互利用などが生まれた。紙の生産，書籍の生産における技術的な進歩（高速印刷や木材を原料とする紙の使用）による出版物の発行部数の上昇，そしてその結果の書籍の価格低下は，1840年以降，図書館に影響を与え続けることになった。

19世紀半ば以降，大学の専門領域の分化が進むと，独自のレファレンスライブラリーが生まれ，それらは時代の経過とともに中央図書館から独立した研究所図書館へと成長した。研究の専門化と出版物の増加により，大学の内外で新しい種類の図書館が生まれた。すなわち，専門図書館である。図書館が全般的なコレクションを目指すものと理解された時代は，これによって過ぎ去ったことになる。19世紀には，技術という未来を担う分野の大学が生まれ，技術分野の図書館が併設された（アーヘン，ベルリン＝シャルロッテンブルク，ドレスデン，カールスルーエ）。また領邦州のみならず，企業や協会，団体が重要な専門的コレクションを構築した。これらは社会・経済の分野をほぼ網羅するほど多岐にわたっている。

この間の宮廷図書館および州立図書館の歴史は，1918年から1919年のドイツ革命によって諸侯の財産が国家に移管されたことに特徴付けられる。もちろん，すでに君主制の時代においても，学問に関心のある公衆に対して宮廷図書館は利

1848年から49年に開催されたフランクフルト国民議会への，出版社からの贈りものとして作られたパウル教会内の図書館からも，また1872年に設立された帝国議会図書館からも，ドイツの国立図書館は生まれなかった。写真は1895年頃のベルリンのドイツ帝国議会図書館の閲覧室（建築家はパウル・ヴァロット）。建物と蔵書は第二次世界大戦中に破壊された。

ドイツ帝国の出版の中心地ライプツィヒ市とザクセン王国、そしてライプツィヒに拠点を置くドイツ出版流通協会は、1912年にドイチェ・ビューヒェライを設立した。初期イタリア・ルネサンスの面影とユーゲントシュティールの要素が、1916年に竣工したこの建物の特徴である。ドイツ広場に面しており、設計はオスカー・プッシュによる。

用の門戸を開いていた。しかしながらその多くは、出版物が増え続ける中、取り残され、停滞していた。

フランス革命以降、国立図書館を作るべきという考え方が、多くのヨーロッパ諸国に浸透するようになっていた。しかしドイツでは、このような発想は1848年にも、また帝国が樹立された1871年にも定着しなかった。1912年のライプツィヒの「ドイチェ・ビューヒェライ」(Deutsche Bücherei, ドイツ国立図書館ライプツィヒ館の前身)の建設も民間によるもの、すなわちドイツ図書流通業者連盟の所有になる

ものであった。とはいえこの建設によって、少なくとも1913年以降のドイツ語の文献を完全に収集し、『ドイツ全国書誌』(5.3参照)を作成する新しい収集機関が生まれた。

18世紀後半すでに読書サークルや読書団体、それに商業的な貸本店があり、これが公共図書館組織のさきがけとなっていた。これは上流市民の教養や研究、社交のための読書要求を満たすものであった。1828年、ザクセンのグローセンハインに学校図書館が開設された。開設直後に当地域の政府から、人々の教養を涵養するという任務を受けた。これが現在、ドイツ最初の市立図書館とみなされている図書館である。

国民の教育という思想に支えられて、あるいは自由主義的な団体や教会、労働運動のイニシアチブによって、19世紀半ばからドイツに図書館設立のラッシュが

ハンザ都市リューベック図書館(シュレスヴィヒ＝ホルシュタイン州)の複合建築。公共図書館を統合した学術図書館で、中世の建築と19世紀から20世紀にかけての建築が融合されている。かつてのフランシスコ修道院に隣接するネオゴシック様式の閲覧室は、1877年の建築で、中世の建築様式の影響を受けている。

訪れた。多くの都市で「民衆図書館」(Volksbibliothek) が生まれた。その後，図書館は誰もが自由に使える施設であるべきとする考え方が生まれ，多くの場所で，これまでの〔当時は主に学術的な文献を置いていた〕市立図書館と民衆図書館が統合して「統一図書館」(Einheitsbücherei) となった。これはアメリカの「パブリックライブラリー」の影響を受けてからのことである。さらに「公共図書館運動」が起こると，フライブルク，ベルリン＝シャルロッテンブルク，エッセン，そしてハンブルクなどの都市に，初の公共図書館ができた。20世紀初頭，この動きへの抵抗運動が生じ，この対立は「路線論争」と呼ばれた。この抵抗運動は読者を指導し教育することを目的としていた。「統一図書館」では誰もが書棚に自由に本を取りに行くという方式が一般的であったが，抵抗運動の結果，貸出カウンターの横で利用者が司書に読むべき本について相談を行うという「カウンター図書館」のスタイルが取り入れられた。

ワイマール共和国時代（1919〜1933年）には，これまで図書館所有者として多様な形で存在してきた諸協会，諸団体が，経済的混乱の中，もはやその多様な任務を負いきれなくなり，民衆図書館の公営化が進んだ。そのため，1933年以降，これらの図書館はナチズムの統制下に入るが，その傾向は学術図書館よりも強かった。

ナチス政権（1933〜1945年）は言論の自由を抑圧し，文学，芸術，文化をはじめすべての公的な生活において自由を奪った。1933年5月の焚書，検閲の導入，そして多数の知識人の亡命が，何よりもナチス政権の統制欲を物語っている。抑圧は，教会運営の民衆図書館にも及んだ。これは19世紀後半に発展したもので，カトリック教会ではボロメーウス協会や聖ミヒャエル協会によって，プロテスタントの教会では「キリスト教内啓蒙活動」によって担われていたものである。

1.3　東西分裂から統合へ

第二次世界大戦（1939〜1945年）は，図書館の蔵書や建物に甚大な被害をもたらした。しかしその影響はそれにとどまるものではなかった。ドイツが東西に分割されたため，図書館をめぐる状況は決定的な変化を余儀なくされた。戦争のあいだ国外に避難していたプロイセン国立図書館の蔵書は，戦後部分的にベルリンへ戻ってきたものの，その後も分裂状態が続いた。完全な統合のためには，半世紀近くたったドイツ再統一まで待たなければならなかった。1946年には，ライプツィヒのドイチェ・ビューヒェライと並ぶ形で，書籍販売業者のイニシアチブのもとフランクフルト・アム・マインに「ドイチェ・ビブリオテーク」(Deutsche Bibliothek) が建設された。これが西側におけるドイツの文献の収集機関および国家の目録センターとして機能した。

西ドイツでは，大学図書館が1960年以降隆盛期を迎える。それは当時始まった進学者数の増加に起因するものであった。この時期，大学の創設が相次ぎ，既存の大学が拡張され，また新しいタイプの大

かつては学術一般図書館だったポツダム市立・州立図書館（ブランデンブルク州）の貸出カウンターの背面に，1980年代の壁画が掛けられていた（2010年以降全館改装中）。東西統一後に近代化されたポツダムのこの中央図書館は，東ドイツ的な内装建築から21世紀初頭の西側の標準的な図書館への移り変わりを示している。美術品や音楽資料の貸出も行うほか，特別コレクションとして，ブランデンブルク州に関する資料とゴットフリート・ベンコレクションがある。

学（総合大学や専門大学）の新設，さらには工業大学の総合大学化が盛んに行われた。学術研究分野の拡大と細分化に対応するため，とりわけ分野（技術，経済，医学そして農業）ごとに中央専門図書館（3.2.1(4)参照）やその他の専門図書館が作られた。またドイツ学術振興会（DFG, 5.2.1参照）による図書館振興，すなわち分野ごとの協力体制による収集（特別収集領域計画，5.2.1参照）が始められた。分類記号順に並べられた膨大な開架資料を持つ大学図書館の建設，授業用教科書コレクションの構築，情報・文献提供サービスのための設備導入，図書館業務の自動化，図書館機能のネットワーク化も進められた。

1945年以降，公共図書館は徐々に，カウンター図書館から利用者が自由に利用できるセルフサービス図書館へと移行した。蔵書に関して言えば，教育，職業，そして余暇のための文献が増え，かつて支配的だった文芸作品が減少した。そのほか，実用書以外にも学術的な著作が揃えられ，また他の媒体の資料も整理された。特定の利用者グループのための特別な部門も設置されるようになり，特に子どもやヤングアダルトの部門は公共図書館の重要なターゲットと位置付けられた。大都市では資料の提供は，中央図書館，分館，移動図書館で協力的に行われた。

公共図書館でも協力体制が形成されたが，大規模にまた集中的にというわけにはいかず，その点で当時の学術図書館とは異なっていた。公共図書館と学術図書館のあいだでも，相互貸出を皮切りに，協力事業が増加した。遅くとも，1973年に策定された「図書館計画'73」（5.1参照）以降は，少しずつとはいえ協力体制も強化され，両者は同じカテゴリーのものと見なされるようになっていた。

ドイツ民主共和国（東ドイツ，1949～1990年）では，ベルリン国立図書館（SBB, 3.2.1(2)参照）およびライプツィヒにあるドイチェ・ビューヒェライが中心的機能を保持していた。1952年に連邦の州体制が廃止された後，まだ残っていた地域図書館は学術一般図書館へと再編された。（ドレスデンのザクセン州立図書館のみがそれまでの名称を残した。）市や郡の民衆図書館は州立一般図書館と命名された。

1　歴史——ドイツの図書館の発展

ベルリン国立図書館の第1館であるウンター・デン・リンデンの建物は，何年か前から本格的な改築・拡張工事が始まっている。数多くの古い蔵書と特殊コレクションを所蔵しているが，その中に世界最大級の地図コレクションがある。写真は1633年にアムステルダムで出版されたメルカトルとホンディウスの『アトラス，これはその中に捉えることのできたすべての国と地域を描いた世界の模写である』からの一枚。

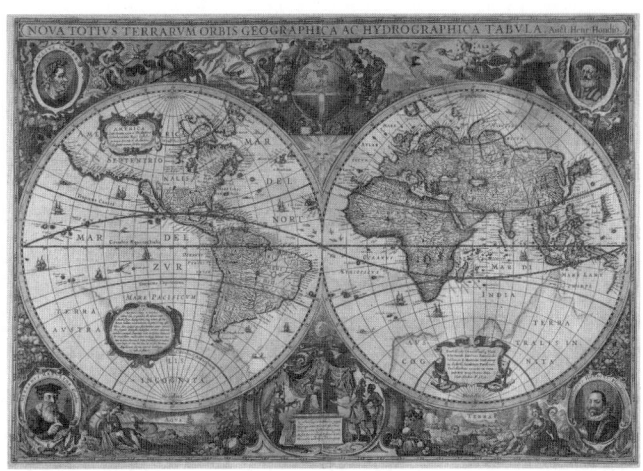

歴史ある大学（ベルリン，グライフスヴァルト，ハレ，イェーナ，ライプツィヒ，ロストック）の図書館のほかに，1990年の再統一までに50を超える大学図書館，専門大学図書館，工科大学図書館が存在していたが，その多くはこの時期に新設されたものである。

　学術アカデミーの研究機関の図書館や中央専門図書館は，東ドイツの学術上の文献入手に大きな役割を果たした。国家は，都市に公営の図書館を運営するだけでなく，すべての自治体が公共図書館を備え，国中を包括的な図書館網で覆うという目標を掲げていた。80年代の終わりまでには，600を超える地方の中央図書館が生まれていた。子どもやヤングアダルトの読書推進や，有意義な余暇の使い方としての読書の普及のために，これらの図書館は見過ごすことのできない重要性を持っていた。

　ドイツの再統一は，連邦の新しい〔旧東ドイツ圏の〕5つの州と〔東西ベルリンが統合された〕ベルリンにとって，根底を揺るがす構造の変化を，それどころか見方によっては完全なる新しい始まりを意味していた。しかし西ドイツの州の図書館にとっても，影響がないわけではなかった。40年以上の分割の後，東西の図書館は再び共に発展を始めた。これは端的にいって図書館の共同運営を意味した。つまりそれ以来，複数館の分館体制で，フランクフルト・アム・マイン〔のドイチェ・ビブリオテーク〕とライプツィヒ〔のドイチェ・ビューヒェライ〕，ベルリンの〔ドイツ音楽資料館の3つの〕国立図書館が一つの図書館を形成することとなり，これが1990年から2006年まで「ディー・ドイチェ・ビブリオテーク」(Die Deutsche Bibliothek)と呼ばれた。同じように，ベルリン国立図書館やベルリン中央州立図書館（ZLB）も分館体制となった。

25

1990年以降，公共図書館も学術図書館も，東ドイツ時代に由来する諸問題の解決が重要な課題となった。これはとりわけ，建物，蔵書の構築，技術的装備に関するものであった。

　1990年から2007年までのあいだに数多くの図書館が大規模に改築され，場合によっては拡張された（ライプツィヒ大学図書館，ハレのフランケ財団の中央図書館，ハレ大学・州立図書館）。いくつかの図書館は今も大規模な修復を待っている状態であったり（ベルリン国立図書館のウンター・デン・リンデン館），あるいはスペースの問題に対する別の解決策を待っていたりしている（たとえば〔2009年に完成した〕ベルリン・フンボルト大学図書館の新館）。多くの都市で新館が建設された。エアフルトの大学図書館，チューリンガー大学・州立図書館，ドレスデン大学図書館，コットブスやワイマールの大学図書館，それにフュアステンヴァルデの専門大学図書館，シュヴェリーンにあるメクレンブルク＝フォアポメルン州立図書館などである。ワイマールのアンナ・アマーリア公妃図書館（口絵参照）もかなり大規模な増築が行われたが，2004年に大火災に見舞われ，痛い損失となった。ほかにも，東ドイツ時代にあまりに不十分なスペースで営まれていた数多くの公共図書館が，市の中央にある〔再統一後使われなくなった〕古い建物を転用し，新しい居を構えることになった。アンナベルク・ブーフホルツやブランデンブルク，アイゼナハ，フュアステンヴァルデ，グーベン，シュコイディーツの市立図書館などがその一例である。

　東ドイツの図書館の蔵書は，国家の政治的，イデオロギー的な方向性を反映していたため，再統一後には多くの資料が不要となった。その一方で，多くの専門分野で基礎的な図書や雑誌が不足しており，また文芸の分野においても，東ドイツでは公式には望ましくないとされた作家のものが欠けていた。学術図書館は，再統一後すぐになんらかの支援策によって蔵書の補充のための資金を得ていたのに対し，公共図書館は，設置母体である自治体の乏しい自己資金の中からあてが

10年に及ぶ改修を経て，2002年にライプツィヒ大学図書館（ザクセン州）が再び開館した。1891年にネオルネッサンス様式で建てられたアルベルティーナ図書館（建築家はアルヴェート・ロスバッハ）は，第二次世界大戦末期の空襲で3分の2が破壊され，その後何十年も荒廃するに任されていた。中庭に屋根をつけたことで，新しい閲覧室が生まれた。40万冊の開架資料と700席の閲覧席があり，そのいくつかは修復された歴史ある閲覧室に配置されている。

1　歴史——ドイツの図書館の発展

われるのみであった。

　最後に，東ドイツの図書館にとって，できるだけ早く技術面での遅れを取り戻すこと，すなわちそれまでどこにもなかったセルフコピー機を設置し，データ処理を導入し，図書館の業務を機械化することが重要課題であった。それができてはじめて図書館は，たとえば，「雑誌総合目録データベース」（ZDB，5.3.2 参照）のような統合システムや地域を越えた図書館の取り組みに参加することが可能となったのである。1990 年の再統一直後に相互貸借に参加したことによって全ドイツ図書館制度への統合は成功したが，〔分散して資料を収集する〕特別収集領域計画やその他のプロジェクトなど，ドイツの学術図書館プログラムへの参加はそれに遅れることとなった。

　学術図書館の領域では，多くの図書館が組織の再編成を行い，場合によっては名称も新しくした。すでに名前を挙げた古い大学のほかに，エアフルト，フランクフルト・アン・デア・オーデル，マグデブルク，およびポツダムで，創立あるいは再設立が行われた。東ドイツには，専門大学という形態は存在しておらず，1991 年以降になって導入された。学術アカデミーがベルリンとライプツィヒに設立され，図書館と文書館が併設された。東ドイツの中央専門図書館は，西ドイツのそれと比較してはるかに劣っており，さまざまな面でも機能を失っていた。同じことが公営図書館にもあてはまった。学術一般図書館の解消後，州立図書館が再びそれぞれの都市の市立図書館と分離

エアフルト大学はドイツで最も新しい大学だが，中世後期にまで遡る歴史を持つ。つまり，1392 年に，今日のドイツ連邦共和国の領域内では 3 番目にあたる大学として開校したが，1816 年に閉鎖され，1994 年に再び新しく設立された。人文科学を中心とする大学の文献提供のために，エアフルト・ゴータ大学研究図書館（テューリンゲン州）は 2000 年，大学の未来のキャンパスに新しい建物を建てて開館した（建築事務所はコッホ，フォークト，ツォルナック）。15,000m²の敷地に，70 万冊の開架資料と 24 万冊の閉架資料，そして 360 の閲覧席を持つ。

すると，地域の学術図書館の役割を，1990 年に再び生まれた州のために担うことになった。州立図書館を持たない州は，その役割は大学図書館に委ねられ，その二重の役割がわかる名称がつけられた（ザクセン＝アンハルト州ハレ，テューリンゲン州イェーナなど，3.2.2 参照）。ドレスデンにあるザクセン州立図書館は 1996 年に工業大学の図書館と統合され，2002 年に新築された建物に同居することとなった。

　自治体の保有する市立図書館は，1990

27

年以降の厳しい財政状況の中，学術図書館以上に大きな危機に陥っていた。とりわけ地方の小さな図書館や，企業に運営された，あるいは援助された3,000近い労働組合図書館（あるいは企業図書室）が閉鎖されなければならなかった。ただしそれは，地方で数多く移動図書館が新しく設けられたことで，ある程度埋め合わされた。これは数年にわたって連邦政府の資金援助を得ている。他の公的機関や企業と同様，図書館でも厳しい人員削減が行われた。「予備的なもう一冊」の文献や新しいメディアへの需要は，満たされることは困難だった。東ドイツには存在しなかった「図書館支援センター」（3.2.5(2)参照）が作られた。そして数年後にはそれが組織的に公共図書館を建て直す役割を果たし，また東西ドイツの専門的なスタンダード形成のための新しい機動力となった。しかし，1998年以降の〔各州の〕教育文化省によるこのセンターの解体のため，成功を期待された数々のプロジェクトの実現が難しくなった。

東西ドイツの図書館の統合に実質的な役割を果たしたのは，ベルリンのドイツ図書館研究所（Deutsches Bibliotheksinstitut：DBI）であった。これは1978年に法律に基づいて設立され，東西統一後に拡張された。その目的は，地域や分野を越えた実践的な研究を行い，未来の図書館の多様なサービスに備えることであった。連邦と各州の資金で運営されていた研究所は，学術評議会（Wissenschaftsrat：WR）の勧告により，2000年に解体，2002年にはすべての活動を最終的に停止した。これによってドイツの図書館は，基盤となる国立の機関を失った。研究所がそれまで請け負ってきた仕事のいくつか，たとえば「雑誌総合目録データベース」（ZDB）のシステム上のサポートや，専門誌『図書館サービス』（4.5.1参照）の編集などは他の機関に受け継がれたが，ほかの業務は完全に停止されなければならなかった。

ドイツの図書館のための新しいサービスセンターの設立に向けた努力は今のところ成果を見ていないが，各州文部大臣会議（Konferenz der Kultusminister der Länder der Bundesrepublik Deutschland：KMK）がドイツ図書館協会（dbv，4.5.2参照）に「図書館専門情報ネットワーク」（knb，4.5.2参照）の構築を依頼したことは，多少の前進と言える。2004年からknbは各州共同出資の機関の一つとして，一連の州横断的な課題の調整を分権体制で行っている。連邦レベル，州レベルでの計画，決定プロセスをサポートするほか，国際的な場面での図書館の役割を強め，諸外国との関係を発展させている。2006年秋に構築されたknbのホームページ「図書館ポータル」からは，ドイツの図書館のあらゆる分野に関する基礎的なデータへのアクセスが可能である。

2 教育と文化
——ドイツの行政構造

ドイツの図書館の構造や分類を理解する上で，ドイツの行政構造および教育制度を知っておくことは，重要な前提となる。

第二次世界大戦終戦から4年後の1949年5月，議会制民主主義に基づく連邦国家として建国されたドイツ連邦共和国は，1990年10月3日の東西ドイツの再統一以来，16の州で構成されている。〔一般的な州である〕領域州（Flächenland）のバーデン＝ヴュルテンベルク，バイエルン，ブランデンブルク，ヘッセン，メクレンブルク＝フォアポンメルン，ニーダーザクセン，ノルトライン＝ヴェストファーレン，ラインラント＝プファルツ，ザールラント，ザクセン，ザクセン＝アンハルト，シュレスヴィヒ＝ホルシュタイン，テューリンゲンおよび〔都市部のみからなる〕都市州のベルリン，ブレーメン，ハンブルクである。ドイツの首都はベルリンである（巻頭地図参照）。

ドイツの憲法にあたる国家の原則は，「基本法」（Grundgesetz）に定められている。この原則は，国家の課題であっても，それが地域の特色をより強く考慮することが許されるものに関しては，州や地方自治体のレベルに委任する可能性を認めている。

連邦と州の〔憲法を根拠とする国家の最重要機関である〕憲法機関はそれぞれ三権分立している。

- 議会（連邦議会，州議会）
- 連邦大統領，連邦政府，州政府
- 連邦裁判所，州裁判所

ドイツ連邦共和国の議会は連邦議会と連邦参議院からなる。前者は直接選挙によって選ばれた約600人の議員で構成さ

ドイツ主要統計（2009年12月31日現在）

人口	81,760,000人
外国人人口率	8.8%
移民の割合	19.1%
面積	357,111㎡
1㎢あたり人口	229人
自治体数	11,448
国民総生産（GNP）	243,090億ユーロ
国民1人当たりGNP	30,875ユーロ
失業率 （2006年12月1日現在）	6.7%
就労人口	4065万人
公務従業員数	455万人
連邦，州，自治体の歳入	1.02兆ユーロ
連邦，州，自治体の教育・研究・文化への歳出	991億ユーロ
教育・研究・文化への歳出の対GDP比	4.13%

出典：『連邦・州統計局 2010』Statistische Ämter des Bundes und der Länder 2010

れ，後者は16の州から派遣される州の代表である。連邦参議院は特に州の基本的な利益に関する法律に関与する。ドイツの政治の基本的方向を定め，連邦大臣を任命するのは連邦首相である。国家元首は連邦大統領で，国民の直接選挙ではなく，連邦議会議員および同数の州議会選出の議員によって構成される大統領選出機関「連邦会議」によって選ばれる。

基本法によって，国家は市町村の地方自治体から州を経て連邦まで，下から上へと構成されている。地域の課題に対する立法は州の，国家全体にわたる課題に対する立法は連邦の責任とされている。2006年には，基本法は連邦制度改革によって包括的に改正された。基本法は1990年8月31日の東西ドイツ間の統一条約によって補われているが，この条約は，憲法と同等の重要性を持ち，図書館にとっても非常に重要である。行政活動は大部分が地方自治体や州によって行われる。裁判は第一に州の（つまり州立裁判所の）仕事である。それに対し，最高裁判所は

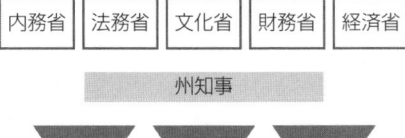
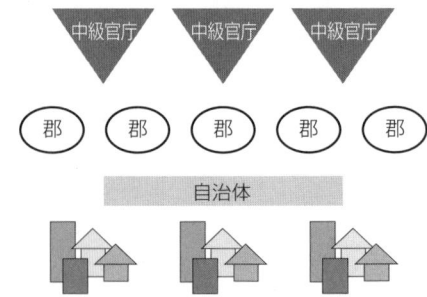

ドイツ連邦共和国の地方行政組織

連邦の機関である。中でもその最高の司法機関は，カールスルーエにある連邦憲法裁判所である。自治体，州，連邦はそれぞれ独自の主権を持ち，各州は独自の憲法を定めている。また財政歳入を独自の税収から得ている。

文化的な事柄，学問と芸術ならびに学校制度，教育制度に関する権限は，基本的に州にある。この「文化主権」には部分的に市町村等自治体も関与しており，それぞれの州の自治体の規定に基づいて権限を行使する（自治体の文化的自治）。連邦内の全図書館を規定する「図書館法」はドイツには存在しないが，近年テューリンゲン州，ザクセン＝アンハルト州およびヘッセン州に州レヴェルの図書館法が発効し，さらにノルトライン＝ヴェストファーレン州やシュレスヴィヒ＝ホルシュタイン州でも同様の動きがある。

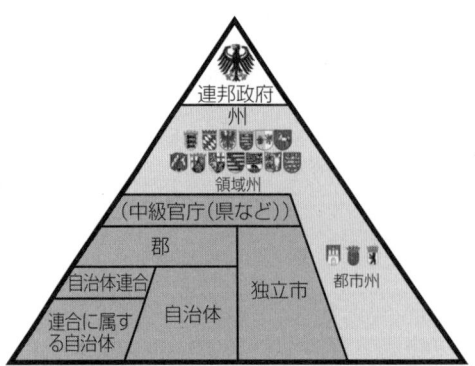

ドイツ連邦共和国の三層ピラミッド型行政構造

またドイツには連邦文化省も存在しないが、連邦は 1998 年、文化的中心任務を「連邦政府文化・メディア担当部」(Beauftragter der Bundesregierung für Kultur und Medien：BKM) 担当の大臣の責務とした。この委員会は同時に、国際的な文化的課題に関する政府代表としても機能している。

2006 年 9 月 1 日に発効した連邦成立改革のための基本法の改正により、連邦と州の法律制定の権限が新しく定められた。もともと少なかった連邦の文化的課題への権能はほぼ完全に削がれ、教育に関する問題についても大きく制限されることになった。とはいえ、「生涯学習」は連邦政府の責任として残り、しかしその一方で文化振興のための全連邦からの財政的支援はそれ以来廃止された。

文化の領域における立法と行政の地方分権化がさらに進む中、また州によって財力に大きな違いがある中、特定の課題においても、また資金面においても、さらなる協調と協力が必要となっている。こういった社会的要請に応えるべく、各州と連邦はさまざまな機関を創設した。その中でも最も重要なのは、ドイツ学術振興会 (DFG、5.2.1 参照)、学術評議会 (Wissenschaftsrat：WR) そして連邦・州共同学術会議 (Gemeinsame Wissenschaftskonferenz von Bund und Ländern：GWK) である。州レベルでは、教育・文化政策における重要な共通課題について協力する各州文部大臣会議 (KMK) が設立された。また地方自治体レベルでは、2005 年に「行政マネジメントのための自治体共同センター」(Kommunale Gemeinschaftsstelle für Verwaltungsmanagement) が設立され、地方行政の運営についての研究を行っている。

学問と研究の分野のいくつかのプロジェクトは、今後も全国的に重要な意味を持ち続けるため、連邦は、狭い範囲内ながらもこの地域の課題を援助する権限を持っている。とりわけ、大学の新設・増設や〔基本法に定められた〕「研究推進外郭協定」(ライプニッツ学術連合 (Wissenschaftsgemeinschaft Gottfried Wilhelm Leibniz e.V.：WGL) などによる) において支援を行っている。

連邦と州によって設置される機関や協定のいくつかは、図書館にとっても重要である。たとえば、連邦教育研究省 (BMBF) が支援しているものとして、まず〔上述の〕DFG のほか、いくつかのデータベースやモデルプロジェクトがあり、その中には情報・文献提供を支援する「情報・ドキュメンテーションプログラム」(IuD-Programm) や、さらにはデジタル図書館の構築、専門情報センターの継続的開発などがある。

2006 年の基本法改正により州が文化・教育の自治を強める一方で、「小国家」化への懸念を示す批評家もいる。文化や教育の振興資金の減少や、一貫性が失われ、基準がばらつくことなどが心配されている。

それぞれの連邦州における法律の制定は、州議会 (Landtag)、代議院 (Abgeordnetenhaus)、ビュルガーシャフト (Bürgerschaft) などと呼ばれる州議会の任務である。各州は州政府によって統治され、運営される。州政府のトップには州首相あ

るいは市長が置かれる。通常 8 人から 10 人からなる内閣（あるいは市政府）の中で，文部相あるいは学術相が州の公共図書館や学術図書館に関して権限を持つ。規模の大きい州には中級官庁（Bezirksregierungen，県庁あるいは監督・構造・許可機関に該当）があり，地域（たとえば〔県あるいは行政管区と訳される〕Regierungsbezirk）ごとの，あるいは任務ごとの管理権限を持つ。この中級官庁の基本的な任務は，〔県の下に置かれる〕地方自治体の監督である。ほとんどの州には公共図書館のための，州によって設立された，あるいは州の援助を受けたサービスセンターがあり，これは図書館支援センター（Fachstellen），コンサルタントセンター（Beratungsstellen）あるいは図書館センターとも呼ばれるが，これはその県のレベルで活動をする（3.2.5(2)参照）。しかし，県が解体されたり，助成の中央集権化が進んだりした地域では，州の図書館支援センターの活動が州全体をカバーする。また各州では，〔県の下部組織である〕郡や〔郡に属さない〕独立市が，地域の自治という本来の業務のほかに下級官庁としての機能も持つ。

　市や町村は基本的に，州や連邦が別の法律であらかじめ定めていない限り，その地域のすべての公共の課題に対して権限を持つ。地方自治体においては社会福祉事業の遂行や学校の設立などの義務的な業務と，いわゆる「任意の業務」，つまり自治体の状況に合わせて決めることができ，かつ義務化することのできない業務というものがある。この業務に，劇場，オーケストラ，美術館そして図書館等のプロジェクトとともに，すべての文化的領域は属している。地方自治体の選挙によって，政治的な自治体の代表者（町村議員，市議員，市長）が選ばれ，これらがそれぞれの課題につき委員会を発足させる。自治体の図書館は通常，政治的には文化委員会の所管である。自治体政府は，大きさや機構構造によって，部局や分野担当，役所に分かれる。自治体の公共図書館はそのさい，独立した公的施設となるか，教育あるいは文化担当の役所に付属する施設となる。同じような立場の施設としては，自治体の美術館，資料館，市民大学，音楽学校がある。多くの自治体は，自治体の施設のいくつかを自治体の中央官庁から切り離し，民間の企業として運営させる新しい運営・機構形態をとるようになってきているが，すでにいくつかの大規模図書館，中規模図書館でもこのようなケースが生まれている。こういった企業は通常，市町村議員が参加する経営部と委員会によって運営される。

　連邦，州，自治体の財政は，さまざまな税収によってまかなわれている。州と自治体は，連邦の全税収からその割り当て分を受け取る。これは自由に使えるものと目的を定められたものに分かれている。自治体は独自に営業税，土地税などの自治体税，徴収金や公共料金を定めることができるが，それに対し郡の財政は郡内の自治体からの年間割当額によってまかなわれている。自治体や国家によって運営される図書館の経費は，自治体や

国の全歳入から支出される。自治体の歳入と支出は毎年議会で定められる予算で示される。近年の行政改革の流れの中で，より積極的な顧客サービス重視，組織構造の刷新，そして公共施設の透明性の高い資金運用が求められるようになったが，これはまた財務行政機関の改革も促すことになった。現在ではほとんどすべての自治体が，決算報告方法を財政学的簿記から民間的ないわゆる複式簿記へ，そして予算作成をそれに基づくものへと変更している。

2.1 教育機関

2.1.1 一般の学校

ドイツの教育制度は，ドイツの連邦体制を色濃く反映したものとなっている。大多数の学校と大学は公立である。州の教育政策，文化政策において，学校およびその他の教育機関は法的に保証されており，その教育的機能は明瞭で，当然のことながら図書館以上の高い価値を有している。文化主権の枠組みの中で，もっぱら州のみが教育に関する法律を制定する。財政的には，ほとんどの学校が自治体や自治体連合によって運営されているが，最近では私立や教会立の学校も増加している。学校の設立者が建築費，設備費および運営費などの実務的費用を負担する一方，教員の雇用にかかるコストは州が担うことになっている。

州政府の政治的方針によって，州ごとに学校制度の形態は異なる。連邦全体で最低限の統一性を図るために，各州の文部大臣からなる定例会議（各州文部大臣会議（KMK））が仲介役を務めている。KMKはたとえば，就学年数やカリキュラム，学校の業績評価，試験や成績証明書の〔各州間の〕相互承認について勧告をしている。大学に対しては，同様の機能を大学学長会議（Hochschulrektorenkonferenz：HRK）が果たしている。これは研究活動，教育，大学や大学院での研究，知識や技術の交換・共有，国際協力，それに大学の自治を促進する機関である。

連邦統計局によると，2009年末時点でドイツには約4万3600の学校（うち3万4700校が一般の学校，8900校が職業学校）に約49万2000のクラスがあり，教員の数は76万1000人，児童生徒の数は1170万人である。そのうち外国人の生徒の割合は平均8.3％（96万8500人）で，トルコ，イタリア，セルビア，ポーラン

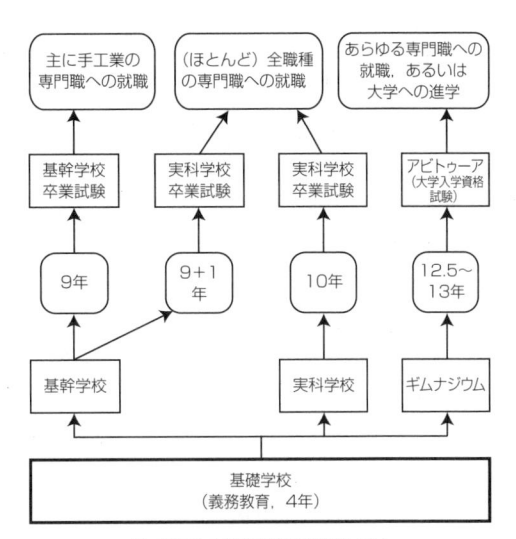

ドイツの3部構成の教育システム

ド，アルバニアの出身が多い。さらに，〔1950年以降に移住してきた〕移民の子どもの割合は，連邦の平均で24％である。2009年には72万7000人の子どもが小学生に入学，卒業生の約70％にあたる150万人が就職し，30％にあたる70万人が大学に進学した。毎年，全生徒の0.5％にあたる6万人が，基幹学校等を卒業することなく学校時代を終えている。

学校への通学はどの州でも無料である。義務教育は6歳から18歳までである。通常4年間の〔日本の小学校にあたる〕基礎学校を終えると，〔主に手工業の職業訓練に進む生徒が通う〕基幹学校，〔ほぼすべての職種の職業訓練に進む生徒が通う〕実科学校，〔主に大学へ進学する生徒が通う〕ギムナジウムへと進学する。いくつかの州に限り，上記3種の学校が統合された総合学校がある。〔大学へ進まず〕職業教育を始める生徒には，職業学校に通うことが義務付けられている。現在では，ギムナジウムの終了証明であるアビトゥーアは，ほとんどすべての州で（かつての第13学年ではなく）第12学年の終了時に取得されている。学校全体のうち，学校設立者の出資による十分な設備のある学校図書館を備えているのはごく一部で，主にギムナジウムや総合学校である。総じて18～20％ほどにとどまっているが，傾向としてはやや増加している。

2.1.2 職業教育

職業教育法（Berufsbildungsgesetz）は，ドイツの職業上の教育の原則を定めている。〔基幹学校や実科学校を卒業後すぐに受けることになる〕第一次訓練において，ほとんどすべての職種で最も重要かつ特徴的なのは，いわゆる「デュアルシステム」である。これは，〔実習を行う〕民間企業と公立の職業学校という二つの教育請負機関の協力によって実現している。自治体が職業学校の運営を行い，州が授業内容に責任を負う一方で，連邦も諸条件の大枠の設定を行うことで職業教育に関与する。公に定められた基準を企業に徹底させるのは，工業会議所，商業会議所および手工業会議所の責任である。教育内容は，労働組合と業界団体の委員会で議論し決定される。

青少年の多くは，基幹学校や実科学校，あるいはギムナジウムを卒業した後，職業訓練を始めるが，そのさい，〔企業での〕実習を伴った職業学校へ通学し，職業に関係する科目を履修することが義務付けられている。職業訓練生は経営者と契約を結ぶが，これは，訓練生が必要な時間職業学校の授業に参加することを許すという内容のもので，経営者に義務付けられている。職業訓練は通常3年で，終了時には訓練生は試験を受けることになる。この試験は独立した機関，たいていは工業会議所や商業会議所，あるいは手工業会議所によって行われる。終了証書は経済界および産業界で一般に通用する。

図書館制度においては，デュアルシステム上訓練を受けることのできる職種は目下のところ一つだけで，以前の「図書館アシスタント」の後継として1999年に

新しく作られた「メディア・情報サービス専門員」（FAMI, 4.3 参照）である。基幹学校，実科学校，ギムナジウムの卒業生は，3 年にわたり，5 つの専門分野（図書館，資料館，一般情報・ドキュメンテーション職，〔著作権のある写真や画像・映像の販売・レンタルを行う〕図版仲介業者（Bildagentur），医学資料施設）に分かれて訓練を受ける。

2.1.3　公共あるいは民間のメディア部門：写真・映画サービス機関，教育メディアセンター，メディア業界

　教育分野における視聴覚メディア，デジタルメディアの重要性が増す中で，〔教育用の映画保存貸与機関として〕1930 年代に誕生したいわゆる「写真・映画サービス機関」や〔その後継である〕「教育メディアセンター」の任務の領域も拡大してきた。

　現在，都市や郡の経営による教育メディアセンターが約 600，州立の教育メディアセンターが 15 ほど存在する。これらは主に，学校や学校図書館のメディア関連の仕事を支援し，児童・生徒や教員のメディアリテラシーの向上に重要な貢献をしている。業務は，視聴覚メディアやデジタル資料の提供と準備，授業目的の資料目録作成，視聴覚メディア（ビデオ，DVD，ブルーレイ，画像ソフトウェア，CD-ROM）や最新の視聴覚機器（ビデオレコーダー，DVD レコーダー，デジタルカメラ，映写機，PC，モバイル端末，電子書籍リーダー）の購入や配備に関する助言，そしてメディア教授法やメディアの影響についての情報の提供である。〔学校などと〕共同で写真プロジェクトや映画プロジェクトを計画・実施し，子どもたちや青少年に，日常生活や将来の仕事に役に立つ知識や技術を伝える。教育メディアセンターは，学校やその教師，公共図書館や学校図書館が，メディアやインターネットとの批判的かつ創造的なかかわり方を教育するさいに，パートナーとして必要とする重要な機関である。

　公共・民間のメディア業界を見てみると，ドイツには 130 以上のテレビ局と（外国の新聞社のドイツ語版をも含めると）約 650 の印刷版・オンライン版の日刊新聞があり，ドイツは，日本，イギリス，スイスに次いで最もメディアの充実した国に数えられる。ただし，経済的に依存関係になく，互いに競いあっている新聞社ということになると，上述の新聞の多くは地方版のため，数は少なくなる。日刊紙は日々 2100 万部を販売し，3800 万のラジオ受信，3400 万のテレビ受信の許可が与えられている。2009 年の調査によると，ドイツの世帯の約 77％が，インターネットに接続可能な PC を所有しており，その数は増加している。

　出版社や公共・民間のラジオ局，テレビ局のほかに，映画産業，音楽産業，そして電子ゲームを扱うエンターテイメント産業が，社会的にも経済的にも一層重要な役割を果たすようになってきた。エンターテイメント産業とメディア産業の発展は，今後数年，コンテンツや販売ルートのデジタル化の影響を受け続けることになるだろう。DVD やブルーレイの映

画，コンピューターゲーム，携帯ゲームの販売や商業的レンタルは近年伸び悩んでいるが，そのあいだに，デジタル映像・画像・テキスト・映画のインターネット経由のダウンロードは，明らかに増大している。メディアやエンテーテイメント分野のすべての形態，すなわち本，映画，音楽，インターネットやゲームが，販売・広告の場面で密接に結びつくようになって久しく，これらは個々人の日常生活や余暇の行動に影響を与えている。公共図書館や学術図書館はこの発展に対応し，何年も前からデジタル資料の蔵書，およびインターネットへのアクセスを拡大し続けてきた。とはいえ，技術の急速な進歩，メディアの範囲拡大に追いつくことに成功しているのは，ごく一部の図書館のみである。Web2.0の技術やFacebook，RSS，ブログ，ウィキなどのソーシャル・ネットワークを用いたインターネット・プラットフォームは，世界中でとどまるところを知らない進歩を続けており，ほぼ常時オンラインにつながっている人々のコミュニケーションの可能性，情報伝達の可能性に，重大な変化をもたらした。

2.1.4 職業の継続教育と再教育

　ドイツでは，職業の継続教育と再教育は二つの目的を持っている。一つはすでに取得した職業上の資格を，技術・職業組織上の発展に合わせてアップデートさせることであり，もう一つは専門知識の幅を広げ，深めさせることである。職業の再教育において，最も重要な任務を受け持つのは企業である。しかし連邦や州そして地方自治体も，所有するアカデミーや専門学校そして大規模な官庁内継続教育プログラムによって，職員や従業員のさらなる資格認定に参画する。企業や専門学校のほかに，技術アカデミーや経済界の教育団体，労働組合による職業教育団体など，民間の提供者も市場に参入している。図書館業界だけで，連邦全体で25の国立のあるいは民間の，部分的には実に大規模な継続教育提供機関が存在している。

2.1.5 生涯教育および市民大学

　一般教育のうち，職業上の再教育の可能性と並んで重要な役割を果たしているのが，成人教育である。成人教育は，学校教育とは異なり，国家の監督からはかなり自由である。最も重要な成人教育の担い手は市民大学（Volkshochschule：VHS）で，ドイツには85年前から存在している。名称は「大学」であるが，これは決して一般的な大学ではなく，第4の教育領域，すなわち再教育に属するものである。今日約1,000の市民大学があり，自治体や郡，教会，労働組合そして民間の団体や公益団体によって運営されている。それぞれの市民大学は独立している。とはいえすべての州に市民大学協会があり，高次の決定はここで行われる。これらの協会を統合する機関として，ドイツ市民大学協会（Deutscher Volkshochschulverband e.V.）がある。市民大学では，授業テーマや参加者の資格にはなんら制限がなく，長期のコースや個別のイベント，短期のセミ

ナー，研修旅行，外部で行われる授業などが提供される。参加は通常有料である。これと並んで，生涯学習の一つとして数多くの民間および国立の機関が通信教育講座を提供しており，ここ7年ほどは，インターネットをベースにした講座が量的にも意味的にも重要度を増している。

　自治体の公共図書館と成人教育施設の協力は，多くの地方でいまなお不十分である。とはいえ，いくつかの地方では成功の兆しも見える。たとえば市民大学と公共図書館の運営組織の兼務や，同じ施設の共同利用などが行われているところもある。まさにこの空間の共同利用のおかげで，いくつかの都市で「自主学習センター」がモデルプロジェクトとして生まれた。自治体における各種教育機関の協力については，さらなる発展の可能性があると専門家や政治家は見ている。

2.1.6　大学およびその他高等教育機関

　現在（2009年12月31日時点），ドイツでは約212万人の学生が約418の国立大学あるいは国に認定された大学に通っており，そのうち11.9％が外国人である。専門家の予測では，学生数は2014年までに50万人増えて約260万人になり，その後再び減少する見込みである。これらの研究・教育・学術機関には，105の総合大学のほか6つの教育大学，16の工科大学，51の芸術大学，203の専門大学，8の〔実務重視の専門教育を行う〕デュアル大学，29の行政大学がある。これらはほとんどが州の運営する公立の施設である。国に認定された約45の教会所有の大学のほかに，民間の基金や企業によって運営される，特殊な目的と教育内容を持つ大学も増加している。公的な大学の教員およびその他の職員は公務員として採用される。大学自治のため，大学は，試験方法などの重要な規則を独自に決める権利を持っている。とはいえ2006年9月1日に発効した，基本法の変更を伴う連邦制度改革までは，連邦レベルで大学大綱法（HRG）が効力を持っていた。そのほかにも，研究促進，大学入学，学生のための経済支援（連邦教育促進法（BAföG））も連邦レベルで法律が定めている。たとえば，大学建設促進法（HBFG）に基づいて，大学の建物の建設，データ設備，学術文献等の基礎的装備にかかる費用の50％を連邦が負担することになっている。

1962年に建設され，1965年に開設されたボッフムのルール大学（ノルトライン＝ヴェストファーレン州）は，ドイツ連邦共和国になって最初に建設された大学である。コンクリート打放しを多用した直線的なデザインで，1960年代以降の大学建築のモデルとなった。大学図書館は，学部の建物のちょうど中央にある。160万冊の資料をほとんどすべて開架式で提供している。閲覧席は900席。

連邦と州の支援プログラム「エリート大学創設計画」(Exzellenzinitiative) は，先端的な研究とともに「学問の国としてのドイツ」を継続的に支援し，その国際的な競争力を高めることを目的としている。〔大学全般を対象にする〕「未来構想」と〔博士課程を対象にした〕「大学院」，〔個々の研究テーマを対象にした〕「エクセレンス・クラスター」の3つの部門で構成され，明確な目的意識のもとにコンクールとして構想されている。第1回目の2006年には3つの，第2回目の2007年には6つの大学が，〔連邦や州の委託を受けた〕学術振興会 (DFG，5.2.1参照) や学術評議会 (WR) により「未来構想」の部門で表彰され，数百万ユーロの研究資金が授与された。これらの大学は，現在では「エリート大学」とみなされるようになっている。

　1999年に〔ヨーロッパ高等教育エリア内での人的移動を自由にすることを目的とする〕「ボローニャ・プロセス」によって導入されたバチェラー（学士）とマスター（修士）の連続した課程は，2011年にはドイツのほとんどすべての大学の多くの学科で実施される。政府の決定により，〔理系の修士に相当していた〕ディプロムや〔人文学修士に相当していた〕マギスター，〔教員試験などの〕国家試験等，従来の卒業試験は廃止すべきとされている。とはいえ，これに反対している大学もまだ多いのが実情である。

　米国では大学には国内総生産のおよそ1.1%の公的資金に加え，民間総支出の1.2%があてがわれるのに対し，ドイツでは国内総生産の約1%が公的資金から，0.1%が民間から支出されるのみである。スウェーデンやフィンランドでは，〔大学の〕全支出はそれぞれ国内総生産の1.7%に上る。ドイツでは現在，多くの州で学生から授業料を徴収するようになったが，この増えた収入は大学（大学図書館を含む）の予算の一部として，教育の質の確保のために使われている。ただし，授業料については，その廃止も含めて現在も政治的な議論が行われている。

　大学図書館は，教員や学生に対して優先的にインフォメーションセンターとしてのサービスを行うが，今日では市民に

アイヒシュテット大学図書館のインゴルシュタット経済学分館（バイエルン州）は，ドイツに51あるEUのヨーロッパ・ドキュメンテーションセンターの一つで，改築されたシュタイラー宣教師神学校の建物の中に1989年に開館した。教会堂中央の身廊や聖歌隊席に閲覧室と5階建ての開架書架が収まっている。

対しても広く開かれている。大学図書館は，該当する州の法律や条令，通達などにより，比較的しっかりと大学の機構の中に埋め込まれ，その存在が保証されている。とはいえ，現在の大学の環境を取り巻く変化は，この原則を危うくしている面がある。新しい大学の建設を行う州の方針によっては，大学図書館はコンピューターセンターの一部としてのみの設置が予定されていることもある。

ドイツには，以下のような種類の大学がある。

- 総合大学，工科大学，統合制大学：総合大学やそれに類する大学で勉学を行うためには，〔基礎学校やギムナジウム等に〕通常12年間通学し，一般的，多領域的な学業を修了している必要がある。多くの学科で規定上定められている修学期間は4年半であるが，実際には平均で6年かかる。学生数の多い都市は，ベルリン（3つの総合大学があり，総計8万8200人），ミュンヘン（3つの総合大学で7万1000人）ハーゲン通信大学（6万7000人），ケルン（4万5000人），ハンブルク（4万1000人），フランクフルト・アム・マイン（3万7500人），ミュンスター（3万7000人）である。
- 専門大学：国の認定による203の専門大学での学修課程は，総合大学の学修課程と異なり，より応用的・実践的なものとなる。規定上の修学期間は3年から4年で，実際にそれを超えることはほぼない。専門大学で修学するのは，全学生数の25％から28％である。
- 芸術大学：造形芸術，デザイン，演劇，音楽，映画，テレビを専門とする大学がある。適性試験によって受け入れが決まる。

さらにほかのタイプの大学を有する州もあり，たとえばバーデン＝ヴュルテンベルク州には教育者を育成する教育大学や実務重視の専門教育を行うデュアル大学がある。後者は別の州では職業アカデミーとも呼ばれる。

まとめるなら，ドイツの教育制度には，諸外国と比べて二つの特徴がある。第一に，連邦制に基づく文化主権が各州にあるため，州独自の教育制度を構築することが，各州に大幅に許されているということである。この権能は，2006年の連邦制度改革以降さらに強められている。そしてもう一つは，立法機関が職業上の初期教育の実践的部分を企業に任せるなど，企業に職業教育の一部を委託しているということである。

ドイツの教育制度で際立つのは，教育を必要とする個人に対し諸機関間で門戸が広く開放されていることである。これは，諸機関間の移動可能性と機会均等を目的としている。したがって，基幹学校を卒業した者が，さまざまな資格を追加的に取得して，後に大学を卒業することも，今日では決して珍しくない。高等教育部門では，期間が短くて実践的な専門大学や職業分野の専門アカデミーでの教育と，総合大学での教育という二つの形態が競っているが，前者が後者に対して

より多く人を引き付けてきた。ただし、ボローニャ・プロセスが始まり、それによって専門大学での学修課程がアカデミックなものになるにつれて、この境界は曖昧になってきている。

　国際学習到達度調査（PISA）は、ドイツの教育制度の欠陥を明るみに出すこととなった。教育に関心の低い家庭や社会的立場の弱い家庭の子どもたち、そして移民の家族の子どもたちの教育上、職業上の資質が、他国と比べて平均的にははるかに劣っていたのである。PISAの結果公表以降に始まった、生徒の学業レベルを向上させるための連邦と州の努力は、とりわけ読書推進活動へと向けられた。それ以来、数多くの学校内外の活動の中で、あらゆる環境の子どもたち、若者たちの読書へのモチベーションを上げること、読書能力を向上させることが目指されるようになった。いくつかの州では、州の協力の下、また州や教会の図書館支援センターの協力を得て、たとえば公共図書館が幼稚園や学校とともに創造的な読書推進活動を展開する特別プログラムが組まれた。さらに、1988年に設立されたマインツの「読書基金」（Stiftung Lesen）が、読書推進活動に大きな役割を果たしている。この基金は、連邦大統領の支援の下、ドイツ出版流通協会（Börseverein des Deutschen Buchhandels）のほか、メディア関係者や文化事業スポンサーから支援を受けながら、連邦全域での読書推進プロジェクト、学校での読書キャンペーン、書籍流通活動を企画・運営している。2004年には、同基金による「読書支援アカデミー」（Akademie für Leseförderung）が、読書支援活動を担う人の教育とその継続・再教育のため、ハノーファーのゴットフリート・ヴィルヘルム・ライプニッツ図書館に設立された。

2.2　書籍取扱業

　図書館にとっての最重要パートナーの一つが、書籍取扱業である。書籍取扱業は、図書館と同様、中世にまでさかのぼる伝統を持っている。また、文化的に重要な意味を持つばかりでなく、決して小さいとはいえない経済のファクターとしての役割も果たしている。ほかの商品と異なり、本は文化財と見なされているため、他の国々と同様にドイツでも付加価値税（消費税）が7％に優遇されている。ただし、これは電子書籍には適用されず、目下19％の付加価値税全額が徴収されている。

　書籍取扱業者には、出版社、卸し売りをする取次、小売りがある。インターネットが広がる中で、オンライン書店の重要性が増している。ドイツ語圏最大のオンライン書店はアマゾンで、2009年の年間売上は10億ユーロに達した。また、約300の店舗を持つタリア書店や、店舗数約500のドイツ書店が、多くの都市で個人経営の小規模書店の経営を圧迫するような事態も発生している。

　書籍取扱業と図書館の関係は通常は良好であるものの、これまで常に雑音のないものだったわけではない。たとえば著作権の問題やライセンスの問題など、特

書店は，図書館に新刊書を届ける重要な供給業者である。価格固定制度のおかげでドイツには，効率的な目の細かい書店ネットワークが構築されており，大きな敷地面積で数多くの図書を提供できる大型書店のほかに，顧客に近く，行き届いたサービスを提供する数多くの中小規模の書店が参加している。加えて価格固定制度は，約120万冊ものタイトルの提供を可能にしている。在庫にない書籍でも，多くの場合1日以内で取り寄せることができる。

殊なケースでは裁判で対立したことがあった。図書館の予算に大きな負担となった，とりわけ電子雑誌の異常なまでの価格高騰のため，雑誌の定期購入を取りやめざるをえない事態も発生した。

2008年の時点で約2,800社ある税金支払い義務のある出版社，4,860社の小売業者，80社以上の取次業者のうち，大部分にあたる5,790社がドイツ出版流通協会に加盟している。1825年にライプツィヒに創設されたこの書籍出版業，流通業の中央団体は，現在はフランクフルト・アム・マインに居を構える。フランクフルトでは1949年以来毎年，世界最大の書籍見本市であるフランクフルト・ブックフェア（7,300の出版社の展示と29万人の来場者がある）が開催される。そこでは毎年，ドイツ書籍取扱業者による有名な平和賞が授与される。また，伝統のあるライプツィヒの春のブックフェアも，世界的に重要な書籍と作家の登場する展示会として，特色ある地位を確固たるものにしている（2010年には2,070の出版社が書籍の展示を行った）。出版流通協会は，専門雑誌『ドイツ出版流通協会誌』（Börsenblatt des Deutschen Buchhandels）を発行しているが，これは新刊書の広告をするのみならず，出版界に関するさまざまな記事を掲載する。出版流通協会出版は，『在庫図書目録』（Verzeichnis Lieferbarer Bücher : VLB）を発行しており，書籍取扱業者や図書館は，120万冊の購入可能なタイトルや価格についての情報を得ることができる。

ドイツの10大書店は，シュプリンガー，クレット，コルネルゼン，ランダムハウス，ヴェスターマン，ハウフェ，ヴォルタースクルーヴェ，メア・デュモン，ヴェルトビルト，ヴェーカで，これらの合計で年間売上は26億ユーロに上る。全出版社と書店の図書と専門誌の総売上は，2009年には，125億ユーロを超えた。

諸外国と同様にドイツでも，本は固定した店頭価格で販売されているが，これは，市場経済上の理由から，他の製品では行われないものである。かつての，出版物の定価販売を出版業界の合意契約により取り決めた制度は，基本的に自由意思による私法上のものであったため，2002年10月の法律で解消され，拘束力

のある店頭価格の設定と明示が義務化された。価格固定の例外は特定の場合にのみ許されており，その一つが図書館への割引である。一般に開放されている学術図書館が5％，学校図書館や公共図書館が10％の割引を受けている。

　書籍の価格の固定は，豊富なタイトル数を保証し，実際，ドイツの出版タイトル数はイギリスに次いで世界第2位である。新しいメディアの躍進にもかかわらず，書籍の出版数は増加し続けており，2009年には，9万3000冊の新刊書のうち，8万1800冊が第1版であった。その中では，娯楽小説が17％を占めて第1位，児童文学とヤングアダルト文学が9％で健闘し，それに文学書や経済，医学，法律，神学などの他の分野が続いている。また，6.9％は教科書である。新刊書が圧倒的に多く出版されるのはミュンヘンであるが，ベルリン，シュトゥットガルト，ハンブルク，フランクフルト・アム・マイン，そしてケルンも重要な出版地である。これらの都市はまた，書籍取扱業の数が最も多い都市でもある。

　一国の文化の開放度の指標として，翻訳の数を見る必要がある。2009年にドイツで出版された本の12.7％（1万600タイトル）が，他言語から翻訳されたものである。元の言語としては英語（65％）が最も多く，大きく引き離されてフランス語（10.2％），日本語（5.2％）が続いている。翻訳の数が特に多いのは娯楽小説だが，児童文学やヤングアダルト文学，それに漫画も多い。2009年には，ポーランド語，中国語，チェコ語，韓国語そしてスペイン語への翻訳は英語への翻訳よりも多かった。ドイツ語のタイトルの翻訳権の需要の大きさからは，東欧諸国の世界経済への開放を見て取ることができる。

　多くのケースで，ゲーテ・インスティトゥート（4.5.7参照）が外国語への翻訳を支援している。これは，とりわけ経済的な利益の出にくい書籍においては，意義の大きいことである。

　書店と図書館をつなぐのは，ISBN番号，すなわち国際標準図書番号で，その事務局をベルリン国立図書館（SBB, 3.2.1(2)参照）が運営している。ISBNは，定期刊行しない出版物にコード化した一連の番号を一義的に特定するものである。出版社の商品システムに組み込まれており，また多くの図書館で貸出システムや目録作成のさいに使われている。2007年からは13桁のコードが使われている。これは国際的に導入されている国際取引商品コード（GTIN）（かつての欧州商品識別コード（EAN））の一部でもある。番号のはじめの3桁「978」あるいは「979」が，それが出版社の製品であることを示している。

3 図書館の多様性
——ドイツの図書館の多様な実態

3.1 さまざまなタイプの図書館設置母体

ドイツの図書館の特徴として，館種の多様さがある。これらはたいてい，その起源を特定の時代に持っていて，ドイツの，あるいは領邦国家の文化的，精神史的発展と密接に結びついている。図書館は多くの場合，設置者の種類によって分類される。ここではまず，図書館のさまざまな設置者を概観し，その最も重要なもの，すなわち公的機関，教会，民間団体の名を挙げておこう。

3.1.1 公的設置機関
〈連邦〉

連邦によって運営される図書館の中では，まず，連邦政府の文化・メディア担当部（BKM）の業務範囲に属しているドイツ国立図書館（DNB, 3.2.1(1)参照）の名を挙げておかねばならない。また同様に重要なのが，ベルリンにあるドイツ連邦議会図書館（Bibliothek des Bundestages）で，これは140万冊の蔵書を持つ世界最大の議会図書館の一つである。同様に，連邦省庁，連邦裁判所，連邦研究施設の図書館や，ハンブルクと（ミュンヘン近郊の）ノイビベルクにある連邦軍大学図書館も重要である。

しかし，上述のとおり，研究と教育，文化と芸術に関してはほぼ全面的に州に権限があるため，図書館の設置機関として連邦が登場するのは，ごく限られたケースにおいてのみである。

ほかにも連邦は，地域を越えた重要性を持つ個別の図書館や施設に共同出資している。たとえば，ライプニッツ学術連合（WGL）に参加している80を超える大学外研究所は，州と連邦共同の支援を受け，分野の専門図書館を所有している。WGLの会員で，科学と研究を支えるインフラとも言うべき図書館は，医学，工学，経済学の中央専門図書館（3.2.1(4)参照）である。同様に連邦からの共同出資を受けている規模の大きい研究機関として，マックス・プランク協会，フラウンホーファー協会，ヘルマン・フォン・ヘルムホルツ・ドイツ協会などがあり，それぞれ重要な専門図書館を運営している。

〈州〉

ドイツでは，州の文化主権が基本法で規定されているため，学術図書館の最も重要な設置者は，州である。つまり，すべての大学と大学図書館，そして〔通常州からも資金援助を受ける〕国立図書館や州立図書館，地域図書館が，各州の権限下にある。加えて，州議会や州官庁，州立研究機関の図書館，また国立の資料

館，美術館の図書館も同様である。

〈地方自治体〉

公共図書館の最重要の担い手は，都市と自治体である。都市と自治体は，州と同様に基本法で定められた自治の枠組みの中で，市立図書館や自治体図書館を運営し，活用することができるとされており，また多くの場合実際に運営し，活用している。多くの州では，郡が独自の移動図書館，郡中央図書館あるいは〔一般利用者ではなく郡の図書館にサービスを行う〕郡立後方支援図書館，そして自治体と州の共同で図書館センターが運営されている。場合によっては，郡が自治体に図書館を運営するための補助金を認めていることもある。

〈公法上の財団〉

公法上の財団も重要な図書館の担い手である。ここではまず第一に，ベルリン国立図書館（SBB，3.2.1(2)参照）を所有するプロイセン文化財団，ワイマールのアンナ・アマーリア公妃図書館（口絵参照）を所有するワイマール古典主義文学財団の名前を挙げなければならない。ほかには，独自の図書館を持ち，そこに地方自治体の寄付金があてがわれている公法上の財団として，フランケ財団中央図書館を所有するハレ・アン・デア・ザーレのフランケ財団，専門図書館を持つニュルンベルクのゲルマン国立博物館財団がある。またベルリン中央州立図書館（ZLB）は，その名のもとにベルリン市立図書館，アメリカ記念図書館，市政府図書館を統合しているが，これも財団として運営されており，またドイツ経済学中央図書館（ZBW，3.2.1(4)参照）も財団による運営である。

3.1.2 教会

ドイツでは，カトリック，プロテスタント双方の教会が，数多くの図書館を所有している。大聖堂，教区，地区教会の図書館，また，神学校その他の教会施設，教会団体の図書館は，人文科学の専門図書館に属している。それに加え，たとえばアイヒシュテット・カトリック大学のような，キリスト教の大学の図書館は，

1987年，アイヒシュテット・カトリック大学中央図書館（バイエルン州）は，アルトミュールの草地の中に色彩に遊び心のあるガラス張りの新館を建てた。高いデザイン性が評価され，表彰された。利用者のための設備として個人閲覧席があり，集中して仕事に取り組みながら川までの眺めを楽しむことができる。

ドイツの学術図書館ネットワークの一部を構築している。これらの多くは、カトリック＝神学図書館研究会（AkthB）やキリスト教＝学術図書館連盟（VkwB）に加盟している。教区図書館は、地域図書館（3.2.2参照）としてそれぞれの教区の文献提供を引き受ける。教会の聖職者やボランティア、学者、学生のみならず、すべての住民が無料で利用できる。修道会図書館は、歴史や修道会の特徴、図書館の使命にかかわらず、図書館ごとに非常に異なった蔵書を持っている。マリーア・ラーハやボイロンにあるベネディクト修道会の図書館のような大きな神学・哲学図書館から、主に修道会関連の資料に特化した専門図書館、そして神学の実用図書館まで、その幅は広い。また、神学・哲学その他の分野の最新の文献のほかに、古写本や〔グーテンベルクの印刷技術の発明以降15世紀の終わりまでに印刷された印刷物で、特に貴重とされる〕インキュナブラその他の古い印刷物など、さまざまな蔵書がある。小教区のレベルでは、教会は小さな、たいていはボランティアに運営される「公共図書館」を所有している。人口の少ない地域では、自治体の施設の不足を補うため、少なからぬ教会図書館が地域の文献提供に貢献している。

3.1.3 私立の機関

民間の図書館の所有者とは、企業や団体、あるいはまったくの個人である。大企業の多くは、研究・開発のために、独自の図書館や情報センターを所有している。これらは、業務を社員への文献提供に特化しており、たいていの場合一般の人々には公開されていない。職業的・経済的・学術的あるいは理念的な目的から団体の業務を支えるために設置されたもので、学術図書館に分類される。一般に公開されている規模の大きい図書館で私立のものは、ドイツでは珍しいものになってきた。貴族による個人コレクションが保持されていることがあるが、これは

21万2000冊の資料と3,350冊の古写本、そして1,700冊のインキュナブラや初期出版物を持つ学術図書館、レーゲンスブルク・トゥルン＝ウント＝タクシス侯爵宮殿図書館（バイエルン州）は、個人所有の図書館の一つで、早くも1782年に一般に公開された。1732年に作られたバロック様式の丸屋根の閲覧室は、画家コスマス・ダミアン・アザムの名をとって名づけられており、図書館の歴史ある蔵書を収納している。

国家レベルの総合図書館と中央専門図書館（ドイツ図書館統計 2009.12.31 時点）

図書館名	蔵書数 （100万冊）	貸出数 （100万冊）	資料購入および製本費 （100万ユーロ）	利用者数 （人）	週当たりの開館時間 （時間）	相互貸出・ドキュメントデリバリー数（件）
ベルリン国立図書館（SBB）	10.79	1.75	9.31	49,761	70	73,200
ドイツ国立図書館（DNB, フランクフルト a. M.・ライプチヒ）	17.08	0.78	—	30,977	79	9,835
技術情報図書館（TIB, ハノーファー）	2.77	—	11.63	24,326	80	268,000
経済学中央図書館（ZBW, キール, ハンブルク）	4.23	0.39	3.17	16,215	55	84,400
医学中央図書館（ZBMED, ケルン）	1.50	—	5.50	—	68	275,000
バイエルン国立図書館（BSB, ミュンヘン）	9.53	1.65	19.32	55,132	112	393,250

例外的である（レーゲンスブルク，ジグマリンゲンなど）。また，〔一般の利用者が利用できる〕大都市の図書館の最大のものであるハンブルク公共図書館（Hamburger Bücherhallen：HÖB）は，ハンブルクの私法上の財団（ハンブルク公共図書館財団）の所有で，1899年に創立された。

3.2 さまざまなタイプの図書館

個々の図書館は，その保有機関，すなわち公共の出資者か民間の出資者かということでのみ異なるのではなく，その発展の歴史，規模や蔵書の構成，利用者のグループなどによっても変わってくる。それに加えて本質的な違いを作るのが，その任務と機能である。実際には，多くの場合それは重複しており，とりわけ，「市立・州立図書館」などその二重の機能

が名前に明示してあるような図書館においてはそうである。それゆえ，以下では，各種図書館の典型的な中心的機能を紹介するように配慮した。

3.2.1 国家レベルの図書館

ドイツの図書館制度においては，ドイツ国立図書館（DNB）のほか，国家的な意味を持つ一連の大規模図書館が，重要な役割を果たしている。

(1) ドイツ国立図書館（DNB）

諸外国と異なりドイツは，領邦国家の分立と内部の政治的対立により，長く国立図書館を作れる状況になかった。やっと1912年になって，ドイツ出版流通協会とライプツィヒ市やザクセン王国の支援によって「ドイチェ・ビューヒェライ」（1.2参照）が設立されたものの，同館は

1945年のドイツ分割以降，国立図書館としての，あるいは国立図書目録としての任務を果たすことができなくなった。それゆえ，1946年に出版社と図書館のイニシアチブにより，フランクフルト・アム・マインに「ドイチェ・ビブリオテーク」(1.3参照) が作られた。両者は，1990年のドイツ統一により「ディー・ドイチェ・ビブリオテーク」(1.3参照) の名のもとに統合される。2006年には，法律により「ドイツ国立図書館」(Deutsche Nationalbibliothek：DNB) と改名された。現在，フランクフルト・アム・マインとライプツィヒの2館体制で，ドイツ国立図書館はその広範な業務を担っている。ベルリンにも，1970年に当時のドイチェ・ビブリオテークの一部門としてドイツ音楽資料館 (DMA) が設立されたが，これは2010年末にライプツィヒへ統合された。

ドイツ国立図書館は今日，2600万点の資料を持つ，ドイツで群を抜いて大きな図書館である。そのうちドイツ音楽資料館には，85万点の楽譜と150万点の録音資料があり，こちらもドイツで最も大きな音楽図書館となっている。2006年6月29日に施行された「ドイツ図書館に関する法律」によれば，同館は，

6年という短い期間で建てられたドイツ国立図書館 (DNB，3.2.1(1)参照) の新館 (ヘッセン州。建築はアラート，カイザー＆カイザー。1997年竣工) は，77,000㎡の面積を持つ。1800万冊分の容量があり，毎日1,000冊増えるとして2035年までの資料収納が可能である。閲覧部分の面積は3,200㎡で閲覧席数は350席。10万冊が開架されているが，貸出はしていない。

- 1913年以降にドイツで公表された著作物
- 1913年以降に外国で公表されたドイツ語の著作物，ドイツ語著作物の他言語への翻訳およびドイツについての著作物

の正本の収集，蔵書目録作成，長期保存，そして一般市民への利用提供，さらには全国的な目録の作成を任務としている。業務の対象となる資料は，手に取ることのできる「有形の資料」として，あるいは電子媒体の「無形の資料」として人々に提供されている文字や絵・写真，音などのすべての表現物である。

これらを収集するドイツ国立図書館の権利について，自発的にかつ対価なしで資料を納品することをドイツの営利的・非営利的出版社に義務付ける「義務的納本規則」が定められている。これには，従来の紙媒体の出版物のみならず，マイクロ形式の資料，録音資料，CD-ROM等の電子資料，そしてインターネット上の電子資料が含まれる。収集の業務に関する法的規定については，収集方針でより詳細に定められている。

また，ドイツ国立図書館は，1913年以降のドイツ語圏で出版された資料を包括

的に収集することが定められており，そのため同館は，全学問分野の資料を収集し目録化する総合図書館となっている。資料保存の目的から，もっぱら閲覧室での利用のみが可能である。

ドイツ国立図書館は，ドイツ連邦の中央保存図書館であり，音楽資料館である。また国の図書目録センターであり，ドイツ国内で出版されたすべての出版物をデータベースに目録化している。2009年末には，紙媒体の『ドイツ全国書誌』が，約100年続いた歴史に幕を閉じた。同誌は，2010年からはPDF形式の電子雑誌として発行されており，またドイツ国立図書館のOPACから無料で検索できる。この無料のOPACのほかにも，定期的に新着情報のみを入手したい利用者の要求に応える，全国書誌のサービスもある。

ドイツ全国書誌のデータの販売は，目録カードからオンラインデータベースまでさまざまな形式で行われる。またデータのダウンロードも，FTPサーバから，あるいはインターネット上で可能であり，データ形式もMAB，MARC21，OAI-DCから選ぶことができる。「マーケティング・出版サービス有限会社」(MVB)や『在庫図書目録』(VLB)をDVDやオンラインで出版するドイツ書籍商組合との協力で，ドイツ国立図書館は2003年から「新刊情報サービス」を始め，〔これから出版される出版物の情報を含めた〕最新の出版情報を提供している。

ドイツ国立図書館は，1933年から1945年までのナチス政権時代のドイツ語による亡命関連文献の収集に力を入れている。ライプツィヒの「亡命関連文献コレクション」とフランクフルト・アム・マインの「ドイツ亡命関連資料館」は，外国に移住したドイツ人亡命者が公開した本，パンフレット，雑誌ならびに亡命者の遺稿，それに国外へ移った機関の資料を所蔵している。

ライプツィヒのドイチェ・ビューヒェライは，ホロコーストに関する国際研究図書館「アンネ・フランク・ショアー図書館」に場所を提供している。同館は，ナチス・ドイツ政権時代のヨーロッパのユダヤ人迫害，殺害に関する世界中で刊行される文献を提供することを目的とし

1970年に設立されたドイツ国立図書館(DNB)のベルリン・ドイツ音楽資料館(DMA：Deutsche Musikarchiv Berlin)は，楽譜と録音資料のドイツ最大のコレクションであり，ドイツの音楽資料の情報センターである。1978年からベルリン＝ランクヴィッツの「ジーメンス＝ヴィラ」とも呼ばれる「コレンス領主館」を使用していたが，2010年にライプツィヒのDNB館内に移転した。現在所蔵する資料数は100万点ほどで，これは2011年に完成した増築部分に収められた。新しい閲覧室とオーディオルームもある。

ている。民族的，政治的，宗教的理由等で迫害された他の民族やグループ〔に関する文献〕も，このコレクションの収集対象である。

ライプツィヒにある「ドイツ書籍活字博物館」(Das Deutsche Buch- und Schrift museum) は書籍文化のドキュメントセンターである。視聴覚資料や電子資料が図書の競争相手となった時代にあっては，書籍・活字文化の価値あるサンプルを保存することは重要になってくるが，この1884年に建設された世界一古い書籍博物館は，豪華で内容豊かな蔵書を誇っている。その中には透かし紙の世界最大のコレクションがあり，特別展，常設展で広く公開されている。

ドイツ国立図書館は，国内外の図書館施設と協力し，数々のプロジェクトに参加している。いくつか例を挙げれば，共通の規格の作成，典拠ファイルの共同運営，大量脱酸化処理の方法と戦略の発展，電子資料および電子化された資料の目録作成に向けた標準メタデータの策定，ドイツ ISSN センターとしての機能，ドイツ・デジタル図書館（6.3参照）や欧州デジタル文化遺産ポータル「Europeana」(4.5.9参照）の構築などである。

ライプツィヒにある「書籍保存センター」(Zentrum für Bucherhaltung) は，1998年までドイチェ・ビューヒェライの一部であったが，その後独立した有限責任会社となり，物理的な物品としての書籍の保存および補修に尽力している。19世紀半ばから出版された数多くの資料が，紙が織物（ぼろ布）ではなく木材パルプをベースにした素材で作られていたため，酸化による分解の危機にさらされている。危機の迫った紙は，機械を使用して，あるいは手作業で，〔1枚の紙を2枚に裂いてそのあいだに紙を入れて貼り合わせる〕いわゆる「中打ち」によって補強され，脱酸化処理によって延命される。それに加えて同センターでは，危険な状態の本をマイクロ化し，テキストを確実に後世に残すよう尽力している。

他国の国立図書館は，外国の，あるいは外国語の重要な出版物をも収集し，それによって国内外の文献を膨大に所蔵する巨大総合図書館へと発展することが多いが，ドイツ国立図書館は，その収集対象が基本的にドイツ語文献に限定されている点で，それら諸外国の国立図書館とは異なる。外国，あるいは外国語の資料の収集は，ドイツでは他の重要な総合図書館，すなわちベルリン国立図書館（1661年設立，SBB，次項参照）とミュンヘンのバイエルン国立図書館（1558年設立，3.2.1(3)参照）の2館が担っている。両館とも封建領主の宮廷図書館に由来しているが，その豊かな蔵書と数々のサービスで，地域を越えた全連邦的な機能を果たしている。国内外の膨大な古い資料や数々の特殊資料を所蔵していること，またドイツ学術振興会（DFG）の「特別収集領域計画」(5.2.1参照）や「ドイツ刊行物収集計画」(5.2.2参照）へ参加していることから，両館は，〔ドイツ国立図書館と並ぶ〕中央，国立の総合図書館に位置付けられている。一方，応用科学に関しては，3つの中央専門図書館（後述）が，1913年

以前に〔ドイツ語圏内で〕出版された文献については、「ドイツ刊行物収集計画」に参加する他の図書館がこれを補っている。

(2) ベルリン国立図書館（SBB）

ベルリン国立図書館（Staatsbibliothek zu Berlin – Preußischer Kulturbesitz：SBB）は、バイエルン国立図書館（BSB、次項参照）と並んでドイツで最も重要な学術的研究・情報図書館である。プロイセン文化財団に属しているが、これは、かつてのプロイセン王国の文化財を保護、維持、拡大し、また世界中の文化財に資金援助をしている財団で、75％を連邦から、25％を16の州すべてから出資されている。同館は、かつてのベルリンの王立図書館（1661年設立）や、その後の、第二次世界大戦以前にはヨーロッパ最大にして最も重要な学術総合図書館の一つであったプロイセン国立図書館の伝統を、受け継いでいる。

戦後、ベルリン国立図書館は東ベルリンと西ベルリンに二つ存在していた。ドイツの再統一後、1992年1月1日に両館は統合され、現在の名称のもとに、公的財団であるプロイセン文化財団の保有する2館体制の図書館となった。

それぞれの館に対して、既存の蔵書をもとに重点計画が作成された。ウンター・デン・リンデン通りにある第1館は、何年もかけて改築されてきた。現在中央閲覧室を増築中で、これは2012年にオープンする予定である。歴史的な〔主に人文系の特定分野の古い蔵書を持つ〕研究図書館を自認しており、19世紀末までの全期間の文献を集めている。古い印刷物のほかに、古写本や音楽資料、地図、児童書、新聞の特別部門が資料種別ごとに設けられている。また、資料保存工場やデジタル化センターがあるのも第1館である。ポツダム通りにある第2館は、現代の資料を収集する研究図書館へと路線を変更した。最新のものに至るまでの現代の資料と、過去のすべての時代を調べるための全分野の参考資料を提供している。また東欧や近東、東アジアの地域に特化した特別部門があるのも第2館で

第二次世界大戦終戦の33年後となる1978年、当時のプロイセン文化財団国立図書館は、〔戦争で分散していた〕資料を統合し、ベルリン＝ティーアガルテンのポツダム広場（当時の西ベルリン）に新しい建物を建設した（建築家はハンス・シャロン）。これが現在のベルリン国立図書館の第2館である。ウンター・デン・リンデンの第1館が貸出を行わない研究図書館として運営されているのに対し、ポツダム広場の第2館は貸出図書館、作業のできる図書館、そして情報センターとして機能し、また東欧や近東、東アジアなどの地域的な特別部門を持っている。

ある。

　ベルリン国立図書館は，1080万冊の単行本，雑誌と20万冊を超える貴重書，4,400冊の初期出版物，180万冊の特別コレクション，1,475件の遺稿と私蔵コレクション，6万冊の古写本，32万点の直筆書，そして約270万点のマイクロ資料を所蔵している。継続刊行中のものとして，世界中の360の印刷版の新聞と，2万7000タイトルの国際的な印刷版の雑誌を購入している。電子サービスとしては，2,836のデータベースと5,380タイトルの雑誌の購読を契約している。

　地域を越えた文献・情報提供協力ネットワークにおいて，ベルリン国立図書館は数多くの役割を担っている。ドイツ学術振興会（DFG，5.2.1参照）の推進する，地域を越えた文献提供のための収集計画の枠組において，いくつかの収集重点領域，たとえば法学や東アジア，東南アジア，スラブ語語学・文学，外国の新聞，議会文書を担当している。協力収集プログラムである「ドイツ刊行物収集計画」（5.2.2参照）では，同館は1871年から1912年までの印刷物を漏れなく収集する。そのほか，1801年から1912年までの地図と1801年から1945年までの楽譜も担当している。同館に付属している「芸術・文化・歴史写真資料館」（Bildagentur für Kunst, Kultur und Geschichte）は，120点以上の写真や画像を保有し，数多くの写真家のコレクションや遺品などの保管業務に携わっている。

　ベルリン国立図書館はプロイセン国立図書館の目録サービス業務を部分的に引き継いでいる。同館の運営する「雑誌総合目録データベース」（ZDB，5.3.2参照）は，1500年から現在までのあらゆる言語，あらゆる形態の150万タイトルの雑誌と新聞のための国の目録で，これらのタイトルに対して4,300館のドイツの図書館の940万件以上の所蔵情報を掲載している。古写本や古い印刷物の分野では，同館は直筆書・遺稿データベース「カリオペ」（Kalliope），およびすでに100年以上の歴史があり今では印刷版と電子版で出版されている，全世界のインキュナブラの目録「インキュナブラ総合目録」（5.3.3参照）を作成している。

　さらに同館は，図書や音楽の標準番号システムを世界に広める役割を果たす国際標準図書番号（ISBN）の国際センターと国際標準音楽番号（ISMN）の国際センターの運営も行っている。

(3) バイエルン国立図書館（BSB）

　1000万冊の国内外の文献を所蔵するミュンヘンのバイエルン国立図書館（Bayerische Staatsbibliothek：BSB）は，ドイツ連邦共和国第2の総合図書館で，世界の最も重要な資料収集機関の一つである。同館はまたバイエルン州の州立図書館でもあり，バイエルン州の図書館に関するすべての事項を扱う専門的行政機関でもある。1663年の設立以来，同館はバイエルン州で出版された出版物を納本によって収集している。5万5000タイトル以上の雑誌・新聞を購読しており，英国図書館に次ぐヨーロッパ第2の雑誌図書館である。

ミュンヘンのバイエルン国立図書館は，1848年に初めて独自の建物を所有した。フリードリヒ・フォン・ゲルトナーの計画によるもので，建築時には機能面からドイツの最高の図書館建築とみなされていた。また入り口内部の壮大な階段（表紙右上）には象徴的な効果もあった。ドイツの他の図書館と同様，書庫に限りがある同図書館は，蔵書の大部分を外部の書庫に置いている。

1558年にヴィッテルスバッハ公爵家の宮廷図書館として設立され，1919年からは現在の名称となったバイエルン国立図書館は，世界中のあらゆる分野の出版物を収集している。特に力を入れている収集領域は，古代学，歴史，音楽，東欧，南東ヨーロッパ，中近東および東アジアである。また，その伝統と発展の経緯に基づき，古写本や1700年以前に出版された印刷物，それに戦後の外国の文献も特に重点的に収集している。

古写本コレクションは，9万3000冊を所蔵しており，世界最大のコレクションの一つに数えられる。また，インキュナブラコレクションも1万9900点を数え，世界的に意義が大きい。バイエルン国立図書館は，16, 17世紀に出版されたドイツ語圏の印刷物についても抜きんでた地位を占めており，これらの資料の全国目録の公開プロジェクトや「ドイツ刊行物収集計画」（5.2.2参照）の1450年から1600年までの期間，それに1800年までの楽譜に関して責任を負っている。またドイツ学術振興会（DFG）の特別収集領域計画（5.2.1参照）の枠組みにおいては，同館はいくつかの収集領域を受け持っている。同館の収集部門は国際的な意識がきわめて高いが，これは購入資料の5分の4が外国の出版物であることからも明らかである。

ベルリン国立図書館（SBB, 3.2.1(2)参照）と同様に，ミュンヘンのバイエルン国立図書館も国内外の数々の共同プロジェクトに参加し，国際的な協会や外国の図書館とパートナーシップを組んでいる。同館は「書籍・写本修復センター」（Institut für Buch- und Handschriften Restaurierung）や，「ミュンヘン・デジタル化センター」（6.4参照）を運営している。同館は，書き記された文化遺産の宝物館であり，研究と教育のためのマルチメディア情報サービス機関であり，デジタル情報技術とデジタル情報サービスのイノベーションセンターでもある。

(4) 中央専門図書館

ハノーファーの技術情報図書館（TIB），ケルンのドイツ医学中央図書館（ZBMED），キールの経済学中央図書館（ZBW）の3つの中央専門図書館は，応用科学分野の文献提供サービスを，地域を

越えて行っている。ドイツ国立図書館（DNB、3.2.1（1）参照）およびベルリンとミュンヘンの中央総合図書館を、中央専門図書館がそれぞれの専門分野で広くまた深くサポートし、国家的な使命を果たしている。そのさい、通常では扱われない資料や、あらゆる形態の非図書資料も含めて、その分野の資料を可能な限り完全に収集し、目録の作成や情報の整理を行い、相互貸出やドキュメントデリバリーサービスを行っている。このため、これらの図書館は連邦と諸州の共同出資を受けている。

1959年に設立されたハノーファーの技術情報図書館（Technische Informationsbibliothek：TIB、p.125写真参照）は、工学と基礎科学、特に化学、情報工学、数学、物理そして建築学のすべての分野の専門図書館である。同館は、国の研究のインフラストラクチャーの一部を成すとともに、この分野で世界最大の専門図書館であり、また世界最大の文献提供元の一つである。国内外の研究活動や産業活動に、文献や情報を提供することを使命としている。特に科学技術分野の専門ポータル「GetInfo」を通じて、利用者の求めに応じてフルテキストの文献を提供することに重きを置いている。こういったサービスの前提となるのは、通常の資料のほか に、書店で扱われることのないいわゆる「灰色の」科学技術分野の文献を世界中から包括的に集め、保存することである。この任務を遂行すべく、同館は2万4600タイトルの刊行中の専門誌と、600万点のマイクロ資料を所蔵しており、その中には会議録、リポート類、特許資料、規格、博士論文が含まれる。また同館は、たとえば「DataCite」など、主にビジュアル検索やデータの視覚化、次世代のインターネットやセマンティック・ウェブなどを研究・開発する、国内外の約30のプロジェクトや協力事業に参加している。

1969年に設立されたケルン・ボンのドイツ医学中央図書館（Deutsche Zentralbibliothek für Medizin：ZBMED）は、医学、保健衛生、栄養学、環境、農業ならびにそれらの基礎研究や周辺領域のための中央専門図書館である。150万冊以上の図書と7,300タイトルの刊行中の雑誌を所蔵し、7,000タイトルの電子雑誌を提供する、この分野ではヨーロッパ最大、世界でも2番目に大きい医学図書館である。オン

ケルンとボンのドイツ医学中央図書館（ZBMED、ノルトライン＝ヴェストファーレン州）は、その前身を1908年にまで遡ることができるヨーロッパ最大の医学専門図書館である。以前はケルン大学病院のいくつかの階に分散していたが、1999年に病院の中央に独自の建物が建設され、統合された。栄養学、環境、農業部門はボンにある。

53

ライン目録やドイツの医学分野の雑誌の雑誌記事索引 Current Contents Medicine（CCMed）のほかに，ケルンに籍を置くドイツ医学情報研究所（Deutsches Institut für Medizinische Dokumentation und Information：DIMDI）との共同で仮想医学専門図書館「MedPilot」をも提供している。MedPilotでは40以上の文献データベースやファクトデータベース，さらにはライセンスのあるものはオンラインで，ないものはペイ・パー・ビューで一次文献までアクセスできる目録を同時検索できる。栄養学，環境，農業分野の仮想専門図書館「GreenPilot」も，フルテキストへのアクセスと文献申込み窓口を提供している。ドイツ医学中央図書館は，利用者が新しい雑誌を創刊するさいの支援も行っており，そのさいオープン・アクセスを原則としている。またたとえばセマンティック・インデクシングの分野などにおいて革新的なプロジェクトを率いており，オープン・アクセスの医学ポータル「German Medical Science」を，医学専門誌や会議録，研究報告などのオンラインプラットフォームとして提供している。

　ドイツ経済学中央図書館（Deutsche Zentralbibliothek für Wirtschaftswissenschaften – Leibniz-Informationszentrum Wirtschaft：ZBW）は，ハンブルクとキールの2館体制の，世界最大の経済学専門図書館である。2007年1月1日のハンブルク世界経済資料館の統合以降，400万点以上の資料を所蔵する。経営学，経済学，商法の分野の資料を収集し，その中には調査レポート，統計，博士論文，会議録が含まれる。また3万2000タイトルの印刷版・電子版の雑誌を購読している。所蔵文献をもとに，520万タイトルを含むオンライン目録「ECONIS」が作成されており，その中では雑誌や図書の論文レベルでの検索も可能である。同館の蔵書は，国内外の相互貸出や電子的な文献提供サービス「スビト」（5.4.2参照）を通じて世界中で利用されている。そのほか，同館のサービスとして，仮想専門図書館「EconBiz」と〔チャットやメールでレファレンスサービスを受けることもできる〕オンライン情報サービス「EconDesk」がある。

キール（シュレスヴィヒ＝ホルシュタイン州）とハンブルクにあるドイツ経済学中央図書館（ZBW）は，400万冊を超える資料を持つ，経済学分野で世界最大の専門図書館。2001年，増築された6,400㎡のメインビルディングに移った（建築家はヴァルター・フォン・ローム）。19世紀末に建てられた世界経済研究所の建物（もともとはクルップ社のゲストハウス）とともに，研究所，図書館，書庫からなる複合建造物で，キール入江の岸に佇む姿が印象深い。

3.2.2 州立図書館および地域図書館

約40ある州立図書館その他の「地域図書館」(Regionalbibliotheken)は、〔学術図書館として位置づけられるものの〕特定の教育機関や研究所にのみ文献を提供するわけではなく、地域への文献提供サービスを行っている。地域とは、州全体あるいは州の一部分、または都市とその周辺地域である場合もある。その起源や規模、蔵書の構成、設立者によって大きく異なり、また名称もさまざまであるため、一見するといくつかのグループに分類することもできそうであるが、本質的には同じ機能を持つため、同じ館種として扱われている。州や地域の図書館であれば、多くの場合、州立図書館(Landesbibliothekあるいは Staatliche Bibliothek)という名がつけられている。

図書館の歴史的経緯により、重点を人文科学、社会科学分野に置いている図書館は多いものの、例外を除けば、地域図書館は全分野の資料の収集を行うことと明確に定められている。そのため、都市であれ、一地域であれ州であれ、その地域の住民に学術文献その他の文献を提供できる。とはいえ、地域図書館に特有な責務は、〔一般的な文献ではなく〕その地域についての文献を可能な限り完全に収集し、保存し、目録化し、利用に供することにある。ドイツ国立図書館(DNB, 3.2.1(1)参照)がドイツ連邦共和国全土から納本を受ける権利を持っているのに対し、地域図書館はこの権利を州や地域に対して持つ。目下、地域納本図書館はそれぞれの州においてインターネット上の

1600年ごろに建設されたアウリヒ地域図書館(ニーダーザクセン州)は、東フリースラントの地域図書館として地域に関する資料のコレクションを所蔵する。1964年に建てられた書庫を補う形で1995年に増設された開架図書館は、いくつもの賞を受賞した。

1972年に設立されたオルデンブルク州立図書館(ニーダーザクセン州)は、地域の資料に重点を置いた学術総合図書館で、増築された旧兵舎の建物に1987年に移転してきた。78万5000冊の資料は、1974年に開校されたオルデンブルク大学の学生と教員にも利用されている。

出版物やウェブサイトの収集の法制化に向けて尽力している。

多くの地域図書館が持つ納本図書館としての権利は，州の目録を作成・公開するための基礎となっている。州の目録は，州，地域，自治体に関する新刊の出版物や，州とつながりの深い重要人物についての情報を提供することを目的とするものである。これまでは冊子体の目録の形で作成されてきたが，現在はインターネット上で検索可能なデータベースに置き換わった。このような州目録は，ドイツ連邦共和国全土にわたって存在している。

州立図書館・地域図書館にはほかに，受け継がれた古い蔵書の目録作成と保存，州にゆかりのある人物の作品や遺稿の収集，そして資料館の運営や展示，講演・朗読・コンサートなどの文化的催しや広報活動といった仕事がある。そのさい図書館は，図書館関連団体や支援団体の支援を受けることがしばしばある。これらの団体は，会員からの会費や集められた寄付金によって，予算がない場合や公的でない援助が必要な場合に，経費を負担する。

多くの州立図書館の由来は，宮廷図書館である。修道院解体〔による教会資料の没収〕がきっかけで納本図書館としての機能が生まれた図書館もいくつかある（アンベルク，バンベルク，パッサウ，レーゲンスブルク）。また別の図書館は，その蔵書の成立がギムナジウムの図書館と密接に関係している（コーブルク，ゴタ）。20世紀に入ってから連邦や他の公的機関によって設立された図書館はごく少数である（アウリヒ，コブレンツ，シュパイヤー）。学術市立図書館は，現在では大きく数を減らしたが，市議会図書館に由来していたり，あるいは歴史的な市立図書館であったりする（リューベック，ニュルンベルク，ウルム）。また，20世紀になってから設立された学術図書館（ベルリン中央州立図書館（ZLB），ドルトムント）や，大学の廃止によって成立した学術図書館（マインツ，トリーア）もある。市立図書館と州立図書館が統合した例も，ポツダムとベルリンにある。

領邦国家の歴史的背景から，ある州には数多くの古い，成熟した図書館がある一方で，ある州にはまったくそのような図書館が存在しないこともある。そのよ

ゴットフリート・ヴィルヘルム・ライプニッツ図書館＝ハノーファー・ニーダーザクセン州立図書館(ニーダーザクセン州)は，哲学者かつ数学者ライプニッツの作品の資料館である。1695年にライプニッツによって作られた加減乗除の四則に対応する計算機など，ライプニッツの重要な遺品を所蔵している。2007年に1万5000通の書簡がユネスコの「世界の記憶」(Memory of the World)に登録された。

3　図書館の多様性——ドイツの図書館の多様な実態

1537年に設立されたアウグスブルク州立・市立図書館（バイエルン州）は、学術市立図書館の代表例である。シュヴァーベン県で出版される資料の納本図書館で、それらを保存する使命を持つ。1893年には新バロック様式の建物に移転したが、複数層の書架を持つこの建物は、当時模範的とされた。

うな場合、大学図書館が本来の目的に加えて地域の要求をも満たすことになり、その二重の機能が名称にも表現される。たとえば「総合大学・州立図書館」(Universitäts- und Landesbibliothek)（ボン、ダルムシュタット、デュッセルドルフ、ハレ、イェーナ、ミュンスター、ザールブリュッケン)、「国立・大学図書館」(Staats- und Universitätsbibliothek)（ブレーメン、ハンブルク)、「州立・大学図書館」(Landes- und Hochschulbibliothek)（ダルムシュタット）あるいは「大学・州立図書館」(Hochschul- und Landesbibliothek)（フルダ、ヴィースバーデン）などの名称がある。ラインラント＝プファルツ州では、2004年にコブレンツとシュパイヤーにある二つの州立図書館が、ツヴァイブリュッケンにあるビポンティーナ図書館、それにノイシュタット・アン・デア・ヴァインシュトラーセとコブレンツの公共図書館を所管する図書館支援センターと合併し、

孤児院の設立とともに1698年に建設されたハレのフランケ財団図書館（ザクセン＝アンハルト州）は、1728年以来独自の建物を所有している。コレクションを収める書架は、劇場の背景幕のように並べられていた。1998年の改修工事以降、この「背景幕図書館」は再び18世紀当時の輝きを放っている。

館種を越えた「州立図書館センター」(Landesbibliothekszentrum)となっている。

多くの地域で、地域図書館は学習・研究・教育のための文献提供に関与している。学術図書館制度の地域内外の構造に取り込まれており、所蔵する学術文献を相互貸出に提供している。歴史ある蔵書も所蔵するため、学術界の関心も高い。特に、総合大学（アウグスブルク、バンベルク、トリーア）や大学（ツヴィッカウ）が新設された都市、あるいは総合大学が工科大学から生まれた都市（ハノーファー、カールスルーエ、シュトゥットガルト）では、地域図書館は大学図書館の特定分野の文献提供を補助する役割も

負っている。

　価値の高い歴史的な蔵書を持つかつての宮廷図書館には、精神史・文化史に特化した特色ある「研究図書館」を自認しているところもある。これらの図書館は、在野の研究機関に分類されるが、これは図書館の独自の学術的活動や、編集支援、奨学金授与、国際会議の開催などによる研究補助活動を行っているからである。このような小さな、しかし重要な図書館のグループに、近代初期のヨーロッパの文化史を専門とするヴォルフェンビュッテルのアウグスト公爵図書館（口絵参照）、ドイツ古典主義文学に特化したワイマールのアンナ・アマーリア公妃図書館（口絵参照）などがある。両館は歴史のある優れた蔵書を持ち、加えてそれを補う最新の二次文献を購入している。蔵書は開架形式で研究者に提供されている。そのほか、組織的にはエアフルト大学図書館の一部に属するゴータ研究図書館は、当初は総合的な、しかし1850年からは人文科学に特化した伝統ある蔵書を持つ。またハレのフランケ財団中央図書館は、地域図書館に由来するのではなく、1698年に教育上の目的で設立されたものであるが、これは近代初期の教会史・教育史分野の研究図書館であり、この分野の文献を重点的に収集している。

3.2.3　大学図書館

　ドイツでは、大学の運営は通常、州の任務である。大学の3つの分類についてはすでに述べたとおりだが、大学図書館の種分けもこの分類が根底にあり、したがって、総合大学図書館、専門大学図書館、芸術・音楽図書館に分かれる。バーデン＝ヴュルテンベルク州には、さらに教育大学とデュアル大学がある。2010年末の時点でドイツの大学数は418で、そこには国立、私立、教会立のものが含まれる。研究所図書館も含めると、約3,600のさまざまな規模の図書館がある。全体で210万人を超える学生に対し、1億7300万冊の本と229万タイトルの電子雑誌、35万1000タイトルの冊子体の雑誌を購入している。収集のための予算は、2010年には2億4600万ユーロを優に超えている。

(1) 総合大学図書館

　105の総合大学と、それに準ずる大学の図書館は第一に、学生から大学教授までの大学に所属する者に、学問、研究、教育のさいの文献提供のサービスを行う。大学図書館は、その歴史の長さや発展の度合いによって、蔵書の規模や利用者数、予算規模などがまったく異なっているものの、この機能の点で同じグループを形成していると言える。ただし、すべての総合大学図書館は、大学に所属しない人々の研究目的の利用に対しても、必ずしも無料とは限らないとはいえ、開かれている。中には、はっきりと地域図書館（3.2.2参照）の役割を引き受けている図書館もある。またいくつかの大学図書館は、ドイツ学術振興会（DFG, 5.2.1参照）の特別収集領域計画に参加し、特別収集領域の文献提供に貢献している。蔵書の提供という従来のサービスのほかに、電子図

3 図書館の多様性――ドイツの図書館の多様な実態

書館サービスによって情報の提供，データベースの提供，電子出版物の提供が行われるようになってすでに久しい。

　総合大学図書館の多くは，150万冊から250万冊の資料を提供している。フライブルク，ハイデルベルク，イェーナ，テュービンゲンなどの歴史ある総合大学図書館，1479年に設立された市立図書館から生じたハンブルク国立・大学図書館，1919年に再建されたケルン大学・市立図書館，それに1960年代に開館したブレーメン，デュッセルドルフ，レーゲンスブルクの図書館は，それぞれ250万冊から300万冊の資料を所蔵している。300万冊から400万冊の蔵書を誇る最大の施設としては，ベルリン・フンボルト大学図書館，フランクフルト・アム・マインのヨハン・クリスティアン・ゼンケンベルク大学図書館，それにゲッティンゲンの州立・大学図書館が数えられる。小規模な大学，とくに履修コースの限られた大学の図書館の蔵書は，100万冊以下である（ヒルデスハイム，イルメナウ，コブレンツ・ランダウ，リューベック）。総合大学図書館の雑誌定期購入は，たいてい5,000タイトルから1万タイトルである。今日では，総合大学図書館は冊子体と並

ミュンヘン大学図書館（バイエルン州）の分館，歴史学図書館は1999年の開館以来，それまで各研究所に分散していた資料を1カ所に統合した。歴史学と古代学，ビザンチン学の4,000人の学生と250人の教員のために，325の閲覧席と20万冊の資料が提供されている。貸出は行わず，館内利用のみである。

1386年に創設され，ドイツで最も歴史の古いハイデルベルク大学（バーデン＝ヴュルテンベルク州）には，中央図書館と100以上の研究所図書館からなる二層の図書館システムがある。図書館の世界的に有名な貴重本には，人気の高いヴァルター・フォン・デア・フォーゲルヴァイデの装飾画のある『マネッセ写本』，すなわち『大ハイデルベルク歌謡写本』が含まれる。

59

行して電子雑誌のライセンス取得にも力を入れている。これらは電子雑誌図書館（EZB, 5.3.2参照）やドイツ学術振興会（DFG）のナショナル・ライセンス（5.2.1参照）の枠組みで，大学に所属する人々へ提供される。〔2007年以降〕多くの州で授業料を徴収するようになったが，そこから大学図書館に回される金額は，大学によって大きく異なる。

基本的には，総合大学図書館はすべての分野の資料の収集を任務としている。つまり，蔵書構築にあたっては，大学で教えていない分野についても考慮しなければならないということになる。1960年代以降，学生の学習を支援するため，最新の教科書を所蔵する教科書コレクションが形成された。また，総合大学図書館の多くは，DFGの特別収集領域の一つあるいは複数の分野で協力し，同振興会の資金的支援により入手した文献を，地域を超えて相互貸借することができる。しかし，特に歴史のある総合大学図書館は，古写本，自筆原稿，遺稿，初期の印刷本，地図，楽譜などを含む古い特殊な蔵書を所有しており，これも，新しく購入した資料と同様に重要である。一方工科大学は，規格や特許関連の特色ある蔵書を所有している。

総合大学図書館の構造には，二つの異なる基本形式がある。一層の図書館システム，二層の図書館システムと呼ばれるものである。最近の傾向では，一層システムへの移行が進んでいる。

二層の図書館システムを持つのは，伝統的総合大学図書館である。閉架式で貸出ができ，教科書コレクションを運営し，相互貸出やレファレンスサービスを提供する中央の総合大学図書館のほかに，独立したセミナーや研究所図書館，学科の図書館があり，それらはたいてい開架式で，貸出を行っていない。総合大学図書館が一般の，分野を越えた文献を収集す

2006年にオープンしたカールスルーエ工科学院図書館の新館（バーデン＝ヴュルテンベルク州）。当初から24時間開館の図書館として計画され，カールスルーエ工科学院(KIT，以前のカールスルーエ大学)の学生と教員に530の閲覧席を提供している。自動の貸出・返却システムや，返却された資料の機械による仕分け，自動の図書館間貸出，クロークの鍵の自動貸出・返却機，夜間の自動セキュリティエントランスが装備されるなど，高度の機械化が実現している。

るのに対し，研究所図書館は，独自の予算を持っており，該当分野の文献，とりわけ高度に専門的な研究書に注力している。この二重体制の弊害を和らげ，共同運営を促すため，多くの大学ではDFGの勧告により学内共同図書館制度が構築された。しかし，大学が規定を改訂し，大学の学長を学内の各種図書館の職員のトップに置くことが定められたような場合においても，機能面での実質的な一層化は難しい問題として残っている。とはいえ，異常なまでの雑誌価格の高騰，電子資料の利用権や管理，専門的知識を持つスタッフの雇用は，現在進む一層化の要因となっている。

1960年代後半以降に設立された総合大学の図書館システムは，たいてい一層のシステムで，分散した研究所図書館と中央図書館の両方の機能を合わせ持つ〔1館あるいは複数館からなる〕図書館システムである。この単一図書館構造は，東ドイツでも取り入れられ，東西統一後も継続されたものであるが，今も残る大学の設計上の問題により，すべての大学で実現しているわけではない。一層の図書館システムの特徴は，全図書館職員に対して専門的な監督権と指示権限を持つ館長が一人いること，そして収集予算を中央で各分館に割り当てることである。たいていの図書館業務は，集約されている。貸出可能な資料も帯出禁止の蔵書も，複数の分館に分散されることが多いが，1館で集中的に提供されていることもある。常に開架式で分類番号によって排架されている。

(2) 専門大学・その他の大学の図書館

ドイツの専門大学は，比較的新しく，西ドイツでは60年代以降に，東ドイツでは1990年以降に生まれた。かつての技術学校や，経済・社会福祉・デザインその他の分野の高等専門学校に由来する。学術評議会（WR）によれば，2010年にはドイツに203の専門大学があり，そのうち60校は私立である。合計で2,300学科のバチェラー課程と1,250学科のマスター課程，450のそのほかの課程がある。総合大学とは異なり，専門大学は理論的教育を施すことを任務としておらず，博士課程はない。むしろ実践をとおして，自立して働くことのできるような教育を，科学的基礎に基づいて行っている。

156館ほどある専門大学図書館は，総合大学図書館とは異なり，総合図書館ではなく専門図書館で，大学で教える科目に注力している。大学の教育的目的に応じて基礎文献や授業用の文献を，しばしば複数冊所蔵している。規模は図書館によってかなり差がある。つまり，場合によってはいくつかの教育施設が一つの専門大学に統合されたこともあり，こういう専門大学の図書館は，しばしば25万冊の図書を所蔵し，1,000タイトルもの雑誌を購読していることもある。しかし逆に，限定的な教育サービスを行う非常に小さい専門大学が建てられることもあり，その場合には図書館もごく慎ましいものとなる。

芸術専門大学や音楽専門大学の図書館は，これらの分野では文献があまり大きな意味を持たないこともあり，どちらか

といえば小さい。まったくの例外はベルリン芸術大学（UdK）の図書館で，30万冊の蔵書を持ち，2004年からはベルリン工科大学の新築された「フォルクスワーゲン大学図書館」に同居している。図書館を運営するのは専門大学当局や，いくつかの州に設けられた職業アカデミー，それに私立の大学である。バーデン＝ヴュルテンベルク州にのみ教育専門大学があり，図書館を保有している。他の州では，教育学は総合大学に統合されたか，あるいは教育専門大学が拡張されて総合大学となっている。

3.2.4 専門図書館

学術図書館のグループのうち，最も数が多く多種多様なこのグループを構成するのは，約2,700の専門図書館で，そこには公立，教会立や私立のものが含まれる。共通するのは，決まった専門分野への特化，研究所との結びつきである。これらの図書館は主に，あるいはもっぱら研究所に対して文献提供の責任を負っている。これらの専門図書館では，新しい資料の収集はすべて，当該研究所の研究員の，直接かつ具体的なニーズに応じて行われ，とりわけ出版社を通して出版されない〔いわゆる「灰色」の〕文献が考慮されている。単行本よりははるかに雑誌が重要であり，これは紙媒体のものも，電子媒体のものも含む。特に工学や自然科学の分野の専門図書館では，オンラインで利用可能な情報の提供が，従来の文献提供をますます凌ぐようになってきている。〔専門図書館の一つの形態である〕「企業内専門図書館」（Firmenbibliothek）は，今日では電子的な情報源をのみ利用しているところも多い。〔企業内専門図書館ではなく「企業内一般図書館」（3.2.6（4）参照）の例ではあるが，〕2005年には，1901年からの歴史を持つ製薬会社バイエル社のケクレ図書館が閉館され，現在は物理的な蔵書のないヴァーチャルな図書館として機能している。

目録も，大規模な学術総合図書館で行われるタイトルや主題等からなる目録以上に踏み込んだものとなっており，また個別の利用者のニーズに合わせたサービスを提供している。専門図書館はたいてい貸出を行っていないが，他の図書館への相互貸出には対応している。通常，どんな情報・文献を必要とするかをよく知っている，限られた顧客に対してサービスを行っているため，顧客サービスの重視という考え方は専門図書館ではとりわけ顕著である。

多数に上る専門図書館の中では，500館を超える議会図書館，官庁図書館，裁判所図書館が特色あるグループを形成している。これらはたいてい1945年以降に生まれた施設で，主に政府や司法の目的のためにサービスを行っており，それゆえ法律や政治分野の資料の収集に注力している。官庁出版物や「灰色」の文献はコレクションの大きな部分を占めている。これらの図書館も〔他の専門図書館と同様〕貸出を行っておらず，一般市民に対しては限られた範囲内でのみ開放しているか，あるいはまったくしていない。

このような図書館には，すでに言及し

自筆原稿は伝統的に多くの学術図書館によって収集されてきた。写真はマールバッハ・アム・ネッカーのドイツ文学資料館（バーデン＝ヴュルテンベルク州）の所蔵するフリードリヒ・シラー，フランツ・カフカ，ギュンター・グラスの手紙である。シラー国立博物館，近代文学博物館とともに，同資料館は近代ドイツ文学に関連する文書を収集することを目的としている。マールバッハ研究所は，同時に資料館と図書館，そして博物館の機能を担っている。

たドイツ連邦議会図書館（ベルリン）や，各州の議会図書館，州政府図書館のほか，連邦の各省庁の図書館を挙げることができる。場合によってはかなりの蔵書を持つこともあり，たとえばベルリンの市政府図書館（蔵書48万5000冊，現在はベルリン中央州立図書館（ZLB）の一部）や，ベルリンの外務省図書館（蔵書31万冊，9万7000枚の地図），ミュンヘンのドイツ特許庁図書館（特許と5100万の特許関連文書を含め蔵書97万冊），それにヴィースバーデンの連邦統計局（蔵書55万冊）などがある。

　連邦や州の裁判所図書館の中では，カールスルーエにある連邦最高裁判所の図書館（43万9000冊）と連邦憲法裁判所の図書館（37万1000冊）が際立っている。他の専門図書館と同様，裁判所図書館においても，図書や雑誌，マイクロ資料や電子資料のほかに，それ以外の種類の資料が重要な役割を果たしている。たとえば連邦憲法裁判所図書館は，120万枚以上の新聞雑誌の切り抜きを含むアーカイブを所有し，資料整備を行っている。

　狭い意味での専門図書館に属するのは，連邦や州の研究所の図書館，学術協会の図書館，資料館や博物館，病院の図書館，それにキリスト教団体の図書館，修道院，企業，団体等の図書館である。それらは一館一館大きく異なるものの，総じて次のように言うことができる。選書においては独自のニーズに注力し，たいてい「灰色」文献や新しい形態の資料を高い割合で収集し，とりわけオンラインで利用可能なリソースを使用し，雑誌の各記事や図書の目次の目録化を進め，あまり使われなくなった古い資料の長期保存を断念して蔵書を新しいものに維持している。蔵書数には大きな差があり，100万冊を超えるものから2, 3千冊という図書館もある。同様に職員数もさまざまで，少なからぬ専門図書館がワン・パーソン・ライブラリー（OPL），つまり図書館の専門職が一人しかいない図書館である。連携協力のための討論会が，ドイツ図書館協会（dbv, 4.5.2参照）の会員である専門図書館研究会（Arbeitsgemeinschaft der Spezialbibliotheken：ASpB）で行われている。

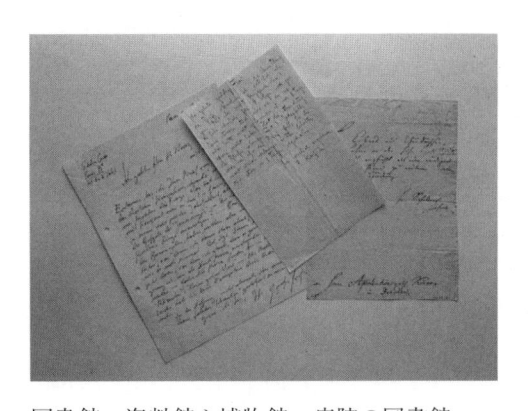

　幅広い分野にわたる多彩な専門図書館から名前を挙げることができるのはごくわずかである。数として多いのは，自然

科学，応用科学および技術分野の専門図書館である。たとえば，ミュンヘンのドイツ博物館の自然科学・工学とその歴史を扱った専門図書館（蔵書91万3000冊），オフェンバハにあるドイツ気象局の図書館（17万6000冊），有限責任会社ユーリヒ研究センターの現代工学の専門図書館（蔵書67万5000冊，50万点のリポート），ハレにあるレオポルディーナ・ドイツ自然科学研究者アカデミー図書館（26万6000冊），そしてオーバーヴォルファハの国際的に有名な数学研究所の図書館（7万2000冊）である。医学分野では，ハイデルベルクのドイツ癌研究センターの中央図書館（10万点）とハンブルク・エッペンドルフ大学病院の医学中央図書館（28万2000点）が代表的である。

とりわけ文献に重きを置く人文分野においても，専門図書館は在野の研究を支える重要な役割を果たしている。この分野で名を挙げるべきは，ドイツ社会民主党（SDP）と労働運動の歴史を専門とするボンのフリードリヒ・エーベルト財団の図書館（蔵書76万4000冊），ベルリンのラテンアメリカ研究所の図書館（120万冊），芸術史，文化史を扱うニュルンベルクのゲルマン国立博物館の図書館（63万冊），ポツダム軍事史研究所の図書館（25万点）である。またマールバッハ・アム・ネッカーのドイツ文学資料館は，啓蒙時代から現代までのドイツ語の文献を後世に伝える収集拠点となっている（78万冊の図書，1,200の著者の遺稿，20万枚の図画）。

宗教学や神学の分野では，当然なことながら専門図書館を運営しているのはたいていキリスト教会である。学術研究のためのサービスを行うのみならず，しばしば教会の管理や神学教育のためにも資料を提供する。ほかには，カトリック教会には修道院図書館（ボイロンのベネディクト会修道院（42万冊）など）や教区図書館（ケルンの大司教区・大聖堂図書

エムデンのヨハネス・ア・ラスコ図書館（ニーダーザクセン州）は，東フリースラントの最も古い図書館で，プロテスタントの地域に1559年に建てられた。1993年以来，全東フリースラント教会の教区監督を務めたポーランドの改革者ヤン・ラスキの名をとって呼ばれている。学術的専門図書館，研究所，文化センターとして，同館は全連邦的な重要性を持っている。2001年にドイツ図書館協会から「ライブラリー・オブ・ザ・イヤー」に選ばれた。

館（69万5000冊）など），それに神学校図書館（トリーア司教神学校（43万5000冊））が，プロテスタント教会には州教会の図書館（ハンブルクの北エルベ教会図書館（15万5000冊）など）がある。エムデンにあるヨハネス・ア・ラスコ図書館は，民法上のキリスト教財団の所有で，これは近代初期のカルヴァン派とキリスト教会史を扱う専門図書館である。

政治，法律，経済の分野ではすでに述べた議会図書館や官庁図書館，裁判所図書館の存在が大きい。しかしまた6つのマックス・プランク研究所も，法律の個々の分野に特化し，それに応じた専門図書館を所有し，重要な役割を果たしている。フライブルク（40万冊），フランクフルト・アム・マイン（30万冊），ハンブルク（47万冊），ハイデルベルク（60万冊），そしてミュンヘンに2館（20万5000冊，11万冊）ある。貨幣・銀行・市場・景気政策に関する文書を集めるのはフランクフルト・アム・マインにあるドイツ銀行の図書館（23万8000冊）である。

外国に所在地を構えている専門図書館もある。たとえばアテネ，バグダッド，イスタンブール，カイロ，リスボン，マドリッド，ローマ，テヘランにあるドイツ考古学研究所のほか，フィレンツェの芸術史研究所図書館（26万4000冊，58万枚の写真）やローマにあるヘルツ図書館（27万1000冊），それにロンドン，パリ，ローマ，ワルシャワ，ワシントンにあるドイツ歴史研究所などである。これらはとりわけ考古学，歴史，芸術史，東洋学を扱い，収集という任務を越えて，それぞれの国との学術交流にも貢献している。東京にはドイツ日本研究所があるが，規模は慎ましい（1万8000冊）。

ゲーテ・インスティトゥート（4.5.7参照）は，ドイツについての文献やメディアを揃えた専門図書館を運営し，所在国の一般市民に広く開放している。これらは，ゲーテ・インスティトゥートの行うドイツ語教育や文化プログラムと密接な関係にある。最新の情報を提供するために，少しずつではあるものの継続的に蔵書を更新しており，アーカイブ機能は持っていない。世界の全ゲーテ・インスティトゥート図書館を合わせると，約200万冊の図書その他のメディアを所蔵している。

3.2.5 公共図書館

公共図書館は，ドイツ連邦共和国で最も数の多い図書館のタイプである。大学図書館センター（HBZ）のデータベースに登録された学術図書館（州立図書館，大学図書館，館長図書館その他の学術的な専門図書館等）が約3,050館であるのに対し，公共図書館はドイツ図書館統計によると2009年末時点で分館を含め1万21館ある。都市，地方自治体や郡が約5,400館ほどの公共図書館を運営しており（分館を含む），そのほかに約2,600の学校図書館やメディア館の所有者としてこれに責任を持っている。いくつかの州では，郡が約40の郡立図書館や郡・町立図書館を建設しており，教区のレベルではカトリック，プロテスタントの教会が公共図書館を運営し，これが全部で

65

4,532館ある。HBZのデータベースに登録された公立，教会立，私立のすべての図書館（移動図書館，音楽図書館，患者図書館，学校図書館，点字図書館，企業内一般図書館（3.2.6(4)参照），刑務所図書館，そしてそれらの分館）を含めるなら，全国に約1万2500館の図書館があり，正規職員やボランティアの職員に支えられている。これがすべて公共図書館の部門に数えられるものである。

見てわかるとおり，ドイツの図書館統計の図書館数はHBZの統計より少なくなっているが，これはすべての図書館が自身のデータを登録しているわけではないためである。これらの公共図書館全体で蔵書は1億235万点で，そのうち2009年には約3700万点の貸出があった。

(1) 自治体の公共図書館

自治体の設立による公共図書館は，あらゆる層の市民に基本的な文献やメディアを提供する責任を負っている。これらの図書館のうち，3,427館はフルタイムの職員によって，6,594館はボランティアやパートタイムの職員によって運営されている（分館を含む。2009年末時点）。通常これらの図書館は「シュタットビブリオテーク」〔Stadtbibliothek，市立図書館。ラテン語由来の「図書館（ビブリオテーク）」という語を使用〕と呼ばれる一方で，場所によってはシュタットビューヒェライあるいはゲマインデビューヒェライ〔Stadtbücherei あるいは Gemeindebücherei，市立図書館あるいは自治体図書館。ゲルマン語系の「図書館（ビューヒェライ）」を使用〕と呼ばれる。これらの公共図書館は，きわめて密な図書館網を築いている。とはいえ田舎の地方では空白地帯も多く，これは自治体の財政上の問題から数が減らされているためである。公共図書館の運営は，自治体にとっては「任意の業務」とされているため，図書館を所有しているのはドイツの全自治体の半分以下である。国の補助金が市立図書館や自治体図書館の建設・運営，あるいは蔵書の構築に支給されるのはごくわずかな州においてのみで，多くの州では図書館財政は自治体の専任事項である。

運営母体によらず，公共図書館は，基本法で全国民に確約された「一般にアク

1998年，南プファルツ地方のランダウ（ラインラント＝プファルツ州）のかつての畜殺場内に，6,500冊の資料を収納する近代的な市立図書館が生まれた。図書館があるのは建物を3つに区切ってできた「建物内建物」で，スティール，ガラス，木材，レンガ，砂岩が使われている。他の公共図書館と同様，ランダウの図書館にもライブラリー・カフェがあり，利用者が会って話をすることのできる場となっている。

セス可能な情報源によって情報を得る」（基本法5条1項）ことのできる基本権を，すべての住民に保障する重要な役割を果たしている。これにより公共図書館は，文化的，社会的生活へ参加する道を国民に開いており，その点において国際図書館連盟（IFLA）が〔ユネスコとともに〕1994年の「公共図書館宣言」の中で表明した要求に応えている。このようなサービスと資料の提供によって，公共図書館は教育制度の中核的な任務を果たしている。また同時に個々人の機会均等の実現に貢献している。

情報提供や一般教育サービスのほかに，公共図書館は職業上の教育や継続・再教育，または余暇の有意義な活動の提供，そしてとりわけ読書推進活動を行っている。また，今日の情報社会では，メディアリテラシー教育，情報リテラシー教育を行うことも重要になってきている。さらには，公共図書館は現在コミュニケーションの場，出会いの場となってきており，あらゆる種類の催し物を行う文化センターへと発展しつつある。

公共図書館の蔵書には，実用書が多いが，部分的にはさまざまな分野の学術書や職業教育の専門書，さまざまな参考図書，雑誌，新聞，小説，児童書，ヤングアダルト向けの図書などがある。さらに，ドイツに多く居住する外国人グループ（トルコ人，ギリシャ人，ロシア人等）の言語の図書など，特定のグループを目的とした資料も置いている。1970年以降，資料は絶えず拡張され，印刷された資料のほかに，まず視聴覚資料（ビデオや語学カセットテープ，音楽カセットテープ）やゲーム，1990年代以降には電子媒体（CD，CD-ROM，DVD，ブルーレイ）そしてインターネットに接続のできるコンピューターも加わった。大規模あるいは中規模の市立図書館では，しばしば造形芸術作品を所蔵し，美術工芸品やグラフィック・アートの貸出センターとしての役割も果たしている。また楽譜を所蔵し，音楽図書館として機能している場合もある。現在では約200の公共図書館が，電子書籍や電子資料，電子媒体の音声資料やビデオなどのオンラインメディアを，インターネット上の目録を通してインターネット上で貸出している。これは「オンライエ」（4.5.5参照）と呼ばれる貸出システムで，非常に短期間のうちに幅広い年齢層に広まってきている。

蔵書の規模は，わずか2,000点という非常に小さな，たいていボランティアによって運営されている自治体図書館から，300万点の資料を持つ大都市の図書館（ベルリン，ブレーメン，ドゥイスブルク，フランクフルト・アム・マイン，ハンブルク，ハノーファー，ケルン，リューベック，ミュンヘンなど）まで実にさまざまある。通常，人口10万人を超す大都市では，15万冊から100万冊までの資料が提供されている。しかしながら，さまざまな図書館振興計画で望ましいとされている，住民一人当たり2冊の資料という規模は，ごくわずかな図書館でしか達成されていない。2009年に自治体が図書や資料購入のための予算として住民一人当たりにつき割り当てることができたの

は，平均1.09ユーロのみである（2001年には1.20ユーロ，2005年で1.09ユーロ）。

2009年のドイツ図書館統計によると，専門職の図書館司書によって運営されている公共図書館は，次のような特徴を示すという。

- 400平方メートルの面積
- 2万8000点の資料
- 約3.3人の職員
- 人口約2万人の利用者居住域
- 週18時間の開館時間
- 32タイトルの雑誌の年間購読，インターネットにアクセスできるPC 1台，住民一人につき1.4冊の資料
- ほぼ毎週のイベント，特に子どもや小学校のクラスを対象にしたもの
- 住民の15％の積極的利用（特に18歳以下の年齢層）
- すでに一度は図書館を訪れたことのある人が住民の3分の2
- 年間3万2000人の利用者数・住民一人につき年間4.5冊の貸出
- 蔵書数に対する貸出数が3倍
- 約95％が公的部門からの出資
- 自治体内で最も利用者数の多い文化施設である

週当たりの開館時間は，地域や図書館の規模によって大きく異なる。通常人口5,000人以下の地域の，ボランティアやパートタイムの職員の運営による図書館では，開館時間は通常2日間，合計4〜8時間に過ぎないのに対し，5万人までの人口の地域のフルタイムの職員が運営する小〜中規模の図書館では，通常3〜4日間，合計10〜25時間開館している。大規模な市立図書館では，月曜から土曜日まで毎日，週平均40時間以上開館している。教会に運営される図書館を除き，自治体の公共図書館は日曜日には閉館している。

公共図書館に特徴的なのは，分類記号ごと，そしてターゲットグループごとの2通りの蔵書の並べ方の併存である。公共図書館は今日あらゆる利用者層に利用される施設を自認しており，需要の高い図書その他の資料を幅広く用意している。しかし近年，ターゲットを絞った，それも特に情報入手のための蔵書の構築が重要になってきている。選書の際には，実際の需要に基づいて資料を収集し，利用されない資料の購入，また特に同じタイトルの複数冊購入はなくなってきている。少数の大規模図書館や学術市立図書館のみが，古い資料や特殊資料のためのアーカイブ機能と大きな書庫を所有している。

学術図書館の機能と公共図書館の機能両方を併せ持つ，かつての統一図書館（1.2参照）をモデルとした図書館としては，ベルリン中央州立図書館（ZLB）がある。これが特殊なのは，ポピュラーな本も高度に学術的な資料も，その両方が書棚に並んでいる点である。このコンセプトによって，この10年のあいだに利用は倍に増えた。ZLBは，1901年に創立された〔旧東ベルリンにあった〕ベルリン市立図書館と，1945年に〔旧西ベルリンに〕開館したアメリカ記念図書館からなる公的な財団として，1995年に設立された。同

3 図書館の多様性——ドイツの図書館の多様な実態

館はドイツとベルリンの統一の成果の一つである。ZLBは州立図書館として地域の納本図書館の機能を果たし、歴史ある蔵書とさまざまな遺稿、そして当然のことながらベルリンに関する世界最大のコレクションを持つ。350万点の印刷媒体,電子媒体の資料によって住民の文献への要望に応えるとともに、ベルリンの区域図書館の調整役としても機能している。

今日、大都市の公共図書館の多くは,中央図書館と複数の分館からなる図書館システムとして構築されている。それに加え、独立した、あるいは中央図書館に組み込まれた、児童図書館やヤングアダルト図書館、学校図書館、音楽図書館,美術工芸品の貸出センター（口絵参照）,移動図書館などが分館として加わる。さらにいくつかの地域では、病院の患者図書館や刑務所図書館などもそこに含まれる。

移動図書館は、大都市の周辺部のみならず、図書館のまばらな田舎の地域でも導入されている。3,000冊から6,000冊を乗せて定期ルートを走る。目下計91の移動図書館が約110台のバスを使って、固定図書館を補っている。利用頻度はこ数年高い水準を維持しているが、バス

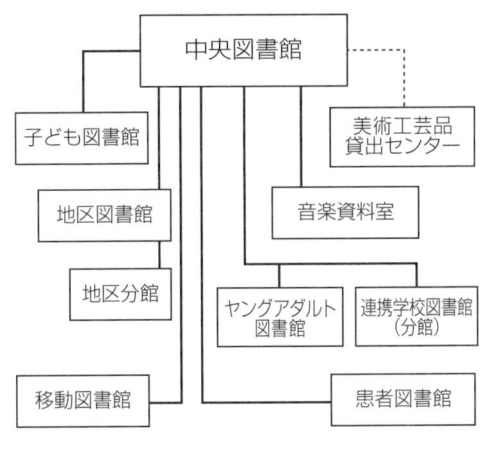

大都市の典型的な公共図書館の組織図

移動図書館は、大都市の約3%、郡の約5%で導入されている。特別に改造されたバスやセミトレーラーで、今ではたいていの場合検索や予約のためのPCを備えている。上の写真はコブレンツ市立図書館(ラインラント＝プファルツ州)の移動図書館、下はフランクフルト・アム・マイン市立図書館(ヘッセン州)の移動図書館内部。

69

州ごとの公共図書館の概況(教会図書館, ボランティアの運営による図書館を含む)

州	人口 (2005年1月 1日時点, 千人)	図書館数 (分館を含む)	蔵書数 (千冊)	貸出数 (報告書年, 千冊)	資料収集費 (千ユーロ)	イベント, 展示会, 図書館案内 ツアー (千回)	利用者数 (千人)
バーデン＝ヴュルテンベルク	10,750	1,285	17,499	62,532	17,358	32	18,347
バイエルン	12,520	2,031	22,467	66,645	17,124	44	25,127
ベルリン	3,432	70	2,791	13,356	2,098	19	5,443
ブランデンブルク	2,522	301	4,634	9,372	2,191	12	2,751
ブレーメン	662	13	693	4,209	1,085	2	1,534
ハンブルク	1,772	40	1,696	13,481	3,261	7	2,324
ヘッセン	6,065	777	7,433	18,879	5,554	18	6,509
メクレンブルク＝フォアポンメルン	1,664	123	2,606	5,343	1,591	5	1,684
ニーダーザクセン	7,947	1,068	10,758	30,216	7,648	32	9,761
ノルトライン＝ヴェストファーレン	17,933	1,966	24,534	77,626	22,240	62	27,055
ラインラント＝プファルツ	4,028	828	5,163	11,547	3,581	13	3,104
ザールラント	1,030	131	965	1,907	643	2	617
ザクセン	4,193	611	8,507	22,513	4,687	18	6,754
ザクセン＝アンハルト	2,382	307	4,251	7,023	1,543	9	2,238
シュレスヴィヒ＝ホルシュタイン	2,834	167	5,019	17,233	5,065	7	3,395
テューリンゲン	2,268	303	4,416	7,865	1,722	9	2,835
合　計	82,002	10,021	123,432	369,747	97,391	291	112,724

出典：ドイツ図書館統計 2009.12.31.

の数は減少し続けている (1995年には150台が使用されていた)。移動図書館も固定の図書館と同様に, 利用案内や学校の授業に即した読書時間, 授業テーマに沿ったプロジェクトを幼稚園や学校のクラスに提供することで, 読書推進のために積極的な活動を行っている。予約どおりに学校や幼稚園の前にバスが止まると, バスの中では学習のみならず, 読み聞かせ, 演劇, お話, お絵描きなどが行われる。文学の面白さ, 読書の面白さ, 情報入手の方法, 図書館の使い方などが子ど

もたちに教えられる。

　（報告によれば）3,180館のフルタイムの職員に運営される自治体の市立図書館，自治体図書館（分館を含む）に対し，6,594館のボランティアやパートタイムの職員による公共図書館があり，そのうち自治体の運営によるものが2,155館，教会の運営によるものが4,406館（3.2.5(3)参照）である。2009年のドイツ図書館統計によれば，小さな，ボランティアによる自治体や教会の図書館では，職員数は合計4万9772人であり，フルタイムの正規職員は1万1385人である。全国の総計1億2340万点の資料のうち約78％（961万点）が，フルタイム職員のいる図書館で提供されており，全国の年間貸出3億3280万件のうち90％にあたる3億6970万件が貸出されている。2009年には約9740万ユーロが図書その他の資料の購入に支出されており（2001年には9200万ユーロ，2005年には8900万ユーロ），そのうち全購入費に占めるボランティアの図書館の割合は15％である。全公共図書館の所有自治体による支出は約8億7810万ユーロで，そのうち5億1640万ユーロが人件費に当てられる。8178万9000人のドイツの人口一人当たりの公共図書館における資料数は1.5点で，1資料当たり3回利用されたことになる。

(2) 公共図書館のための図書館支援センター

　公共図書館に支援と助言を与えるため，各州は地域，あるいは州全域にわたって責任を持つ図書館支援センター（Staatliche Fachstelle）を設立している。これは，図書館局（Staatliche Büchereistelle），図書館センター（Büchereizentrale），あるいは公共図書館のための図書館支援センター（Landesfachstelle für Öffentliche Büchereien）などと呼ばれる。最初のものが設立されたのは第一次世界大戦前後の時期であるが，多くは1949年以降に設立している。自治体の図書館の運営は自治体の仕事であるが，州も文化と教育に権限を持つため，公共の役に立つ情報サービス施設網の設立，拡張に，責任を持ってかかわる義務を負っている。

　現在ある27の図書館支援センターの任務は，自治体が規格に沿った図書館を建設し，よりよく機能する図書館システムを構築する際に自治体を支援すること，国や自治体の役所に対し，図書館制度のあらゆる問題に助言を与え，また必要に応じて図書館の実務上のサポートを行うことである。図書館支援センターは，新しい図書館の建設や既存の図書館の拡張を指導し，移動図書館の導入や図書館建築の計画に参加し，新しいメディアや技術の導入を進め，広報活動や職員研修，読書支援や文学の普及などの分野で支援を行う。同時に図書館支援センターは，現代の情報社会に欠くことのできない図書館の存在について，政治的，社会的認識を促す任務も負っている。

　地域間の不均衡を是正すること，そして，地方の人々が情報アクセス，メディアの入手の観点でしばしば不利な状況にあるという，いわゆる都市と地方の格差を解消することは，図書館支援センターの主要な任務の一つである。したがって，

ハム市立中央図書館(ノルトライン＝ヴェストファーレン州)は，100年以上ものあいだあちこちに移転し，2010年にやっとふさわしい建物に入居することができた。駅の向かいに建てられた「ハインリヒ・フォン・クライスト・フォーラム」(建築会社は AP Plan Mory Osterwalder Vielmo Architekten)には，図書館のほかに市の市民大学や民間の SRH 財団による物流大学，さらにはイベントホールとレストランが入っている。中央図書館，分館，それに移動図書館で18万人の市民に24万冊の図書その他の資料を提供している。同中央図書館は，まだ古い建物にあった2005年，「ライブラリー・オブ・ザ・イヤー」を受賞した。

図書館支援センターは通常，比較的小さな自治体の公共図書館や学校図書館，そして図書館設置団体に便宜を図る。

図書館支援センターは，1952年に全連邦にわたる重要な委員会としてワーキンググループを立ち上げ，これは2007年以来「ドイツ図書館支援センター専門会議」と呼ばれている。同会議は，地域を越えた経験共有と共通の利益の代表のための場と位置づけられている。新しい施策や計画における州横断的な協力や職員の研修を促す，同じく「専門会議」と呼ばれる年次大会を，定期的に開催している。また各地域の図書館支援センターは，独自の「図書館支援センター・サーバ」(Fachstellen-Server)を設け，重要文書を掲載して図書館や図書館支援センターについての専門的・一般的な情報を共有している。公共図書館の協力を促す中央組織が存在しないため，図書館支援センターとその活動は国家レベルの意味を持っている。

(3) 教会による公共図書館

ドイツ連邦共和国の全自治体の優に半数が，少なくとも1館の公共図書館を所有している。その内訳をみると，5,335館の自治体の設置による図書館と並んで，3,701のカトリック教会，869のプロテスタント教会，それに116のその他の図書館設置団体の設置による図書館が，少なからぬ割合を占めている。ただし，教会公共図書館はほとんど例外なく旧西ドイツにある。教会公共図書館は数こそ多いものの，これらの図書館の蔵書数や資料購入予算，貸出数は自治体の図書館には遠く及ばず，また開館時間や人員配置数においても同様である。教会公共図書館の98％以上がボランティアの助けを借りて運営されているのである。とはいえ，文献提供や子どもたちの読書推進などの観点から，自前の図書館のない自治体においては，教会公共図書館の役割は大きい。

プロテスタントやカトリックの教会は，図書館業務を教会の教区内の社会奉仕活

3 図書館の多様性——ドイツの図書館の多様な実態

古い邸宅が改修され，コンクリートとガラスでできた魅力的な新館と一体になったのが，1995年に完成したヴェスターシュテーデ市立図書館（シュレスヴィヒ＝ホルシュタイン州）である。550㎡の室内に約2万5000冊の資料が提供されている。この子ども図書館は，灯台と筏で北海のモチーフを表現している。

動や文化活動とみなしていることが多い。教会公共図書館は，コミュニケーションの場，信仰の疑問に答える場，そして読書支援やメディア教育に資する場所と考えられている。

　教会自治体の運営者は，通常カトリックやプロテスタントの小教区である。教会図書館支援センターと教会公共図書館の仕事は，そのとりまとめ団体によって調整される。プロテスタントの側では，これを行うのは「エリポート　プロテスタント文献ポータル」(eliport. Das evangelische Literaturportal. E.V.)，すなわちかつての「ドイツプロテスタント図書館協会」(DVEB) で，ゲッティンゲンにある。カトリックの側では，ボンに1844年に設立されたボロメーウス協会によって（ただしバイエルンではミュンヘンの聖ミヒャエル協会によって）行われる。同協会は，書籍販売事業と書評サービスを行っており，2003年までは公共図書館制度のための公認専門大学と中央図書館を運営して

2000年に完成したベルンブルク・アン・デア・ザーレ市立図書館（ザクセン＝アンハルト州）の1万2000冊の資料を有する子ども図書館。本のアドベンチャーランドとして，想像力豊かにまたディテールこだわって設計された。床を覆う絨毯には図書館のマークが描かれている。図書館全体の蔵書は6万5000冊である。

いた。どの団体にもそれぞれの教会図書館支援センターと協力する会議があり，図書館のスタンダードの維持やイノベーションのために尽力している。

3.2.6　特殊分野の公共図書館
(1) 子どもおよび青少年のための図書館
　子どもたち，あるいは青少年のための図書館活動は，社会的，政治的に重要であり，このターゲットグループに対する図書館の関心はとりわけ高い。キーワードは，読書推進，本の紹介，そしてメディアリテラシーである。14歳までの子どもたちは，他の住民グループと比較して

1948年に設立されたミュンヘンの国際児童図書館 (Internationale Jugendbibliothek Schloß Blutenburg：IJB) は，〔この規模のドイツの専門図書館として〕無比の研究・情報センターで，奨学金やイベントプログラムも提供する。蔵書は約52万冊の児童図書・ヤングアダルト図書およびその他の媒体で，100以上の言語をまたがる。『IJBレポート』や『IJB紀要』，『白いカラス』などの定期刊行物や，『受賞児童書』，『ベストの中のベスト』などの目録は，世界中の子どもとヤングアダルトのための本その他の資料の記録となっている。

はるかに図書館の利用頻度が高く，多くの都市では独自の子ども図書館，ヤングアダルト図書館を，あるいは少なくとも子ども図書館部門やコーナーを図書館内に設けている。

以前から，図書館は4歳から12歳までの年齢のグループに注目し，児童図書館や児童部門を設けてきた。当初は，子ども図書館と15歳までの子ども向け図書その他のメディアを置くヤングアダルト図書館は，同じ一つの施設として運営されてきたが，近年では，年長の子どもたちに独自のヤングアダルト図書館，あるいはヤングアダルトコーナーを，同様に

年少の子どもたちには独自の子ども図書館，あるいはコーナーを設けるのが主流である。利用する子どもたちは，本や雑誌のほかに，あらゆる種類の視聴覚資料や電子資料の備わった独自のスペース，さまざまなゲーム機，それにインターネットのできるPC端末を，ゲームや「時間つぶし」，チャット，学習，情報入手に使うことができ，その数は増え続けている。公共図書館の諸計画や広報活動の中で，子どもたちやヤングアダルトのための活動や催しは大きな割合を占めている。2009年には，ドイツ国内の公共図書館全体で30万4000回のイベントが行われ，そのうち約70％が4歳から16歳ま

他の多くの公共図書館と同様に，ブレーメン市立図書館の中央図書館にも，特別な利用者グループのために整えられたエリアがある。ヤングアダルト図書館「ティーンスピリット」はヤングアダルトを対象にした他の団体の支援を受け，ターゲットを意識した図書館作りを行っている。図書館購買センター（ekz, 4.5.5参照）の若者向けの本棚と家具が，くつろいだり，8台のインターネット用PCで「クールに」ネットサーフィンをしたり，11台のマルチメディア用PCでゲームをしたりできる環境を作り出している。

での年齢層を対象にしたものであった。

　幅広い媒体の提供にもかかわらず，公共図書館の多くは今日，まさにこの子どもたちを，それもとりわけ13歳から16歳までの比較的高学年の子どもたちを，利用者として長く図書館につなぎとめておくことが難しくなっている。図書館の施設に誘うために，図書館は年齢に合ったメディアや催しを提供し，内装も「カッコイイ」デザインの，魅力的でカラフルな仕様にしている。またしばしば，年長のヤングアダルトに資料や図書館の家具の選択に参加してもらっているが，これも図書館への関心を新たにしてもらう良い機会となっている。

(2) 学校図書館
　学校図書館には，学校の所有する独自の学校図書館（しばしばメディア館とも呼ばれる）のほかに，市立図書館システムの分館というかたちで，市立図書館と結合されたタイプの学校図書館もある（公共図書館が教育政策上も任務を負っていることは，とりわけこういった学校や学校図書館との共同事業によって明らかになる）。学校独自の図書館は，結合型図書館と比べて明らかに数が多いが，結合型の図書館と違い，フルタイムの専門的な職員は稀である。学校図書館は，授業に関連する図書その他のメディアを教員や児童生徒のために置いているが，同様に児童向け，ヤングアダルト向けの人気小説や，冊子体および電子媒体の参考図書も所蔵している。情報入手法やメディアリテラシーを教える学習の場としての図書館を越えて，読書への動機を，読書の楽しみを生みだそうとしている。

　学校図書館の教育政策上の重要性が広く認められており，またこれは2000年のユネスコ学校図書館宣言「すべての者の教育と学習のための学校図書館」によってさらに強められたにもかかわらず，学校図書館の建物や設備，スタッフはドイツの多くの学校で不十分である。図書館を持っていたとしても，それらは国際的な標準を下回っている。この標準に照らせば，ドイツの4万3600校の一般校，職業校のうち，学校図書館や読書コーナーを設置できているのは全体の18～20％，約8,500校に過ぎない。最大限見積もっても，客観的に適切な設備のある学校図書館を持っているのは全体の5％，2,500校に過ぎず，専門の司書がいる学校はほとんど存在しない。この状況の本質的な原因は，教育政策的・制度的・法的な規定がないこと，そして学校図書館の権限の曖昧さにある。

　とりわけ状況が芳しくないのは，基礎学校，基幹学校そして実科学校である。これらの学校には，独自の学校図書館にせよ市立図書館との結合図書館にせよ，そのどちらもない場合がほとんどである。やっとギムナジウムのみが学校図書館の数の点で足りていると言える。新しく建てられたわずかなギムナジウムや総合学校，全日制学校でのみ，面積や資料数が求められる基準値に達している。

　OECDによる2000年と2010年の国際学習到達度調査（PISA）でのドイツの児童生徒の残念な成績が，政治的責任者が

学校図書館をおろそかにしてきたためであることは誰の目にも明らかであった。その後，状況は，国中でとはいえないまでも多くの場所でゆっくりと良い方向に変化してきている。とはいえ，多くの努力にもかかわらず，2010年のPISAにおける「産業と教育の国ドイツ」の15歳の読解能力は，他の65の国々の中でやっと中ほどの順位であった。2000年のPISAの時点と比べれば，13ポイント向上して497ポイントとなったものの，上位の国々との距離は依然として大きい。たとえば韓国（539ポイント），フィンランド（536

学校図書館や学校メディア館は，学校の運営上も重要な役割を果たしうる。専門科目の授業のために，図書館は資料を分類別に並べて提供するが，これは授業プランに合わせて知識やメディアの使い方を学ぶのに適している。課外のプロジェクトや研究チームでグループ学習をする場としても，あるいは授業や試験の用意，自習のためにも，図書館は良い学習環境を提供する。昼休みには，生徒たちが刺激を求めて，あるいリラックスするために図書館を使う自由時間も生まれる。たとえば，ケーニヒスヴィンターのCJDクリストフォルス学校（ノルトライン＝ヴェストファーレン州）の学校情報館の自習センターは，そんな図書館の一つである。二つの階にわたる460㎡の面積に，1万5000冊の資料を排架している。

ポイント），日本（520ポイント）の第9学年（日本の中学3年に相当）の学習内容は，ドイツと比べてほとんど2年分進んでいる。学校や，幼稚園・図書館・市民大学などの学校外の教育施設に対する連邦や州の支援策が，教育学者や政府の指摘するとおり，喫緊に必要である。

各州の学校図書館のうち，結合図書館として，一般の人々も利用できる分館として学校の中に作られ，地域の公共図書館から支援を受けているのは，3分の1以下である。3分の2以上の学校図書館は，学校やその設置者である自治体が責任を持ち，資金も提供している。とはいえ近年，さまざまなかたちで市立図書館と学校，学校図書館の共同事業が実施されており，たとえばベルテルスマン財団の長年のプロジェクト「図書館と学校」などがその良い証明である。いくつかの大都市（フレンスブルク，フランクフルト・アム・マイン，ハンブルク，ケルン，ヴィースバーデン，ヴェッツラー）では，学校図書館支援センターは，市立図書館や図書館支援センターの一部局となっている。授業におけるインターネットや電子資料の重要性が増すにつれて，郡や市の写真・映画サービス機関や州の教育メディアセンター（2.1.3参照）との協力は一層強められることになる。

学校や学校図書館へのPCの設置およびインターネットへの接続は，連邦や州，あるいは企業の支援を受ける推進計画によって加速している。学校図書館は，2002年，州が連邦の補助金を得て全日制学校の建設を進め，そのさいに学校図

書館が読書推進の目的で注目を浴びたときに，飛躍的に前進した。その間に，ドイツ図書館協会（dbv，4.5.2参照）の州支部は9つの州の教育省と協定を結び，公共図書館と全日制学校の共同事業をより確固たるものにすることに成功し，それによって図書館の活動や児童生徒の読解力，メディアリテラシーの重要性についての政治的な議論を促した。2004年から2007年にかけて州のプログラム「教育と福祉の強化」を大いに助けた約60億ユーロの連邦予算も，良い刺激となった。しかしながら，2006年の連邦制度改革における基本法の改正により，連邦による文化・教育政策的な支援プログラムが不可能になっており，多くの専門家はこれを嘆いている。

(3) 特別な利用者のための図書館活動

特別な利用者グループのための図書館活動は，「社会的図書館活動」，あるいは今日では「特定の利用者のための図書館活動」とも呼ばれ，特にハンディキャップを負った人々や特別な生活環境にある人々を対象としている。これは，1990年代初頭以来，図書館設置者である自治体や教会が経費の削減を行う際に，最も厳しい対応を迫られた活動の分野の一つである。しかしごく最近になって，多文化政策や人口政策が脚光を浴びたおかげで，この分野は再び重視されるようになってきている。現在では，図書館のこの活動を社会的に受け入れ，より強力な財政支援を全国的に行うよう要請する専門家も多い。「図書配達サービス」は，はじめ障害者や病人のために家や病院へ本を配達するという狭い意味で理解されていたが，後に刑務所へのサービスがこれに加わり，今日では「特定の利用者のための図書館活動」の概念と活動領域は大きく広がっている。特別な生活環境にある人々，たとえば高齢者，社会的・身体的弱者，移民などが，この特別な図書館サービス，メディア提供サービスの対象である。

約16万4000人の視力喪失者および約100万人にも上る視覚障害者に対し，文献・情報提供サービスが行われている視覚障害者図書館はたった12館で，たいていは私立の団体に基礎を置いている。いくつかの団体との協力で，これらの図書館は図書・雑誌その他のテキストを録音や点字（ブライユ点字）の形式で作成し，貸し出している。これらの図書館の全蔵書は，2万3000点の録音資料（デイジー規格でのカセットやCD），そして16万冊の点字の図書，雑誌，楽譜などである。デイジー（DAISY）とは，Digital Accessible Information Systemの略で，視覚障害者にも検索可能なマルチメディア資料のための世界共通の規格の名称である。視聴覚障害者への貸出は，無料の郵送で行われている。視覚障害者図書館のサービスは，大きな市立図書館の視覚障害者部門や教会図書館〔でのサービス〕，電子的な文字読み上げ機能（たとえばドイツ国立図書館（DNB，3.2.1(1)参照）などで実現）およびその他の方法によって補われている。ドイツ語圏では，図書館と聴覚障害者のための団体が連携し，「視覚障害者医学協会」（Mediengesellschaft für blinde und sehbehinderte Menschen：Medibus）を作っている。

　2009年にはドイツに約2,090の病院があり，そのうち33％が国立で，39％が慈善団体によって，28％が個人によって運営されている。傾向としては個人病院の数が増えている。ドイツ図書館統計（DBS）によると，このうち約14％にあたる287の病院が患者図書館を設置しており，入院中の患者や病院スタッフに文献その他の資料を提供している。平均して6,000点から8,000点の蔵書と図書館スタッフのサービスは，患者の総合的な回復を助け，病気についての情報ニーズを満たすことを意図している。「患者図書館のための指針」が，病院内図書館の活動の重要な基盤となっている。近年，病院の質についての法的基準が導入されたが，患者図書館は病院の質を証明する重要な基準となっている。

　患者図書館は例外なく公共図書館に属するが，これは医学専門図書館とは異なるものである。医学専門図書館は医師や看護師の使う学術的専門図書館である。これに関しては，2004年に「ドイツ患者図書館規格」が策定され，その使命，空間的・財政的・人員的基準およびその他の装備・資源について定められている。

　州の権限下にある，全国に220ある刑務所の多くには，平均2,500点の資料の小さな刑務所図書館（収監者図書館とも呼ばれる）が設置されている。娯楽や余暇活動，学習が可能で，収監者が出所後に日常生活や職業生活へ復帰するのを助ける役割を果たしている。これが収監者にとっていかに重要かということは，平均約70％にも上る利用率が示している。しかし，収監者をサポートする専門職の図書館員は，ほとんどの州の刑務所図書館で採用されていない。なお，ドイツ図書館協会（dbv, 4.5.2参照）の第8セクションには，刑務所図書館の情報交換を行う場が設けられている。また，ノルトライン＝ヴェストファーレン州には，ケルンとミュンスターの刑務所の中に「刑務所図書館支援センター」が設けられており，ハンブルクでもハンブルク公共図書館（HÖB）内にある図書館支援センターが刑務所図書館のサポートをしている。2007年にはミュンスター刑務所の図書館は「ライブラリー・オブ・ザ・イヤー」を受賞している。

(4) その他の図書館

　これまでに挙げた図書館のほかに，機能上公共図書館と似るものの，ごく限られた利用者にのみ公開されている図書館がある。たとえば連邦軍は軍事専門図書館のほかに数多くの小さな軍隊図書館を維持しており，これらは兵士の教養や娯楽に資している。そのため，オーディオ資料やDVDなども提供している。一方，企業で働く人々のみが利用できるのが，（数は減っているものの）現在連邦全土に15館から20館ある「企業内一般図書館」（Werksbibliothek）で，情報入手や職業上の教育，継続・再教育，一般的な教養，それに余暇活動に役立っている。その点で，企業内一般図書館は，研究開発を目的とし，専門図書館に属する会社所有の専門

今日ではきわめて数が少なくなってきた「企業内一般図書館」の一例が、ブルクハウゼン（バイエルン州）にある。ヴァッカー化学株式会社は、1万人の従業員のために4万冊の資料を持つ従業員図書館を運営している。創始者アレクサンダー・ヴァッカーにより1921年、「自己研さんと娯楽のために」と寄贈された。週19時間、3人の図書館員によって運営され、年間12万冊の貸出を行っている（2009年の数値）。

資料図書館とは明瞭に機能が異なっている。

3.2.7 情報のインフラストラクチャーとしての施設

1974年から1977年の連邦政府の情報学とドキュメンテーションの振興のためのプログラム「情報・ドキュメンテーション（IuD）プログラム」によって、ドイツでははじめて情報・ドキュメンテーションセンターの計画的なネットワーク構築が始まった。専門的な情報というものは基本的に市場で民間企業によって取引されるに足るものと考えられていたため、この最初のIuDプログラムも、そしてそれに続いたプログラムはさらにはっきりと、学術の振興ではなく商業を振興するものと考えられていた。そのためこのプログラムの重点は、はじめから自然科学、工学の分野にあった。

IuDプログラムのうち図書館にも影響を及ぼした成果の最大のものは、既存の情報関連施設を統合して、専門情報センター（Fachinformationszentrum：FIZ）を持つ専門情報システム（Fachinformationssystem：FIS）を構築したことである。専門に特化したデータベースを構築し、文献案内を充実させた結果、専門的な文献、それもとりわけ雑誌論文への需要が増加した。専門情報センターから紹介された文献を提供するのは、当初は中央専門図書館（3.2.1(4)参照）の任務であったが、今日では電子販売を利用することで部分的に専門情報センターそのものが処理している。専門情報は商品であるため、検索から文献提供まですべてのサービスは有料である。

図書館とドキュメンテーションセンターのさまざまな情報スペシャリストの重要な接点に、1948年に設立されたドイツ情報科学技術協会（DGI, 4.5.8参照）がある。これは情報サービスの将来的展望やナレッジ・マネジメントの新しい方法を提示することを目的としている。

1977年に設立されたカールスルーエ専門情報センター（FIZ Karlsruhe - Leibniz-Institut für Informationsinfrastruktur）は、専門情報センターの好例である。これは、世界中で出版された学術情報へのアクセスを可能にすることを目的とする公益団体で、国内外の学術情報流通とイノベーション振興事業を支援している。

1983年からはカールスルーエ専門情報センターは，ヨーロッパのSTNインターナショナル（Scientific and Technical Information Network：STN）の主催を主な業務としている。STNインターナショナルは，世界を代表する研究・特許情報のオンライン文献提供サービスの一つである。200の文献データベースおよびファクトデータベースの中に8億件の文書があり，オンラインで検索することができる。扱われているのは，自然科学，技術のあらゆる分野と世界中の特許情報である。ドイツの中央専門図書館を含めた図書館施設との協力の下，同センターは顧客の求める一次情報を提供している。また，分野によらず，研究の着想からその結果の公表・出版までを含む総合的な研究プロセスを支援する，革新的なオンライン・サイエンス・ソリューションサービス「KnowEsis」を提供している。

　「インフォメーションネットワーク」の構築により，21世紀の初めには，特に専門情報センターと中央専門図書館のあいだで協力体制がさらに発展することとなった。2002年に「インフォメーションネットワークの構築　知は活動する」というタイトルで発表された連邦研究教育省の「戦略的政策方針書」が，そのイニシアチブをとっている。このネットワークの枠組みで，データベースのプロバイダー，図書館，専門分野の研究施設が協力し，その分野の共同文献・情報入手サービスを構築し，運営している。これにより利用者は，商業的出版社の製品をも含めたフルテキストの学術文献を利用でき，そのさいに雑誌購読かペイ・パー・ビューかを選ぶことができる。これまでのところ，カールスルーエ専門情報センターとケルンのドイツ医学情報研究所（DIMDI）のほかに，技術（フランクフルト・アム・マイン），化学（ベルリン），建築学（シュトゥットガルト），農業（ボン），法律および心理学（ザールブリュッケン），などの分野で新たな施設がインフォメーションネットワークとして生まれており，これらは仮想専門図書館（5.2.1参照）や電子雑誌図書館（EZB，5.3.2参照）とともに共同事業「ヴァスコーダ」（5.2.1参照）の中核を成している。

　専門情報をめぐる状況は，今も大きな変革の真っただ中にある。連邦・州共同学術会議（GWK）は，2009年，ライプニッツ学術連合（WGL）に，関係各所をすべて含む総合的な情報インフラストラクチャーの国家構想を，同協会の主導で策定し，2011年春に公表することを指示した。

4 図書館司書という職業と図書館関連団体
——ドイツの図書館制度

4.1 図書館員の仕事

　図書館員は，職場が大学図書館であれ，学校図書館であれ，企業の専門図書館であれ，「知」という重要なリソースを扱い，蓄積されたあらゆる種類の情報を伝える専門職である。図書その他のメディアの収集，管理，情報整備，仲介を任務とし，メディア・情報分野の専門的な相談役ともなる。今日も，そして今後はさらに，ネットワーク化されたデータのナビゲーターであり，良質で関連の高い電子情報を整備し，保証する。

　ドイツでは，図書館への要望が変化するにつれ図書館の業務もきわめて多彩なものになってきたが，これはIT技術の急速な発達にのみよるものではない。今日図書館利用者が資料の紹介や情報提供サービスに抱く期待が，20年前，あるいは30年前の人々の要求とは大きく異なってきているのである。この期待は明らかに，市民の成熟した民主主義的自意識によるものである。正当にも人々は，今日の図書館に高い能力と，時代に即した，行き届いた顧客重視のサービスを要求している。

　情報，文献，そして新しいメディアの領域における職業は，ここ数十年ほどで重要性を増すとともに，広がりを見せている。図書館員やドキュメンタリスト(Dokumentar)，〔企業の情報部門などで働く〕インフォメーションマネージャー(Informationswirt)，アーキヴィスト(Archivar)，メディア・情報サービス専門員（FAMI，4.3参照），情報ブローカー(Information Broker) などが登場したが，これらはすべて情報分野の職業で，違いを残すものの境界を失いつつある。情報ブローカーが「商品としての情報」を扱い，データ・ネットワークを商業的な目的のために作成するのに対し，ドキュメンテ

メディア・情報サービス専門員（FAMI）の仕事においては，資料の貸出や返却が大きな部分を占める。写真はデュッセルドルフ市立図書館（ノルトライン＝ヴェストファーレン州）の中央にある貸出カウンター。カウンター内ではしばしば情報サービスやレファレンス業務，利用者登録などの業務も行われる。これらは部分的にはFAMIの仕事であるが，複雑な質問などの場合には専門の図書館員がこれに対応する。

ーションセンターのドキュメンタリストは，目録を最適化し，経済・研究・技術のデータを最新の状態に保つことに心を砕く。アーキヴィストは，自治体や国家の文書館で過去と現在の証拠・資料を保存し，目録化する。メディア・情報サービスのための技術職は，分野・職業を超えて図書館，〔著作権のある写真や画像・映像資料の販売・レンタルを行う〕図版仲介業者，文書館やドキュメンテーションセンターに勤務する。図書館員とインフォメーションマネージャー（最近学士号・修士号ができた）は，蔵書もサービスも異なるさまざまな種類の図書館で，上記4つの職業の重要な結節点となっている。

ドイツでは今日，総計2万3200人以上の専門職が図書館や類似機関でフルタイム職員として働いている。それに加え，約5万人がボランティアやパートタイム職員として，自治体や教会の所有する小規模な公共図書館，学校図書館に勤務している。これは，図書館で必要とされる業務上のスキルを，州や教会の図書館支援センター（3.2.5(2)参照）の専門研修コースで習得した職員である。

IT技術の急速な発展と情報社会・サービス社会への移行は，ドイツ国内に限らず，図書館業界全体を大きく変えた。またこの変化は，隣接する職業やまったく別の業種を接近させ，さらには電子出版やマルチメディア産業，文化産業などの新しい業種を生み出した。

ドイツの労働市場において，情報専門職の就職は，就職希望者が移動を厭わず能力を重視する限りにおいて比較的容易であり，その機会は拡大傾向にある。ただし，これまで情報専門職の労働市場についての正確な量的予測は，一般に信用できないものであった。重要なのは，学生のあいだにインターンシップや自分のプロジェクト，アルバイト等でできるだけたくさんの経験を積むこと，現在の雇用契約の用語や条件になじんでおくこと，そしてとりわけデータベースやインターネット技術，デジタルアーカイブシステムの利用に関する知識を示せるようにしておくことである。

上述のとおり，情報関連の職種は現在，教育課程においても接近しつつあるが，それ以前にはドイツには，伝統に根付く長い権限分割の時代があった。職業のイメージは，公共図書館と学術図書館の違いだけでなく，図書館員とドキュメンタリストの仕事の違いによっても異なっていた。それどころか図書館員の中でもさらに細かく，職種が細分化されていた。

このような細分化の理由を問うのであれば，その背景はドイツの図書館の制度の中というよりは，ドイツの労働，職業に関する法制度にある。19世紀末に学術図書館サービスが公務員の職業として確立して以来，彼らの根強い身分意識とそれに伴う権限分割は，その階級制度や階級規則に結びついていった。この細分化は，決して顧客のためのサービス重視によるものではなかったのである。

21世紀のはじめ，この職種の違いは消えつつある。そして図書館やスタッフを図書館の規模やターゲット，専門性の高

さ，図書館の業績やサービスの量によって差別化しようという動きが始まっている。職業や職業教育の中で，今後重要になってくるのは，図書館で働くすべての人にとって必要な，共通の，職種を越えたコアな性質と能力である。

公共の設置母体による図書館では，図書館員は「公的業務従業員」（Beschäftigte im Öffentlichen Dienst）（以前は「職員」（Angestellter），「労働者」（Arbeiter））あるいは「公務員」（Beamte）として働いている。公務員として働く図書館員は，雇用者に対して奉仕と忠誠の義務があり，連邦や州の法律に従って給料が支払われる。公的業務従業員として働く図書館員は，私法上の規定によって報酬が支払われる。この図書館員には，何十年ものあいだ，組合と公的雇用者とのあいだの労働協約交渉によって合意に達したドイツ連邦公務員給与規定（BAT）が使われていたが，2006年にこれは，自治体や連邦では「公共サービス労働協約」（TVöD）へ，各州では「州労働協約」（TV-L）へと変わってきた。TvöDとTV-Lの給与体系は，公務員の報酬体系と似たものとなっている。

公共の図書館業務では総じて，公務員も，それに対応する従業員も，4つのキャリアグループ，初級職（einfacher），中級職（mittlerer），上級職（gehobener），高等職（höherer）に分類される。図書館員の給料や報酬は，このグループごとに規定されている。グループ分けは，受けた教育と取得した資格によって決まる。教会が雇用者である場合も，同様のことが当てはまる。一方で，企業の図書館の職員の場合はすべて異なってくるようである。企業の図書館では，通常私法上の労働契約があり，個別に交渉される。ごくたまにのみ公務用の給料表が適用される場合がある。

4.2 図書館員の職業教育の歴史

図書館員とそれに類似する職業のための教育は，この四半世紀のあいだ変わり続けてきた。そのため，ここでその全体像をつぶさに語るのは無理であろう。この変化の理由の一つは，特にヨーロッパ全土にわたる最新の展開と歩調を合わせ，教育内容の現代化を図ろうという政治的意図があったことであり，しかしもう一つは，政治的決定権者の基盤が脆弱で，

大学図書館の設備の整った現代的閲覧席は，学生が図書資料あるいは電子資料を入手し，学習と研究に専念できる環境を作っている。写真はフランクフルト・アム・マインのドイツ国立図書館（DNB，3.2.1(1)参照）のマルチメディア閲覧室（ヘッセン州）。多くの学生に利用されている。マルチメディアの利用できるシステムを導入し，電子資料の入手，管理，検索および表示を可能にしている。

経費最小化の要請から，教育機関の合併や，より大きな施設の設立を唯一の万能薬とみなさざるを得なかったことである。

図書館員のための正式な職業教育がドイツで始まったのは，19世紀の終わりである。1893年にプロイセン政府の布告により専門教育制度が定められ，教育内容が規定された。それによると，図書館員の職を求める大学の卒業生は，卒業後に特別教育プログラムを受ける必要があった。このプロイセンの法律や1905年のバイエルン政府の布告に端を発するこの制度は，その後何十年も学術図書館員のための標準的な教育課程となり，いくつかの州では今も残る高等公務員候補生の教育制度となった。一方，専門大学のたいていのコースで利用されている図書館員教育プログラムは，1914年にライプツィヒに初の図書館学校が設立されたときに始まったものである。

第二次世界大戦後二つの国家に分断されたことにより，ドイツの図書館員教育は多様な発展を遂げてきた。特に西ドイツでは，連邦制や館種の細分化がこれに影響を与えた。再統一後，教育課程の改革が行われたものの差異は残り続け，今日でもそのあり方は一様ではない。とはいえ現在では，コアの部分ではテーマや学習領域に関する統一的な基準が採用されている。標準的な学習内容は，経営経済学，マーケティング，図書館経営，データベースやインターネットの利用方法，調査方法，IT技術，情報提供サービス，接客，そして文献・メディアの市場である。また実践の重視も，教育課程における重要な特徴である。

4.3　ドイツの図書館員教育と教育機関

たいていの学術図書館や大規模な公共図書館における実際の業務は，4つのレベルに基づいて行われている。総合大学で学業を修めた学術図書館員（高等職，マスター，レベル1），専門大学で学び，学士を修得した図書館員およびインフォメーションマネージャー（上級職，バチェラー，レベル2）のほか，「メディア・情報サービス専門員」（FAMI）あるいは「学術図書館助手」（Bibliotheksassistent）（中級職，レベル3），そして職業訓練を受けない「図書館従業員」（初級，レベル4）である。

- 高等職の図書館員は，大学，それもたいていは総合大学を卒業した専門職員である。通常，大学卒業後に続けて図書館員教育を追加的に受ける。この追加の資格を取るためには，4学期分の修士課程あるいは2年間の職業教育プログラムが必要で，これは高等公務員候補生として受講される場合と，通常の学生の身分で受講される場合がある。修士課程や教育プログラムは，理論と実習からなる。実習部分は図書館員教育を担当する学術図書館で行われ，理論部分は大学で行われる。教育プログラムは国家試験で修了となる。修士課程は，これまでは「学術図書館員」の

図書館職業教育を受けることのできるドイツ国内の機関

都市	機関名	取得資格
ベルリン	ベルリン・フンボルト大学：図書館情報学研究所	図書館情報学バチェラー，マスター，博士号
ダルムシュタット	ダルムシュタット大学ディーブルクキャンパス：メディア学科(情報サービス・情報工学)	情報学，工学バチェラー，マスター
ハンブルク	ハンブルク応用科学大学：情報学科	図書館情報学バチェラー，情報学・情報マネジメントマスター
ハノーファー	ハノーファー専門大学：メディア・情報・デザイン学科，情報・コミュニケーション学科	情報マネジメントバチェラー，情報・ナレッジマネジメントマスター
ケルン	ケルン専門大学：情報・コミュニケーション学科，情報学研究所	図書館制度バチェラー，図書館情報サービスマスター (MALIS)
ライプツィヒ	工学・経済・文化大学(HTWK)：メディア学科	図書館情報学バチェラー，マスター
ミュンヘン	行政・司法専門大学：アーカイブ・図書館学科	学術図書館司書ディプロム，アーキヴィストディプロム
ポツダム	ポツダム専門大学：情報学科	図書館マネジメントバチェラー，情報・ドキュメンテーションバチェラー，情報学マスター，資料保存学マスター
シュトゥットガルト	メディア大学(HdM)：情報・コミュニケーション学科	図書館・情報マネジメントバチェラー，マスター

資格あるいは「マギスター（人文学修士号）」を取得することで修了となっていたが，2007年度からは「図書館情報学修士号（マスター）」の取得で修了となるのが普通になる。

高等職の典型的な任務は，学術図書館における選書，専門書の分類，情報提供や助言，内外の図書館との調整，新しいIT技術にかかわる計画や協力事業である。多くの業務においてリーダーとしての能力が必要とされる。

- バチェラー（学士）やマスター（修士）の図書館員とインフォメーションマネージャーの教育は，今日一般に専門大学で行われる。以前の図書館学校が次々と独立した専門大学になり，その後図書館関連の学部，研究所あるいは単に司書課程としてより大きな大学に組み込まれた。以前の〔理系の修士課程に相当する〕ディプロム課程の在学期間は7学期から8学期で，その間に長いインターンシップ期間あるいはインターンシップ学期があったが，新しいバチェラー課程は通常6学期か7学期で，それに新しいマスター課程4学期が加わる。総合大学での学習課程と

同様，バチェラー課程においても実習は重要な役割を果たすが，とはいえインターンシップの新しい専門大学への導入は，まだ十分には実現していない。連邦や州，自治体の公共サービスにおいて，学士やバチェラーの資格を持つ職員は上級職に位置付けられる。

- メディア・情報サービス専門員（Fachangestellter für Medien- und Informationsdienste：FAMI）は，デュアルシステムの職業教育の枠組みの中で，情報・文書関連施設で3年間の補助業務の研修を積む。公務員の中級職として位置付けられているものである。1999年に新設されたこの職種における特徴は，その内容が5つの異なる専門に分かれている点である。この専門職は，図書館のほかに，資料館，一般的な情報・文書機関，図版仲介業者，医学文書収集機関などで専門性を高めることができる。商工会議所では職業教育委員会が，県庁や州政府のレヴェルでは特別な権限機関が助言や調整を行う。職業教育計画や企業の教育プランが，学校や企業で行われる教育のプログラム，目的や内容を決める。教育を受けるための前提となる資格は厳密には決まっていないが，たいていの志願者は「中等教育卒業資格」（Mittlere Reife）と呼ばれる実務学校の卒業資格を持っている。

図書館で働くための教育を受けることのできるのは，以下の機関である。

- 図書館専門職の業務のための教育を受けることができる職業学校
- 公立の大学や政府設立の専門大学の図書館分野の学部
- 総合大学の図書館学課程（ドイツではこれに該当する施設はベルリンのフンボルト大学内の図書館情報学研究所のみである。バチェラー，マスターの両課程と，マスターの通信教育がある。）

図書館員になるための教育を受けられる総合大学，大学，専門大学は，今日9か所ある。前ページの表を参照していただきたい。

4.4 図書館員の継続教育，再教育

図書館や情報分野の職業に対する高まる要求に応えるために，継続的で計画的な〔研修などの〕継続教育や再教育が，図書館職員に必要である。継続教育は働き続ける限り生涯続くものであり，これを継続して行うことは，職員個人の能力向上のためのさまざまな資格認定活動を図書館運営の一環として行うことを意味する。

現在ドイツには，図書館の研修プログラムを提供するさまざまな機関がある。特に重要なのは，

- ドイツ図書館協会（dbv，4.5.2参照），情報・図書館職業組合（BIB，4.5.3参照），ドイツ図書館司書協会（VDB，4.5.4参照）およびその州支部
- 〔連邦に6つある〕地域図書館ネットワークセンター（5.3.1参照）
- 国立図書館，大学図書館，州立図書館

- 司書課程のある専門大学，大学（たとえば，ケルン専門大学の「図書館情報学研修センター」やベルリン・フンボルト大学の「研修センター」，ポツダム専門大学の通信研修など）
- 州や教会の図書館支援センター
- 規模の大きい図書館
- 省庁（たとえば資格情報ポータル「e-teaching」の研修データベース）
- 商工会議所（研修指導者養成のため）
- 図書館購買センター（ekz，4.5.5 参照）
- 民間企業や財団，私法上の研究所，教育・文化分野の団体や協会

などである。

　図書館員のための研修プログラムは年間 800 件ほどもあり，豊富で多方面にわたる。2002 年のドイツ図書館研究所（DBI，1.3 参照）の解体以降，職業教育機関や連邦全域レベルのオンライン研修を調整する団体は今もって存在しない。しかし 2005 年末にはハンブルク応用科学大学は図書館専門情報ネットワーク（knb，4.5.2 参照）のとりまとめのもとに，図書館員研修ポータル「ヴィッセン・ブリンクト・ヴァイター」（Wissen-bringt-weiter：知は我々を前進させる）を構築した。ポータルは図書館員のための研修プログラムについての情報を数多く定期的に掲載している。

4.5　ドイツの図書館関連団体

　ドイツの図書館がさまざまな設置母体を持ち，多様性に富んでいるのは，ドイツの文化的自治の原則や連邦制度構造がその背景にあるためである。この多様性は，図書館がそれぞれに独自の発展をし，創造的な道を進むための豊かな可能性を与えてくれるが，一方でこれは分裂の危険と表裏一体でもある。とはいえ，1 館のみで自立してあらゆる範囲の任務を果たすことのできる図書館は存在しないため，図書館間の協力と中央機能を持つ機関の設立が大きな意義を持つようになる。そのさい重要なのは，重複する不要な業務を省き，図書館の業績を改善することのみではない。それ以上に重要なのは，図書館政策，戦略的・計画的施策によって図書館業界の分裂を防ぐことである。

　20 世紀初頭からドイツでは，地域を越えた重要性を持つさまざまな図書館関連機関や研究所，団体が作られてきた。これらは図書館制度を形成し，その発展に常に新しい刺激を与えてきた。中には長い歴史を持つものもある。

　図書館の協力プロジェクトが国家によって指導，企画されていないことには，長所と短所がある。協力プロジェクトは，通常，私法上で組織された協会や団体で行われている。それらの団体は個人単位で加入する協会と組織単位で加入する団体に分けられる。個人単位の協会は，図書館司書その他の図書館職員の権利を守るために組織される。同時に専門的な議論を行う場として，また外部の人に対し権利を代表する手段としても機能する。組織単位の団体は，図書館や図書館設置母体の連合体で，図書館の共通の目的を推進し，統一規格を開発し，政治と社会における図書館の立場を確かなものにす

るという目的を追求している。

1990年代半ばに、当時は4つ存在していた個人単位の図書館司書の協会（現在は情報・図書館職業組合（BIB、4.5.3参照）とドイツ図書館司書協会（VDB、4.5.4参照）の二つ）と、組織単位の団体であるドイツ図書館協会（dbv、4.5.2参照）を統合しようという動きが見られたが、これは成功することなく終わった。今もなお、スイスやイギリス、アメリカ、あるいは国際的なレベルにおける国際図書館連盟（IFLA）のような単一の協会を作ることは、多くの図書館員にとって大きな目標である。

今日のドイツの図書館業界における最重要の組織は、公益法人「ドイツの図書館と情報」（BID）の傘下に集まった団体や協会、研究所や財団である。いわゆる非営利団体のほかに、最近では財団や私法上の機関、たとえばベルテルスマン財団や有限会社図書館購買センター（ekz）、それからゲーテ・インスティトゥートなどが図書館の振興に貢献している。

4.5.1　公益法人「ドイツの図書館と情報」（BID）

ドイツに図書館の協力や利益集約の前提となる図書館政策上の体制ができたのは、1960年代から1970年代のことで、ドイツ図書館会議（DBK、1963年）の設立や、「図書館計画'73」（5.1参照）の策定を端緒とする。外部に向けてまとまって発言を行っていくため、1989年9月、ドイツ図書館会議の後継として「ドイツ図書館協会全国連合」（BDB）が発足した。

2004年にドイツ情報科学技術協会（DGI、4.5.8参照）が加盟すると、BDBは「ドイツの図書館と情報」（Bibliothek & Information Deutschland：BID）へと名を変え、現在に至っている。

BIDは、組織単位・個人単位の3つの図書館団体と、情報関連団体、図書館購買センター（ekz、4.5.5参照）、それに二つの重要な文化振興団体を傘下に置く団体の団体である。公益の団体として、国や全ヨーロッパのレベル、あるいは国際的な委員会でドイツの図書館の利益を代表する。その目的は、民主主義的な情報教育を保障する機関としての図書館・情報関連施設による、情報提供技術の革新とサービスの促進、拡大である。BIDは、図書館や情報機関の広報活動の調整を行い、議論を促し、図書館の状況を政策決定者に伝える。またBIDは、その課題に取り組むさいに、連邦や州、自治体、それに各種公益の機関や委員会と協力する。

BIDの本部はベルリンにある。組織としてはメンバー団体の会議、理事会そしてスポークスマンセンターで、これは3年間の任期でドイツの図書館界を外部に対して代表するものである。理事会は、臨時的なワーキンググループや継続的な委員会を設置することができる。BIDはまた、「欧州図書館・情報・ドキュメンテ

ーション協会連合」(EBLIDA) や「国際図書館連盟」(IFLA) のメンバーでもある。

BIDの行う事業のうち重要な部分を占めるのが，国際事業である。これは，ベルリンにある外務省や連邦政府の文化・メディア担当部 (BKM) の補助金に支えられている。「図書館と情報インターナショナル」(Bibliothek & Information International : BII) は，BID の常設委員会で，とりまとめ機関として国際的な対話を促進し，国内外の図書館員や情報業務専門職員の協力と情報交換を支援する。また国内外の図書館員，情報業務専門職員の研修旅行や在外研修をも支援している。

また BID は，ドイツの初めての公共図書館を 1828 年 10 月 24 日にドレスデン近郊のグローセンハインに建てたカール・ベンヤミン・プロイスカー（1786～1871年）を記念して，ドイツの図書館に特別の功績のあった人にカール・プロイスカー・メダルを授与している。

BID の刊行物としては，月刊雑誌『図書館サービス』(Bibliotheksdienst) がある。また BID は，ドイツで最も大きい図書館関係の大会「ドイツ情報・図書館ライプツィヒ大会」(Leipziger Kongress für Information und Bibliothek, かつての「ドイツ図書館大会」) を 3 年ごとに開催している。2004 年からは，同大会はライプツィヒの春のブックフェアの前に行われている。

2009 年には BID は，イメージパンフレット『図書館が良い 21 の理由』を作成し，政治家その他の政策決定者に向けて図書館とそのサービスについての広報を行った。パンフレットは図書館の政策議論の基本を成すものであり，また図書館のロビー活動を促進するものとして作成されている。このパンフレットの付録には，「良い図書館を作るための基礎　政策決定者のためのガイドライン」がある。これは，公共図書館や大学図書館のための業績・質の指標や，〔ドイツにはまだわずかな州にしか存在しない〕「図書館法」についての議論を呼びかけるものである。

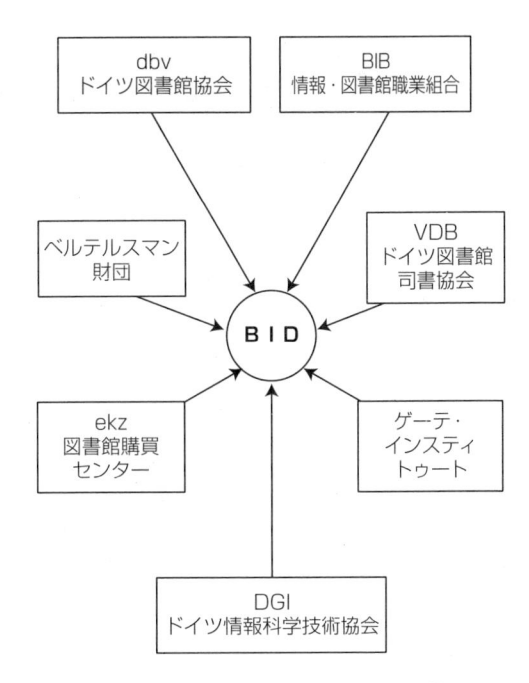

ドイツの図書館と情報 (BID) への加盟機関

4.5.2　ドイツ図書館協会 (dbv)

ドイツ図書館協会 (Deutscher Bibliotheksverband : dbv) の歴史は，1949 年に西ドイツで始まった。東ドイツでは，1964 年に独自の図書館団体が設立され，公的図書

dbv
Deutscher Bibliotheksverband e.V.

館や専門研究機関，情報・ドキュメンテーション関連機関をとりまとめ，1990年まで「ドイツ民主共和国図書館協会」(Bibliotheksverband der Deutschen Demokratischen Republik) と呼ばれていた。ドイツ再統一後，東西の図書館協会が統合され，今日の「ドイツ図書館協会」(dbv) となった。

この分野を越えた新しい組織の連合体は，目下約2,000の会員団体を数える。会員になることができるのは，すべての図書館と，州あるいは教会の図書館支援センター，そしてその他の図書館・ドキュメンテーション関連施設である。

dbv の目的は，図書館の文化・教育分野での効果を可視化し，その社会的役割を強めることにある。特に，ドイツの図書館界を支援し，図書館と図書館関連機関の連携協力を促進することは，大きな使命である。そのため，協会は図書館業界の環境改善に向けて政府への要求をとりまとめ，審査や勧告を通して意見を述べる。重要な活動としては，

- 図書館の目的や機能についての広報
- 連邦，州の議会や政府に対する，また地方自治体や自治体連合に対するロビー活動や連絡
- 図書館の問題の統一的・効果的な解決
- ドイツの図書館についての学術研究の主導
- ドイツ学術振興会 (DFG, 5.2.1 参照) や連邦教育省，連邦政府の文化・メディア担当部 (BKM)，各州文部大臣会議 (KMK) と共同での図書館振興策の策定
- 情報関連の催しや研修プログラムの企画運営と実施
- 館種や地域を越えた図書館間協力の促進
- ヨーロッパあるいは世界の図書館との協力，経験の共有

などがある。

dbv のロビー活動は，その大部分が州支部とセクションに分かれて行われる。地域の図書館賞や州の図書館大会，図書館法制定活動，図書館や図書館支援センター（3.2.5 (2) 参照）の存続に向けた運動など，数多くの活動が16の州支部で行われてきたし，現在も行われている。これらの州支部は，州の加盟図書館の利害を代表し，図書館間の情報交換を支援し，州の政策委員会に図書館のテーマを伝える。州選挙が行われるときには，「政策アンケート」を使って党の政策についてヒアリングし，図書館員の研修を企画し，またイベントを地域で行うことで一般の人々の関心を喚起する。

各州支部の支部長は，dbv の理事会の諮問委員として，dbv の活動に参加する。多くの州支部は，公益の団体である。最大の州支部は1948年に設立されたノルトライン＝ヴェストファーレン州図書館協会で，約350の図書館が加入しており，連邦全土で評価の高い専門誌『Pro Libris』を独自に発行している。

dbv は 8 つのセクションからなっている。セクションごとに同じ規模の図書館や同じ館種の図書館が経験を共有し，専門的な問題を解決する。さらにはセクション内部のワーキンググループで，さらに細かいテーマに取り組んだりする。セクションの活動は，諸計画のための資金の問題から，デジタル資料の提供，品質維持のための施策やオープン・アクセスの推進，情報分野におけるバチェラーやマスターの制度のあり方，特別な利用者に対する図書館業務の相対的意義についての議論まで，幅広い対象を扱っている。

セクション5（学術専門図書館）に団体として加入しているのは，やはり1946年に設立された「専門図書館研究会」（ASpB）である。同協会には，施設単位・個人単位での加入が可能で，現在の会員は1,000を超える。専門図書館間の協力を促し，この特殊な図書館の利益を代表し，経験を共有し，専門知識を深めることに貢献している。これらの目的のために，2年に一度専門会議を開催しており，その成果は定期的に公刊される。

「情報学・図書館学教育課程会議」（Konferenz der informations- und bibliothekswissenschaftlichen Ausbildungs- und Studiengänge：KIBA）は，ドイツの専門大学や総合大学の図書館情報学科を支援する機関であるが，これは dbv の第7セクションとともに，ドイツ情報科学技術協会（DGI, 4.5.8 参照）の教育セクションにも属している。情報の専門家の教育のために，KIBA は各種職業団体や政治家，企業その他の教育機関に対してロビー活動を行う。ヨーロッパ中で，たとえば「図書館情報教育と研究のための欧州協会」（European Association for Library and Information Education and Research：EUCLID）において，KIBA の加盟者を代表する。

2003年には，dbv はかつてのドイツ図書館研究所（DBI, 1.3 参照）の委員会や研究グループの業務を受け継いで，その活動の幅を広げることになった。たとえば「図書館と学校」，「サービス」，「収集と蔵書構築」，「図書館の多文化サービス」，「子ども図書館・ヤングアダルト図書館」，「運営と法律」などの委員会のほか，セクション4（学術総合図書館）の7つのワーキンググループ，そしてセクション8

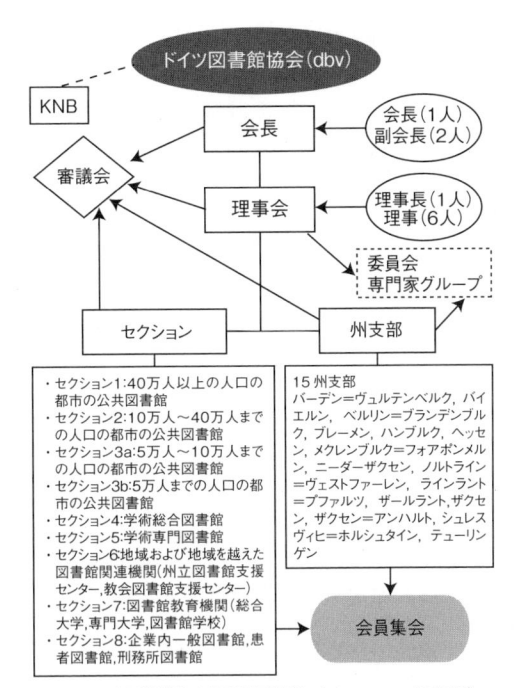

dbv の組織構造と下部組織（セクション・州支部）

（企業内一般図書館（3.2.6(4)参照），患者図書館，刑務所図書館）のワーキンググループが，dbvの事務局の支援を受けながらボランティアで活動している。

1987年以来，dbvは，図書館の現在の姿やその新しい任務と発展を伝えるジャーナリストに「ドイツ図書館ジャーナリスト賞」を授与している。1983年から1986年までdbvの理事長を務めたヘルムート・ゾンタークが始めたもので，毎年行われている。2010年からは〔ドイツ最大のブッククラブ〕学術書籍協会（Wissenschaftliche Buchgesellschaft：WBG）と共同で開催されるようになり，それ以来賞金は5,000ユーロとなっている。両協会がそれぞれ半分ずつ負担している。

2000年からdbvは，ツァイト財団エベリン＆ゲルト・ブケリウスの資金援助と協力によって，「ライブラリー・オブ・ザ・イヤー」（Bibliothek des Jahres）の授与を行っている。これは唯一の国家的な図書館賞で，賞金は3万ユーロである。あらゆる館種の図書館から模範とすべき活動を選んで表彰することで図書館を競わせ，質の向上，創造的活動，イノベーションを促す。受賞図書館を選ぶのは独自の審査員団で，これは連邦政府，各州文部大臣会議（KMK），ドイツ都市連絡協議会（Deutscher Städtetag），ツァイト財団，そしてdbvのメンバーで構成される。受賞は「図書館の日」（Tag der Bibliotheken，10月24日）に行われる。

2008年からは，10月24日は，連邦全土で開催される図書館活動週間「図書館で会おう」の初日となっている。何千という施設でイベントが開かれ，ドイツ全土に向けた広報活動が行われる。著名な支援者を招き，また2010年からは「図書館現況報告」を作成し，図書館の意義をアピールしている。

図書館専門情報ネットワーク(knb)

2004年，「図書館専門情報ネットワーク」（Kompetenznetzwerk für Bibliotheken：knb）が，各州文部大臣会議（KMK）の決定により創設された。各州から財政的支援を

ハルバーシュタット市立「ハインリヒ・ハイネ」図書館（ザクセン＝アンハルト州）は2000年，大聖堂広場にある築600年のペーター宮殿内のかつてのチャペルに移転し，その年に「ライブラリー・オブ・ザ・イヤー」に選ばれた。10万点の資料が1,770㎡を超える館内に並べられている。高い天井を利用して中二階を作り，利用スペースを広げた。

受け，地域を越えた業務を分業体制で担っている。knbの運営委員会はさまざまな図書館関係機関の代表者からなるが，その委員長をドイツ図書館協会（dbv）の理事長が務めている。また，knbを担当する部署がdbvの事務局内に新しく作られた。

knbは，国際協力，ホームページ「図書館ポータル」の運営，図書館インデックス（BIX），そして図書館のネットワークの調整を行っている。「図書館ポータル」（Bibliotheksportal）は図書館員・出版社・政治家のための，ドイツの図書館業界全体についての最新情報の中心的ポータルサイトで，2006年末から稼働しているものである。また「図書館インデックス」（Bibliotheksindex：BIX）は，毎年250もの公共図書館・学術図書館が参加する全国的なベンチ・マーキングシステムで，dbvがknbの枠組みの中で2006年，ケルンの大学図書館センター（HBZ）や『B.I.T』誌，そしてinfasとの協力のもと，その調整と企画をベルテルスマン財団（4.5.6参照）から引き継いだ。

さらにknbの3つの事業が，いくつかの機関に分担されている。HBZが『ドイツ図書館統計』（DBS）を作成する一方，EUへの助成はベルリン国立図書館（SBB，3.2.1(2)参照）が担う。国際的な標準化機構に対してドイツの代表を引き受けるのはドイツ規格協会（DIN）で，「図書館・ドキュメンテーション規格委員会」（Normenausschuss Bibliotheks- und Dokumentationswesen：NABD）のかたちをとる。

4.5.3　情報・図書館職業組合（BIB）

情報・図書館職業組合（BIB：Berufsverband Information Bibliothek）は，かつての二つの個人単位の図書館員団体「図書館員・図書館アシスタント協会」（VBA）と「学術図書館学士協会」（VdDB，1948設立）が2000年に合併して生まれた。VBAはその3年前，1997年に「公共図書館図書館員協会」（VBB）と「図書館アシスタント・図書館従業員協会」（BBA）の合併によってできた団体である。

BIBは今日約6,300人の会員を抱え，二つある図書館員団体のうちの大きいほうに当たる。労働組合を自認しているわけではないが，会員の職業上の利害の代表が任務の中心である。つまり，職業教育の改善，現代化，規格化や，新しい職業イメージの構築，また職業教育に見合った給与や格付け，目的に合った研修プログラムによる図書館員の資格認定などに尽力している。主に15の州グループによって担われる多数の研修コースによって，BIBは図書館員の技能の向上に貢献している。2006年からは，研修データ

ベース（DAPS）を運営しはじめた。研修やインターンシップの情報，図書館分野のプログラムを提供する大学や職業学校の情報が掲載されている。ターゲットは経験の浅い図書館員，求職者，現在あるいは将来の学生，そして研修プログラムの広告を出したい図書館である。

BIB の特徴的な業務は，たとえばドイツの図書館計画や図書館の構造上の問題の検証，国内外の連絡調整，図書館経営に関すること，そしてドイツ図書館司書協会（VDB, 4.5.4 参照）と共同で企画運営する「ドイツ図書館司書大会」（Deutscher Bibliothekartag）の開催である。これは，〔「ドイツの図書館と情報」（BID）の主催する〕「ドイツ情報・図書館ライプツィヒ大会」（ドイツ図書館大会，4.5.1 参照）と並んで，ドイツの図書館界最大の会議となっている。過去の講演の内容は，オンラインのドキュメントサーバ「BIB-OPUS」からダウンロードできる。BIB の活動は国内に限らず，ヨーロッパレベルで，あるいはそれを超えて外国の機関，国際的な機関（BII, EBLIDA, IFLA）とともに行われており，連続会議「学び続ける図書館」でイタリアやオーストリア，スイスの職業組合との協力について合意に達するなど，国際的な協力関係を育んでいる。交換留学プログラム「BIB-Exchange」では，海外，それも特に米国でのインターンシップを希望する会員に対し，同組合が仲介を行っている。

5 人で構成される連邦理事会に協力するのは，15 の州グループや理事会，6 つの委員会（「司書教育と司書課程」，「図書館政策」，「格付けと給与」，「研修」，「ワン・パーソン・ライブラリー」，「団体の広報と団体内コミュニケーション」）が代表を送る組合委員会である。重要な会則の変更には 4 分の 3 の同意が必要である。専任の職員の運営する組合事務所は，ルートリンゲンにある。

BIB は，図書館運営や図書館業務上の問題に関するチェックリストを出版しているが，これは仕事をする上で図書館員を助けるものとなっている。近年の出版物のうち重要なものは以下のとおりである。

- 『EURO-FAMI 2002 国内外のメディア・情報サービス専門員（FAMI）（および同レベルの職業グループ）のための職業についての，FAMI とアシスタントの情報のための委員会（KIFA）におけるイベントおよび会議の成果報告書』2003 年
- 『ワン・パーソン・ライブラリー委員会によるチェックリスト』（現在 1 号（2003 年「図書館の移転」）～31 号（2010 年「情報リテラシーのオンライン継承」））
- 『メディア・情報サービス専門員（FAMI）の 10 年 記念論文集』2009 年

また，BIB は 2 年ごとに重要な図書館リスト『公共図書館年鑑』を出版する。さらには，図書館専門雑誌で最多の 9,000 部という発行部数を持つ雑誌『BuB：図書館と情報フォーラム』（BuB：Forum Bibliothek und Information）を発行しており，

これは1949年から継続刊行中である。

4.5.4　ドイツ図書館司書協会（VDB）

1900年に創設された「ドイツ図書館司書協会」（Verein Deutscher Bibliothekare：VDB）は，学術図書館の高等図書館司書の集まりで，今日1,600人の会員を数える。目的は学術図書館員の交流の場を提供すること，職業上の利害を代表すること，専門知識の交換と発展に寄与すること，そして学術図書館を支援することである。州支部，地域支部に分かれる。また，資格認定，法律上の問題，調査研究についての委員会，それにマネジメントに関するBIBと共同の委員会の，計4つの委員会を持っている。

1970年代中頃まで，VDBは西ドイツ全体の図書館関連業務すべてを担っていたが，それらの業務はドイツ図書館協会（dbv）や図書館研究所（DBI）に移り，VDBは純粋な同業者連盟になった。協会の任務の重点は，後進の図書館員の資格認定にある。それゆえVDBは，学術図書館員の実践的・理論的教育について意見を公表し，提案書を発表してきた。

VDBの機関誌は，『図書館学と書誌』（ZfBB：Zeitschrift für Bibliothekswesen und Bibliographie）である。また，協会の重要な出版物として，2年に一度刊行の『ドイツ図書館年鑑』（Jahrbuch der deutschen Bibliotheken）があり，これは1902年に初号が出版された。統計データを掲載する図書館の部と，会員名簿の機能も果たす図書館員の部からなる。

VDBは，20世紀初頭から年に1度開催される「ドイツ図書館司書大会」（Deutscher Bibliothekartag）を主催するが，近年これは，3年に1回開催される「ドイツの図書館と情報」（BID）の主催する「ドイツ情報・図書館ライプツィヒ大会」（ドイツ図書館大会，4.5.1参照）と交互に行われている。1952年からは学術図書館学士協会（VdDB）と，2001年からは情報・図書館職業組合（BIB）との共同開催である。2011年にはベルリンで第100回目の「ドイツ図書館司書大会」が「未来のための図書館，図書館のための未来」というモットーのもと開催される。重要な講演は，2008年までは『図書館学と書誌』の特別号に掲載されていた。それ以降は独立した会議録が発行されるようになり，またインターネットでのアクセスも可能になっている。

4.5.5　ロイトリンゲンの図書館購買センター（ekz）

ドイツの図書館の中心的機能を担う機関の中で，1947年に設立された「図書館購買センター」（ekz-Bibliotheksservice：ekz）は，特殊な位置を占める。これは，図書館のための民間企業で，有限責任会社の形をとるものである。21の共同出資者のうち20は州や市，郡などの自治体であり，これらが全株式の3分の1以上を保有し，反対株主の株式買取請求権を占有

95

する〔ことによって合併や事業譲渡などの取引に反対することができる〕。ekzでは現在のところ約250人の従業員が働いている。またekzは，BID創立時からのメンバーである。

　ekzは，蔵書構築，目録作成，資料保存のための図書館向け製品やサービスを販売することで，ドイツの図書館の発展に貢献してきた。これまで，特にドイツ国内の公共図書館を対象に，何十年ものあいだサービスを行ってきたが，近年，大きな変化に直面している。以前は本と設備の提供が中心的なサービスであったのに対し，今世紀に入ってからは，幅広いメディア，設備，コンサルタントサービスをあらゆる種類の図書館に対して提供しており，図書館やメディア関連市場に関する複合的なサービスを行う中欧のリーディング・カンパニーとなっている。イベントのスポンサーや研修コース，図書館スタッフの資格取得セミナーなどのサービスを通して，ekzは新しい市場のニーズに適応し，また新しい市場を開拓することに成功している。

　ekzが企業の目標として掲げているのは，図書館の全ニーズに対する迅速なサービスである。同社は，さまざまな個別の製品と組み合わせることのできるサービスを提供することで，それを実現しようとしている。また，書誌や解題付きの目録を作成することで，公共図書館のためのデータセンターとしての機能も果たすようになってきている。オンライン申込みサービスにより資料提供のスピードは上がっているが，この申込み用の目録データも電子形式で図書館に送られている。ホームページからウェブ上ですべての製品をレビューすることができ，検索，申込み，あるいは質問の送付，スタッフとのコンタクトがオンラインで可能である。ekzの編集部門では，『ekz情報サービス』（Informationsdienst : ID, 5.2.3参照）などの書評サービスを，ドイツ図書館協会（dbv, 4.5.2参照）や情報・図書館職業組合（BIB, 4.5.3参照）との協力合意のもと行っている。

　近年ekzは，公共図書館のみならず学術図書館にも次々とサービスを提供している。その中には，ekzが開架式書棚を提供した，フランクフルト・アム・マインのドイツ国立図書館（DNB, 3.2.1(1)参照）も含まれる。さらには，ヨーロッパの他の国においても，備品の提供をいくつもの図書館で実現している。

　ekzは，同社が図書館の共同経営者となり「図書館有限責任会社」のかたちをとって共同で図書館を建設し，運営するパッケージサービスを提供しているが，これはこれまでいくつかの自治体に利用されている。まず8年間ほどシュリースハイム（バーデン＝ヴュルテンベルク州）で，1999年から2010年までジークベルク（ノルトライン＝ヴェストファーレン州）で，最後にモンハイム・アム・ラインで図書館がこれを導入した。しかし，

バーデン＝ヴュルテンベルク州ロイトリンゲンの図書館購買センター(ekz)の最も重要なサービスは，今も変わらずさまざまな製本サービスで，これにはペーパーバックスの強度を高める透明フィルムによるコーティング作業も含まれる。2005年末には，1日に何千冊もの処理が可能な全自動のコーティング機を開発した。

この期待されるところの多いモデル事業に続く自治体は，現在のところない。

　ekzは，eラーニングの研修プログラムという新しい分野にも乗り出している。これは当初はベルテルスマン財団（4.5.6参照）と共同で始めたものである。「bibweb」の名のもと2000年から2007年まで4つのオンライン研修コース「インターネットトレーニング」，「図書館における顧客サービス」，「ヤングアダルト図書館サービス」，「8歳までの子ども図書館の業務」が作成された。このプロジェクトは2010年に終了したが，それまでにこれを利用した図書館員は6,000人を超える。ekzは現在，研修ビデオをインターネットで発信する事業に注力している。

　ekzはオーストリアやフランスにも支店を持ち，またスイスでも「スイス図書館サービス」（Schweizer Bibliotheksdienst：SBD）に関与するなど，ヨーロッパ中に展開している。ゲッピンゲンのRFID（電波による個体識別）を専門とするEasyCheck社やニュルンベルクのNORIS輸送包装社，〔ヴィースバーデンの〕デジタル資料のライセンスの提供業者DiViBib社を獲得し，拡大を続けている。DiViBibは2005年に設立され，2011年からは販売部門とマーケティング部門をロイトリンゲンに置いている。〔インターネット上で電子版の資料を借りることのできる〕サービス「オンライエ」（Onleihe）により，公共図書館の事業モデルをインターネットやオンラインサービスというデジタルの領域へと転換させることを目的としている。現在では約200の公共図書館が個別に，あるいは連携して，電子書籍や論文，オーディオやビデオなどの電子メディアのデータを提供しており，それを登録利用者がインターネット上で借りることができる。もう一つの子会社EasyCheck社は，2006年から自動貸出やセキュリティのためのブックディテクションシステムを提供している。

4.5.6　ギュータースローのベルテルスマン財団

| **BertelsmannStiftung**

ベルテルスマン財団は，1977年にラインハルト・モーンによって設立された財団で，同財団によれば，人々を支援し，社会を活性化し，そのための社会の仕組みを作り上げることを目的としている。そのため，財団のプロジェクトや業務は，たとえば教育や医療のための国家的基盤にかかわるものである。財団は，国内にとどまらない政治，行政，経済，社会の政策決定者から，実績のある「改革工房」，つまり国家と政府の近代化の原動力として評価されている。

創立以来，ベルテルスマン財団は公共図書館を支援する一方，図書館と協力して今後の社会の課題の解決策を開発し，検証してきた。とりわけ重視してきたのは，国内外のパートナーとプロジェクトを実施し，実践的な検証を行うことである。たとえば，国際的なネットワークを使って世界中の図書館先進国から革新的な方法や認識，実践的な経験を集め，情報交換し，それをさらに発展させた。そのさい，民間企業的な考え方や手法を図書館の業務に定着させるため，他の産業の戦略も取り入れた。ただし，2007年の初頭より，同財団は図書館支援事業からは身を引き，現在は助言者としてのみ機能している。

これまでに行われたプロジェクト，たとえば徹底した顧客重視のサービスについての問題提起や，時代に合った施設のあり方，組織的な読書推進活動，学校との教育上の連携，図書館の効果的な運営と組織構成の戦略などについてのプロジェクトは，その多くが現在もプロジェクト当時のパートナー図書館によって継続されている。図書館員の資格向上のために，財団はekzと共同でオンライン研修「bibweb：図書館員のためのインターネットトレーニング」を開発したが，これはその後何年も広く利用された。財団のプロジェクト「図書館インデックス」（Der Bibliotheksindex：BIX）はランキング形式で業績の比較を行い，それによって公共図書館・学術図書館が自らの立場や意思を

ベルテルスマン財団の財政支援のもと1982年に建てられたギュータースロー市立図書館（ノルトライン＝ヴェストファーレン州）は，有限責任会社の形式でできた初の公共図書館である。市は予算の51%を持つ。2,500m²の館内に11万冊の資料が提供されている。3階建ての図書館の中央，貸出カウンターの後ろにはライブラリー・カフェがあり，休憩を取ることができる。

決定するさいの基礎データを提供するものであるが，2007年以降，ケルンの大学図書館センター（HBZ）やBITオンライン，infas，メディアスクール，そしてベルテルスマン財団の協力のもと，図書館専門情報ネットワーク（knb, 4.5.2参照）に引き継がれて継続している。

強調しておく必要があるのは，同財団が，ドイツの図書館の発展を目的とした図書館政策の戦略ペーパー作成のイニシアチブをとったことである。BIDとの協力のもと，2002年から2005年まで行われたこのプロジェクトは，連邦と州に対してさまざまな要求を行う『図書館2007』（Bibliothek 2007）という文書に結実した。しかしながら，これらの要求はいまだ受け入れられるに至っていない。その理由の一つは，2006年から2007年にかけて行われた連邦制度改革によって，連邦が図書館支援から身を引いたことにあるとも考えられる。とはいえ，この戦略ペーパーの重要な要求の一つである図書館庁（Bibliotheksentwicklungsagentur : BEA）の創設は，2007年12月，連邦議会の諮問委員会「ドイツの文化」の最終報告書に取り入れられている。

4.5.7 ミュンヘンのゲーテ・インスティトゥート

ゲーテ・インスティトゥート（Goethe Institut）は，外国に向けた文化・教育政策に関する国家的業務を担う。同インスティトゥートの主な目的は，国際的な文化協力活動の援助，外国でのドイツ語習得の支援，文化・社会・政治的な生活に関する情報の提供による，包括的なドイツ・イメージの伝達である。本部はミュンヘンにあり，ベルリンには首都オフィスがある。ゲーテ・インスティトゥートは国の機関ではなく，外務省との契約に基づいて政府から補助金を受けて運営される団体である。1951年に創立され，2001年にインター・ネーションズ（Inter Nations, 1952年設立）と合併してからは，外国向けの文化・教育政策を担うドイツ最大の仲介機関である。世界中に約2,800人の職員がいる。2010年の予算は3億3400万ユーロで，そのうち2億2500万ユーロが外務省によって，1億1200万ユーロが国内外のドイツ語コースや試験などからの独自の収益によって賄われている（そのうち国内での収益は5000万ユーロ）。

現在のところ，93の国にある149のゲーテ・インスティトゥートと11の関連施設で，文化プログラムを実施し，語学の授業や（〔初級ドイツ語試験である〕「スタート・ドイツ」などの）語学の試験を実施し，語学教材を作成し，大学や官庁をドイツ語振興によってサポートし，毎年1,700人のドイツ語教師に奨学金を授与し，57ある「ドイツ語閲覧室」でドイツについての最新情報を提供している。ドイツ国内には13のインスティトゥートがあり，毎年約2万3000人の外国人受講者に最新のメソッドによる語学コース

世界に 90 あるゲーテ・インスティトゥートの図書館の一つ，インドネシアの首都ジャカルタの図書館。ドイツ語あるいは翻訳の最新の図書類や視聴覚資料のほか，インターネット席も用意している。語学授業や作家による講演会を行う。国外にあるすべてのゲーテ・インスティトゥートの図書館の蔵書は，南西ドイツ図書館ネットワーク（5.3.1 参照）のデータバンクに登録されているものについては，共通のオンライン目録で検索できる。

を提供している。ドイツに関係する国際的な文化雑誌，書籍，情報資料，映画やドキュメンタリー映画，そしてウェブ上でのさまざまな情報が，関心を持つ世界中の人々に提供されている。「ドイツ訪問プログラム」では，外国の出版社，メディア，文化分野から毎年 1,300 人以上が参加し，ドイツについての質の高い情報を入手している。

　ゲーテ・インスティトゥートはここ数年，ナレッジ・マネジメントの，あるいは図書館組織のさまざまな計画やメソッド，応用方法についての図書館員の対話を活性化させ，職業教育や研修等継続教育を支援することを目的に，情報関連業務や図書館業務との連携を強めてきている。ゲーテ・インスティトゥートの最も重要な情報・図書館関連の仕事は以下のとおりである。

● 図書館協力，書評サービス，所蔵情報の提供：本，メディア，図書館の分野での専門家間の情報交換を促進するため，駐在する国の施設と協力して，現在ある 93 のゲーテ・インスティトゥートの図書館や情報センターで会議やワークショップ，研修旅行，職業教育や研修の催しなどが企画されている。ミュンヘンの本部では，各地の図書館や情報センターのために，資料をあらかじめ選択し，それに書評をつけるサービスや，資料を提供し，送付するサービスを行っている。すべての蔵書は，国ごと，施設ごとにオンラインで検索できる。

● 文献紹介や翻訳の支援：外国にある文化機関を通して，ドイツ語の文献を仲介し，その翻訳を支援している。そのさい，その国の出版社や書店，図書館と協力する。

● 質の高い情報支援：マルチメディア関連の技術発展，イベント，出版物についての情報提供や企画。特に，ドイツの文化やドイツの出来事をリアルタイムで利用者に伝えることは，ゲーテ・インスティトゥートの国際業務の重要な要素である。

● 情報マネジメント：その土地の需要に合わせた質の高い最新のメディアの提供，そして効果的で確かなサービスは，

外国の支部の情報センターや図書館によってのみならず、外国のパートナー図書館、たとえば77の「ドイツ語閲覧室」、「会話コーナー」、そして学習・情報センターにおいても行われている。これらはたいてい、その土地の既存の図書館に組み込まれている。つまりいわば「ホスト図書館」が場所やインフラ、ドイツ語のできる職員等を提供し、それに対してゲーテ・インスティトゥートが毎年更新される基礎的な資料、機器、それに職員の研修コースを提供している。

4.5.8　ドイツ情報科学技術協会（DGI）

1948年にドイツのドキュメンテーションのための協会として設立された「ドイツ情報科学技術協会」（Deutsche Gesellschaft für Informationswissenschaft und Informationspraxis e.V.：DGI）は、ドイツの情報専門家の団体である。情報学とその実務の分野の研究・教育・実務を支援する学術・職業専門団体で、フランクフルト・アム・マインに拠点を置く。同協会は、情報の専門家の利益を、雇用環境や一般の人々、情報政策や経済的状況に対して代表する。情報業務やナレッジ・マネジメントの研修を扱い、新しい計画や手法、ツールを開発することによって、情報サービス業務の展望とナレッジ・マネジメントの新しい道を示す。現在は、この情報社会の中で、また生涯学習の一環において不可欠な能力である情報リテラシーの仲介者として働いている。また国内外の施設との協力関係を促し、法律上の問題を含め、新しい技術の応用の可能性を広げる役割を果たしている。協会の専門誌は『情報　理論と実践』（Information. Wissenschaft und Praxis）である。

DGIと協力関係にあるのは、「情報工学協会」（GI）、「IuKイニシアチブ：ドイツにおける学術情報とコミュニケーション」（IuK）、「大学情報学協会」（HI）、フランクフルト・ブックフェア、そして「情報協会の欧州理事会」（ECIA）である。

DGI年次大会（以前の「ドイツドキュメンタリスト大会」）と、2010年以来行われているDGI会議、従来からのオーバーホーファー・コロキウム、そして2011年に新しく始まったDGI実務会議は、革新的研究の萌芽や新技術の開発、マネジメント上の問題、それに情報分野におけるマーケット情報などを扱うもので、情報を扱う職業の多様性を示している。DGIとドイツ図書館協会全国連合（BDB）の初の共催会議として、「情報と公共」をテーマに2000年にライプツィヒで開催された「第90回図書館司書大会および第52回ドキュメンタリスト大会」は、両団体の任務の特徴や目標がいかに似通ってきたかを示す結果となった。これを受けて2004年、DGIは〔BDBの後継である〕とりまとめ団体BIDの会員となった。これ以降、3年に一度開催されるドイツ情

報・図書館ライプツィヒ大会（4.5.1参照）は，図書館員にとっても情報の専門家にとっても建設的な議論と経験の共有を行うための良いプラットフォームとなっている。

4.5.9　国際協力

ドイツの図書館の発展に欠かせないのが，国内外の全図書館・情報分野のパートナーとの，定期的な情報交換と協力である。グローバル化や世界規模でのネットワーク化が進み，国境を越えたルール作りと団体での活動が求められる現在，国際協力はその重要性を増している。「ドイツの図書館と情報」（BID）は，2005年に『グローバルなナレッジ社会への道』を出版し，さらに2008年にはこれを改訂したが，これは調整機関として国際協力の目的，条件，業務の重点，組織構成について示したものである。BIDはそのさい，さまざまな団体，委員会，図書館のネットワークの中心的機能を果たす。2003年の国際図書館連盟（IFLA）年次大会のベルリンでの開催がはずみとなり，それ以降のドイツの図書館の国際活動は目覚しく拡大している。この支柱となっているのが，BIDの国際情報交換のための常設委員会「図書館と情報インターナショナル」（BII，4.5.1参照），ゲーテ・インスティトゥート（4.5.7参照），ドイツ図書館協会の図書館の国際協力のための図書館専門情報ネットワーク（knb，4.5.2参照），そしてIFLAの国内委員会である。各国の図書館員とドイツの図書館員との人事交流についても，関心が高まってきているところである。

20世紀末以来，ヨーロッパの政治状況の変化に伴い，かつては国内にあった図書館にかかわりのある権限も，次々とヨーロッパの組織や委員会に移譲されてきている。たとえば貸出権，著作権に関する問題は，今日ヨーロッパの法律のもとにある。また，国際的な資料相互貸出，コンソーシアムの設立，データ・ネットワークの設備などの図書館側の利益もヨーロッパの次元で考えられている。

図書館がネットワーク化され，その中で研究や情報サービスの統合が進む現在，図書館はその重要性を増している。2003年にジュネーブで，2005年にチュニスで開かれた世界情報サミット（WSIS）でも，図書館の役割が議題に上った。また同様にインターネット・ガヴァナンス・フォーラム（IFG）にも，IFLAの代表者が図書館の利益のために参加した。

国際図書館連盟（International Federation of Library Associations and Institutions：IFLA）は，1927年にグラスゴーで創設された国際的な図書館団体である。ドイツの約70の図書館，関連機関および図書館団体がこの会員となっており，全部で45ある分科会や部会，中心的な活動にドイツから選ばれた代表者が参加している。IFLAの最高位の委員会である理事会にも，定期的にドイツの図書館員が選出されている。IFLAの本部はデン・ハーグにあり，年次大会は世界各国の持ち回りで開催される。グスタフ・ホフマン（1958〜1963年），ハンス＝ペーター・ゲー（1985〜1991年）に続き，2007年〔から2009年まで〕クラ

ウディア・ルクスが，ドイツからは3人目となるIFLA会長に選ばれた。

IFLAにおけるドイツの協力体制として，1974年にIFLA国内委員会（IFLA Nationalkomitee）が設立された。事務局はベルリンにあるドイツ図書館協会（dbv）の図書館専門情報ネットワーク（knb）部の国際協力部門に置かれている。同委員会には，BIDの会員団体や専門図書館研究会（ASpB：Arbeitsgemeinschaft der Spezialbibliotheken）のほか，ドイツ国立図書館（DNB，3.2.1(1)参照）やベルリン国立図書館（SBB，3.2.1(2)参照），バイエルン国立図書館（BSB，3.2.1(3)参照），ザクセン州立図書館，そしてドイツ学術振興会（DFG，5.2.1参照）が加盟している。なお，DFGはIFLAに加盟するドイツの諸団体のIFLAへの加盟に資金的支援をしており，またドイツ学術交流会（DAAD）は，学術図書館の図書館員のIFLA年次大会への定期的な参加を支援している。IFLA国内委員会は，年次会議を開き，公開討論会を開催する。またドイツ図書館司書大会のさいにIFLAの設定するテーマに合わせてイベントを開催している。

ヨーロッパのレベルでは，ドイツの図書館関連団体は欧州図書館・情報・ドキュメンテーション協会連合（European Bureau of Library, Information and Documentation Associations：EBLIDA）に加盟している。これは1992年にデン・ハーグに設立された，図書館および情報関連団体の利益代表団体で，欧州会議，欧州委員会，欧州理事会での助言を行うことを目的としている。EUの全加盟国の図書館団体がEBLIDAに加盟している。「著作権」，「その他の法律的課題」，「デジタル化」，それに「文化」と「情報社会」のテーマに分かれて5つの研究グループが立場の表明を行い，パンフレットを作成してロビー活動を行っている。2009年5月，EBLIDAとNAPLE（後述）との共同で作成された「ウィーン宣言」で，ヨーロッパの知識社会における図書館の役割とその可能性が宣言された。この中では，欧州委員会に対するの4つの勧告が行われた。知識社会における公共図書館の白書を作成すること，公共図書館のための欧州センターを設立すること，図書館とそのヨーロッパ・ネットワークの発展のためにヨーロッパレベルでのプロジェクト支援を行うこと，そして著作権保有者の権利を侵害することなく，しかし同時に図書館に例外的扱いを認めることによって，知識社会の発展を阻害しないような著作権法を制定することである。EBLIDAはまたLIBER（後述）とともに会議やワーキンググループを開催している。

「欧州公共図書館公社」（National Authorities on Public Libraries in Europe：NAPLE）は，2002年にそれぞれの国の図書館を所管する機関によって設立された。これは，ヨーロッパの公共図書館の戦略的発展を，政治的，行政的レベルで支援するもので

ある。2009年からNAPLEとEBLIDAは，会員の参加する国際図書館会議を共同で開催している。

欧州理事会の支援の下，学術図書館の国際的な団体「欧州研究図書館協会」（Ligue des Bibliothèques Européennes de Recherche：LIBER）が1971年に創設された。2009年にはこれは財団に生まれ変わっている。LIBERには，45の国から400以上の学術図書館，国立図書館，大学図書館が加盟しており，ドイツ国内でも，50の国立，州立，大学図書館が参加している。LIBERは，ヨーロッパの学術図書館が国境を越えて機能するネットワークを構築し，それによってヨーロッパの文化遺産を保護し，ヨーロッパの図書館の蔵書へのアクセスを改善し，効果的な情報サービスを生み出すのを支援している。

「欧州国立図書館長会議」（Conference of European National Librarians：CENL）は，財団の形式で運営される，欧州の国立図書館長の集まりで，現在のところ欧州評議会の46の加盟国が参加している。欧州の国立図書館の協力を目的としている。主なテーマは，蔵書の保存，多言語の国立図書館典拠ファイル，電子出版物の長期保存とデジタル化である。「欧州デジタル図書館」（European Digital Library：EDL）とともに，CENLは「欧州デジタル文化遺産ポータル」（Europeana）の基礎を築くのに貢献した。これは，ヨーロッパの文化・学術遺産へのアクセスを一般の人々に提供するウェブサイトで，2008年に開設された。このプロジェクトは，欧州委員会から部分的に資金援助を受けている。財団の形式で運営され，オランダ王立図書館に事務局を置いている。

ドイツの図書館は，EUの支援をより積極的に利用し，デジタル化プロジェクトを進めること，また図書館のサービスを拡充すること，そして「文化的表現形式の多様性の保護と支援に関するユネスコ協定」に明記されたとおり，EU加盟国あるいは各国の地域の文化の多様性を守ることに努めている。2013年までの期間に行われるEUの図書館支援プログラムの中で重要なのは，7つの研究基本計画，文化基本計画，そして「コメニウス」（学校教育），「エラスムス」（大学教育），「レオナルド・ダ・ヴィンチ」（職業教育），そして「グルントヴィ」（成人教育）からなる生涯学習のための教育計画である。これらを含め，EUの計画については，図書館専門情報ネットワーク（knb）のホームページ「図書館ポータル」で情報が提供されている。

5 ドイツの図書館協力
――地方の，地域の，そして国家サービスの協力

　ドイツの図書館で，成果の多い集約的な協力事業が行われるようになったのは，決して最近の現象に限ったことではない。協力活動は，20世紀初頭からすでに，まずは主にプロイセンで，それからドイツ帝国全体で実施されていた。第一次世界大戦後の経済混乱の中でも，また第二次世界大戦後の廃墟の中でも，図書館員たちはさらなる図書館協力の可能性を模索していた。しかし，合理的な計画によって図書館の発展を促すさまざまな試みが行われるようになったのは，60年代に大学進学者数が増加し，文献提供，情報仲介の能力が強く求められるようになってからのことである。さらに近年は，データ処理機器の導入や電子的ネットワークの広がりが図書館の協力活動を進める新しい刺激となり，これにより電子図書館への道の基礎が作られた。

5.1　図書館協力の理念

　1964年，学術，研究，技術分野の有力な諮問委員会「学術評議会」(WR) が「学術図書館拡張についての勧告」を提出した。これは，当時のドイツ連邦共和国の学術図書館の構造についての根本的な考察を示すと同時に，82の個別の図書館に対する実践的な提案を行い，また大学図

ニーダーザクセン州立・ゲッティンゲン大学図書館は，420万冊の蔵書のうち150万冊を開架式で提供可能な近代的な建物へ1992年に移転した（建築事務所はゲルバー&パートナー）。同図書館は，20分野の特別収集領域を担当するなど，さまざまな全連邦的任務を担っており，また一貫してデジタル図書館化を進めている。その卓越した業績により，2002年にはドイツ図書館協会(dbv)の「ライブラリー・オブ・ザ・イヤー」を受賞した。

ベルリン国立図書館（SBB、3.2.1(2)参照）の「第1館」が19世紀までに出版された文献を扱う歴史的な研究図書館であるのに対し、ポツダム広場にある「第2館」はそれ以降の新しい文献を扱う貸出・情報図書館である。9万冊の開架資料と600席の閲覧席を提供する4階建ての一般閲覧室のほか、古写本閲覧室、地図閲覧室、東欧閲覧室および東洋・東アジア閲覧室がある。利用者は主に学生である。

書館のためのモデル予算を提示していた。そのほか、たとえば教科書コレクションの構築や、それぞれの大学内での全蔵書をカバーする総合目録の作成など、重要なプロジェクトを提案していた。このWRの「勧告」は、計画的な図書館構想とそれを実現するための個別の手段（予算、人員、面積など）を発展させる契機となった。

ドイツの図書館全体に権限のある中央機関がなかったため、当時の学術図書館、公共図書館のとりまとめ役の機能を果たしていた「ドイツ図書館会議」（DBK）がイニシアチブを取り、構造発展計画「図書館計画'73」（Bibliotheksplan '73）を策定した。その副題によると、これは「ドイツ連邦共和国の包括的図書館ネットワーク構想」を目的としていた。そして、「一般教育、職業教育および研修等再教育、研究のあらゆる領域に対する要求の高まりは」、「未来においても学問の基礎となり続けるあらゆる種類の文献、そして情報入手のためのツールが、誰でもどこでも利用できる場合」にのみ応えられるという確信からスタートし、結論として、この目的は統一的な図書館体制の枠組においてのみ、そしてすべての図書館の協働によってのみ達成されるものであると結んでいる。「図書館計画'73」は、ドイツ都市会議（Deutscher Städtetag）の採択で成立した。

〔その約20年後〕全ドイツの図書館司書によって作成され、ドイツの図書館諸団体の統一を表明した方針書「図書館'93」（Bibliotheken '93）は、その根本的特徴として図書館協力を原則としている。これは全館種の図書館を対象としており、学術図書館と公共図書館という二極への伝統的な分裂を、理論的についに克服したものといえる。「図書館計画'73」と同様、1993年の計画は、文献提供のための総合システムネットワークの中で、種類も規模も異なる図書館に、特定の収集領域を割り当てるものである。この割り当てによって、図書館ごとに収集責任領域が生じ、それが翻ってさらなる蔵書構築に結びつく。図書館全体の課題は、中心的な機関や団体によって、つまりは協力事業によって解決される。

ドイツの図書館の分権的構造、図書館設置母体や図書館の種類の多様性、連邦

国家という政治的条件，そして連邦全体を指揮することのできる計画策定機関，運営機関の欠如が，協調した行動の必要性を高めた。「連携協力」はまさしく，ドイツの図書館の根幹を成す特徴になった。共同運営による図書館の数の多さ，そして図書館の提携や会合の数の多さが，そのままこのことを示している。そのさい明らかなのは，このドイツの図書館に固有の〔分権的〕構造は，決して短所ではないということである。むしろ業務の熟慮された分割体制と計画的な連携協力によって，すばらしい結果が生まれることもありえる。協力事業は，決して図書館の財政的赤字を埋め合わせるものでも，調整機能を持った中央施設の欠損を補うものでもないのである。

連携協力の方法には二つの種類がある。国家的な重要性を持つ課題であって，そのレベル，その目的，その性質ゆえに分業によってのみ成し遂げられるものである場合か，あるいは多くの図書館に同時に該当し，同じことが何度も繰り返す傾向にある課題で，それを共同で解決することが合理的かつ効果的という場合である。協力は地方レベル，州レベル，国家

レベル，あるいはヨーロッパレベルや国際的なレベルでも行われうる。ドイツの図書館の多くが，たとえばバルト海地域の「バルト海図書館」（Bibliotheca Baltica）やアルプス地方の「ARGE アルプス」（ARGE Alp），ライン川上流の「ライン川上流域ヨーロッパ大学連合」（EUCOR）と〔ラインラント＝プファルツ州とフランスのアルザス地域圏の図書館の共同プロジェクトである〕「ビブリオ2」（BIBLIO2），〔ベルギー／ドイツ／オランダの国境地帯の地域連携プロジェクト〕「EUREGIO マース＝ライン」（EUREGIO Maas-Rhein）など，境界を越えたプロジェクトや提携プロジェクトに参加しており，また国際図書館連盟（IFLA）の支部のような国際的な機関や委員会などでともに働いている。EU の主導・支援するプログラムやユネスコの活動にも，ドイツの図書館は同様

バーデン＝ヴュルテンベルク州カールスルーエにあるバーデン州立図書館の1991年に完成した新館は，荘重で同時に時代を超越した建物である（建築家はオスヴァルト・マティアス・ウンガース）。幾何学的に作られた建物の中央には大閲覧室があり，19世紀のドーム閲覧室を思わせる。EUCOR の枠組みの中，バーデン州立図書館は，ライン川上流の他の学術図書館と協働で活動している。

に参加している。以下，資料収集，目録化，そして利用のための，傑出した地域横断的な協力活動を紹介する。

5.2 市場調査と資料収集における協力活動

学術図書館は何十年ものあいだ，収集の分野において緊密に連携してきた。また公共図書館も，いくつもの収集協力モデルをそれぞれに作り上げてきている。たとえばノルトライン＝ヴェストファーレン州の大規模図書館の取り決めがこれに該当する。これは特定の収集領域を各図書館に割り当てて相互に助け合う仕組みで，州の予算から補助を受けている。以下で叙述するプロジェクトは，物理的な蔵書の構築を目的としている。しかし実際には，収集予算から〔電子資料の〕ライセンスの購入に流れる額が年々増加している。諸外国と同様，ドイツの図書館はコンソーシアムを形成しているが，その目的は電子資料のライセンス取得のさいに協力するためである。とりわけ高い製品については，共同契約によって収集予算を大きく食いつぶすことなくタイトル数を増やすことに成功している。

5.2.1 ドイツ学術振興会（DFG），特別収集領域計画と仮想専門図書館

ドイツ学術振興会（Deutsche Forschungsgemeinschaft：DFG）は，ドイツの大学や公的な研究機関を支援する学術分野の中心的な独立機関である。研究計画の資金面での支援や研究者間の協力の促進によって，あらゆる分野の学問にサービスを行っている。1920年に設立された「ドイツ学術緊急共同体」（Notgemeinschaft der Deutschen Wissenschaft）の後継として，1949年に再設立された。資金を連邦や州からの援助によってまかなっており，また金額は小さいが民間からも寄付を得ている。DFGの「学術文献・情報提供システム」（Wissenschaftliche Literaturversorgungs- und Informationssysteme：LIS）は，公的学術サービス機関を支援し，研究者のニーズに応える質の高い情報提供サービスや，革新的な情報インフラストラクチャーの構築を促している。2009年には約365万ユーロに上った推進政策費用は，地域を越えて行われる施策に集中的に投下される。すなわち，手書きあるいは印刷された一次文献・二次文献の目録化とデジタル化，それらをネットワークで繋いだ「分散型共通デジタル研究図書館」の構築，そして特定の種類の資料に特化したポータルサイトの構築である。あるいは，電子的な学術コミュニケーションの領域における革新的かつ標準化された手法の開発と実装，電子出版事業，電子資料の長期利用までを手掛ける広い意味での電子出版や，技術的観点・情報組織化の観点からの諸施策によって情報アクセスの向上を図る情報マネジメント事業である。

DFGによる図書館支援の中核となるのは，地域を越えた文献収集システムで，これは現在3つのタイプの図書館で行われている。すなわち，学術専門図書館，中央専門図書館（3.2.1(4)参照），そして「特別収集領域」を設定された総合図書

館である。19世紀にあった手法をモデルに，1949年DFGは連邦共和国の学術図書館のための「特別収集領域計画」を構想した。これは第二次世界大戦後の荒廃と再建の時代に，学術的に重要な外国の文献を少なくとも1サンプルずつドイツ国内で確保するために計画されたものである。時代の経過とともにこれは，学問と研究のための地域を越えた文献提供システムへと発展してきた。

27の規模の大きい国立図書館，大学図書館，専門図書館が今日，それぞれの領域設定に基づいて，約100の分野・地域の収集重点からなる協力システムを担っている。東西ドイツの再統一後，新しい収集領域の設定や収集領域の配置換えが行われ，かつては西ドイツのみに限られていたこのプログラムに旧東ドイツの州の施設も参加するようになった。これら特別収集領域図書館の任務は，該当分野の体系的な特別コレクションを構築すること，これらのDFGの支援で収集した文献を，地域を越えて利用に供することである。分野は幅を持って設定され，あらゆる形態のメディアを含む。具体的には，1950年以降の外国の雑誌やモノグラフィー，マイクロフィルム形式の外国の文献，CD等あるいはウェブ上の外国の電子出版などである。

2004年以降，発行中の雑誌や雑誌アーカイブ，データベースや〔高価な〕各種コレクションに対するナショナル・ライセンスも，DFGの特別収集領域計画のために獲得されている。この事業の目的は，研究者や学生，学術研究に関心のあ

ザクセン州立図書館＝ドレスデン州立・大学図書館は，2002年に，特別収集のコレクション，教科書コレクション，ドイツ写真貸出センターそしていくつかの分館の資料を含め，計600万点の資料を新館に統合することに成功した（構想はオルトナー＆オルトナー）。900席の閲覧席があり，そのうち200席が中央閲覧室に配置されている。1993年に同館は「1945年以降の現代芸術」という特別収集領域でドイツ学術振興会（DFG）の重点的収集計画に参加した。

る個人に，データベースやコレクション，電子雑誌への無料アクセスを可能にする

テュービンゲン大学図書館(バーデン＝ヴュルテンベルク州)の歴史ある閲覧室は，1912年の建築で，建築家はパウル・ボーナッツ。幅広い壁画には，現代が過去の知と議論する姿が表現されている。1477年に創設されたテュービンゲン大学の図書館は，二層の図書館システム(3.2.3(1)参照)の一部。ドイツ学術振興会(DFG)の特別収集領域計画の枠組みで，神学など3つの特別収集領域を担当している。

ことである。ナショナル・ライセンスを取得した電子資料へは，ドイツ国内のすべての大学と地域図書館(3.2.2参照)からアクセス可能である。大学以外の研究機関も利用が認められている。現在のところ，8つの機関が出版社や学会その他の情報提供機関とライセンス契約を結び，図書館や個人へのサービス提供を行っている。〔ナショナル・ライセンスが切れた後には，いくつかの機関が共同で行う〕共同ライセンス・プロジェクト(Allianzlizenz-Initiative)の枠組みで，地域コンソーシアムが資料の選定により強く関与していくことになるだろう。

どのような領域が設定されているのか，どの図書館がどの領域を担当しているのか，そしてどのような仮想専門図書館(後述)がすでに存在しているのか。このような疑問に答えるのは，ウェブ上の情報システム「ドイツの図書館における収集重点領域Webis」で，ここでDFGは，「〔特別収集領域担当図書館をはじめとする図書館が〕分散型の一つの国立の研究図書館を形成する」という考え方についても説明している。医学，自然科学およ

び技術，経済学の分野は中央専門図書館が担当している。それ以外の収集領域は，多数の学術的な総合図書館や専門図書館に分かれている。収集分野は個別の科目(植物学，森林学，心理学，神学など)による分類である場合や，言語・文化・地理的に定められた地域(サハラ以南のアフリカ，インド・エスキモー言語・文化，南アジア，オセアニアなど)による分類である場合がある。

地域を越えた文献提供の目的で収集された蔵書は，タイトル等の形式的目録化，テーマ等の内容的目録化作業を経て，土地の図書館目録や地域の，あるいは地域を越えた共同目録に掲載される。さらには，紙媒体あるいは電子的な刊行物(新着図書リストや雑誌記事索引サービス)によって，関心を持っている研究者に通知される。以前は「ドイツ相互利用」の枠組みで利用に供されていたが，現在ではすべての特別収集領域図書館や中央専門図書館が「subito」(5.4.2参照)を経由したドキュメントデリバリーを提供している。資料のデジタル化は特別収集領域の蔵書の提供環境を改善している。これは将来的には最優先の事業となっていくだろう。

1998年以降，DFGは特別収集領域図書館を「仮想専門図書館」(Virtuelle Fachbibliotheken)へと発展させた。仮想専門図書館は，当該分野の印刷資料や，質の確かなインターネット情報へのアクセスを提供する情報提供サイトである。ただし，これまでのところすべての分野を網羅するには至っておらず，たとえば情報学や気象学の分野はまだ存在していない。これらをとりまとめるポータルサイトとしては，「ヴァスコーダ：学術情報のためのインターネット・ポータル」(Vascoda. Das Internetportal für wissenschaftliche Information)が2002年から稼働している。包括的な検索ができるだけでなく，さまざまな分野の信頼できる情報やフルテキストを提供しており，2005年からは40館の図書館や専門情報提供機関，学術機関を会員とする団体として運営されている。しかしながら将来的にはヴァスコーダは，調整や戦略面での支援，ネットワーク化の促進，各分野の仮想専門図書館のノウハウの共有にその役割を限定する予定である。これまでの形態は維持されないことになる。なお，仮想専門図書館の運営機関の多くは，「アカデミック・リンクシェア」(Academic Linkshare：ALS)プロジェクトに参加している。これは学術的に重要なインターネット情報を分業で整理することを目的としたものである。

5.2.2 ドイツ刊行物収集計画

他国の大きな国立図書館にはその国の包括的な収集体制があるのに対し，ドイツでは，印刷されたドイツの文化遺産のための中心的保存図書館ができたのは，ライプツィヒのドイチェ・ビューヒェライが設立された1912年になってからである。ドイツ語圏で発行された，しかし図書館には不完全にしか伝わってきていない文献を体系的に補っていくために，1989年以来，その第1四半期にフォルクスワーゲン財団から1億2500万ユーロに上る巨額の寄付を受けたことをきっかけに，「ドイツ刊行物収集計画」(Sammlung Deutscher Drucke)に参加した図書館が，印刷の黎明期から1912年までの刊行物の収集に注力している。1913年以降の資料については，ドイツ国立図書館(DNB, 3.2.1(1)参照)が法定納本制度によるドイツ出版物の収集を継続している。このようにして，仮想的な「国立図書館」が完成しつつある。

この事業への参加図書館のあいだでの分業体制は，時代による区分を基礎としている。具体的な年代分けについては，それまでにすでにその期間の蔵書を所有していたそれぞれの図書館に委ねられた。ドイツ刊行物収集計画に参加する6つの図書館は，次のような時代区分で資料収集に責任を持っている。

1450-1600：バイエルン国立図書館（ミュンヘン）

1601-1700：アウグスト公爵図書館（ヴォルフェンビュッテル）

1701-1800：ニーダーザクセン州立・ゲッティンゲン大学図書館（ゲッティンゲン）

1801-1870：ヨハン・クリスチャン・ゼ

ンケンベルク大学図書館（フランクフルト・アム・マイン）
1871-1912：ベルリン国立図書館
1913-　　：ドイツ国立図書館

　これらの図書館は，担当の時代の，すべてのドイツ語圏の印刷物，そして出版地にかかわらず，すべてのドイツ語の印刷物を収集する。一般の人が利用できるドイツの図書館に未所蔵の印刷物については，優先的に購入される。このプロジェクトの枠組みで収集された印刷物は，地域を越えた目録データベースに登録され，インターネットで世界中から検索できる。多くの場合，これらの歴史的出版物は学芸員による特別な取扱いが必要である。また，補助的に写真での記録や，デジタル化も行われており，その数は増えつつある。

　1990年以来すでに10万点を超えるオリジナル作品と4万点以上のマイクロフィルムが収集されたが，この「仮想国立図書館」の構築は，長い道のりの緒に就いたばかりに過ぎない。そもそも，印刷技術の発明以来ドイツでどのくらいの数の本が印刷されたのか，誰にもわからない。見積もりによれば，これまでの水準でプロジェクトを進めたとして，まだ何十年も必要とのことである。ドイツ印刷物収集計画は世紀のプロジェクトである。

5.2.3　公共図書館の書評協力

　公共図書館の蔵書構築に欠くことのできない補助的活動に，1976年に始まった「書評協力」（Lektoratskooperation：LK）がある。これは，文献や視聴覚メディアの選書のさいの業務の重複を避けることを目的としている。このサービスにより，公共図書館は毎年8万点に上るドイツ国内の新刊資料の選別にかける労力を削減でき，購入すべき図書についての情報を得ることができる。

　この書評協力は，分散型に機能する現場の目線と，中央集権的で効率の良い書評システムの長所を結び合わせたものになっている。これに協力しているのは，ドイツ図書館協会（dbv, 4.5.2参照）のおよそ60の図書館で働く約75人の書評担当者（LK-Lektor）と，情報・図書館職業組合（BIB, 4.5.3参照）の約250人の独立したレビューアー（Rezensent）で，その調整役として図書館購買センター（ekz, 4.5.5参照）から編集担当者（Lektorat）が一人参加している。書評担当者が新刊の実用書のブラウジングと批評を行い，レビューアーが小説や児童書，視聴覚資料の評価を行う。ekzの編集担当者は，書評担当者やレビューアーが作業をする前に書籍流通市場の調査を行い，ekzに送付されてきた2万2000点の資料から1万4000点の資料を選書して，書評担当者やレビューアーの書評経路に送る。また書評担当者やレビューアーの仕事の後には，これを編集して書評サービスとして公刊する。この一連の作業に関与するすべての人の報告が，この書評サービスの基礎となっている。

　図書館はこの書評サービスを有料で購読することができる。ekzの週刊の雑誌『ekz情報サービス』（Information Dienst：

ドイツ図書館協会に属する人口10万人以上の大都市の図書館は，蔵書構築のため，そのブックビューアーがブックレビュー連携に積極的に参加している。2001年に拡張され，2003年に「ライブラリー・オブ・ザ・イヤー」を受賞したヴュルツブルク市立図書館（バイエルン州）は，ブックレビュー連携において地理の分野を担当している。2009年，期間限定で電子資料のダウンロードを可能にする「オンライエ」（Onleihe，4.5.5参照）を公共図書館としては初めて導入した。

ID）の「完全版」，「抜粋版」，「厳選版」があり，それぞれ掲載するタイトル数が異なる。『ID完全版』（Große Ausgabe）は年1万4000タイトルを掲載し，大都市の図書館や蔵書に力を入れている中都市の図書館などに向けられている。『ID抜粋版』（Basis Ausgabe）は年間1万タイトルで，中規模の都市の，おのずとそれにともなって予算の少ない図書館をターゲットとしている。〔これと同内容の〕印刷版の月刊誌『書評と注解』（Besprechungen und Annotationen：BA）が発行されていたが，2010年末で廃刊となった。『ID厳選版』（Auswahlausgabe）は年6,000タイトルを掲載する。さらに『ID 3,000』があり，1冊1冊選ばれた資料の書評が掲載されるが，これは人口1万人以下の小都市や自治体に向けられたものである。〔音楽資料等の〕非図書資料については別売の『メディア・インフォ』（Medien-Info）が年3,000件を掲載している。2007年からは，推薦書リスト『図書館ヒント』（BibTip）が2巻本で年1回発行されている。これは，図書館支援センター（3.2.5(2)参照）によって販売されているもので，計1,500タイトルの書評を掲載し，ボランティアによって運営されている小さな公共図書館で使われている。さらには，書評協力（LK）の成果であり，かつekzの中心的サービスである，分野ごと，図書館規模ごとの〔ekzが選んだ資料が自動的・継続的に送付されるサービス〕「Standing Order」がある。各図書館はこのサービスを使って蔵書を構築することも可能である。

公共図書館は『ID』の購入によってさまざまなメリットを享受できる。まず，それぞれの図書館の蔵書構築のためのアドヴァイスを受けることができる。そして，ドイツ国立図書館（DNB，3.2.1(1)参照）の目録データや件名標目，ドイツの公共図書館で最もよく使われている4つの分類法による分類記号付与などのekzの諸サービスを受けることができる。質の高い物流を求められるこのシステムは，現代のIT技術の発展のおかげで最新の書評をスピーディーに届けることに成功している。

5.3　目録作成における協力

　目録作成や目録の利用における協力は，参加館が同じ規則の目録を使用していることを前提とする。ドイツには，ドイツの学術図書館，公共図書館で広く利用されている「アルファベット順目録規則」(RAK：die Regeln für die Alphabetische Katalogisierung)，数多くの学術図書館が利用している「件名目録規則」(RSWK：die Regeln für den Schlagwortkatalog) があり，それぞれ目録規則集が作られている。目録規則の使用にさいしては，いくつかの典拠ファイル，たとえば団体名典拠ファイル (Gemeinsame Körperschaftsdatei：GKD，130万件のレコード) や著者名典拠ファイル (Personennamendatei：PND，370万件のレコード)，キーワード典拠ファイル (Schlagwortnormdatei：SWD，90万件のレコード) などが使われる。

　「共同典拠ファイル」(Gemeinsame Normdatei：GND) プロジェクトは，PND，SWD，GKDやドイツ音楽資料館 (DMA) の件名ファイルなどの現行の典拠ファイルを，一つの共通の典拠ファイルに統合するものである。現在のフォーマットの違いや，データの重複，目録の作成規則の違いは調整され，解消することになる。プロジェクトの目的は，図書館の持つデータや，資料館，博物館，学術・文化機関等の典拠使用者のための，唯一の目録体系となる共同典拠ファイルを構築することである。現在の典拠ファイルと同様に，GNDもプロジェクト参加者によって共同で運営され，ドイツ国立図書館 (DNB，3.2.1 (1) 参照) によって維持・管理される。DNBのほかには，ドイツ語圏のすべての図書館協会と雑誌総合目録データベース (ZDB，5.3.2参照) がこのプロジェクトに参加している。地域横断的な典拠ファイルの計画・作成に関するプロジェクトの運営は，各地域図書館ネットワーク (5.3.1参照) との協力のもと，DNBが行っている。統一的な目録規則の開発や膨大な典拠ファイルの構築および維持管理は，ドイツの図書館の共同事業の前提であり，同時にこれ自体が共同事業の成果でもあるといえる。

　目録作成作業のさいに，外部サービスが利用可能でまた実際利用していたとしても，それが本領を発揮するためには，機械的データ処理と結び付く必要がある。1980年代にフランクフルト・アム・マインのDNBが開発した「図書館のための機械的交換フォーマット」(Maschinelle Austauschformat für Bibliotheken：MAB) によって，機械解読可能な目録データを相互に利用する条件が整った。

　目録サービスの最大のデータ供給者は，DNBである。毎年1000万件以上のデータを登録している。『ドイツ全国書誌』(Deutsche Nationalbibliografie) シリーズに登録されたタイトルは，「学術図書館目録規則」(Regeln für wissenschaftliche Bibliotheken：RAK WB) を使用しており，これらは印刷版・電子版で提供される。1986年からのデータには件名が付され，またキーワードが登録されている。2006年からはデューイ十進分類法が補足的に使用されてい

る。

　2001年末に，当時のディー・ドイチェ・ビブリオテーク（現在のドイツ国立図書館）に籍を置いていた標準化委員会（Standardisierungsausschuss）は，ドイツのMABデータ構造を米国のMARCに，ドイツの目録規則RAKを英米目録規則（AACR2）に変更することを宣言した。これに従い，2007年からはドイツ語圏のすべての図書館が次々とMARC21に交換フォーマットを変更してきた。また図書館用ソフトウェアの提供業者は，プログラムを新しいデータ形式に合わせることが求められた。一方で標準化委員会はまた，目録規則の国際化の枠組みの中で，AACR2を引き継ぐことになる新しい目録規則 Resource Description and Access（RDA）の成立に積極的に関与した。RDAに基づいて作成された図書館目録は，概念や名称に意味関連を与え，それによって検索エンジンにキーワード検索以上のことを可能にし，検索エンジンをもっとインテリジェントなものにする。そのことを通じて，RDAはセマンティック・ウェブの発展に大きな貢献をするだろう。

5.3.1　地域の図書館ネットワーク

　ほかの図書館が作成したデータを自分の図書館の目録作成に利用できるはずだという考え方から，1970年代に各地域に「地域図書館ネットワーク」（Verbundsysteme）が生まれた。はじめはタイトル等の基礎データから，のちに件名にまで範囲の広がった目録データの相互利用により，データ処理は飛躍的に合理化され

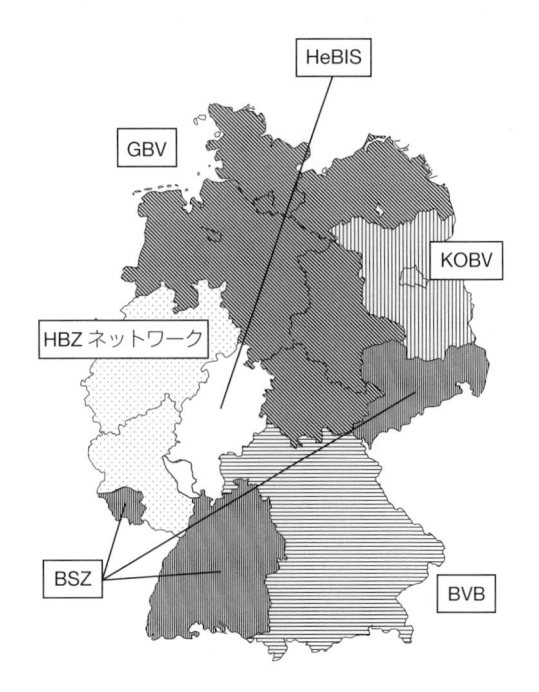

ドイツの図書館ネットワーク

た。しかも，これにより膨大な検索データベースが生まれ，現在これは資料の検索や相互貸借に欠かせない存在となっている。

　もともとは地域の基盤の上にできあがった地域図書館ネットワークは，時代とともに地域を越えた仕組みへと発展していった。当初は地域間協力によって運営される目録データベースの構築が主要な目的であったが，新たな業務を引き受け，サービスを拡張する中で，地域図書館ネットワークは現在ではIT市場における一プレーヤーにまで発展してきた。地域の古い蔵書の中央目録の運営や，これらの

ドイツの図書館ネットワーク一覧

ネットワーク名(略称), 主催地	目録に使用されるソフトウェア	含まれる地域	参加館数, 総蔵書数
共同図書館ネットワーク(GBV) ゲッティンゲン	OCLC PICA	ブレーメン, ハンブルク, メクレンブルク=フォアポンメルン, ニーダーザクセン, ザクセン=アンハルト, シュレスヴィヒ=ホルシュタイン, テューリンゲン	430館 3770万件のタイトルと7700万件の所蔵情報
ベルリン・ブランデンブルク協力図書館ネットワーク(KOBV) ベルリン	ALEPH	ベルリン, ブランデンブルク	250館 1200万件のタイトル情報と2000万件の所蔵情報 バイエルン図書館ネットワークの共同データベースに段階的に統合
ノルトライン=ヴェストファーレン州大学図書館センターネットワーク(HBZネットワーク) ケルン	ALEPH	ノルトライン=ヴェストファーレン, ラインラント=プファルツ(ラインヘッセン・プファルツを除く)	900館 1700万件のタイトル情報, 3800万件の所蔵情報
ヘッセン図書館・情報システム(HeBIS) フランクフルト・アム・マイン	OCLC PICA	ヘッセン 協力地域:ラインヘッセン(ラインラント=プファルツ)	567館 800万件のタイトル情報, 1500万件の所蔵情報
南西ドイツ図書館ネットワーク(SWB)およびバーデン=ヴュルテンベルク州図書館サービスセンター(BSZ) コンスタンツ	OCLC PICA	バーデン=ヴュルテンベルク, ザールラント, ザクセン ※ザクセン州にはザクセン独自の「ザクセン図書館ネットワーク」も	1,200館 1450万件のタイトル情報と5300万件の所蔵情報
バイエルン図書館ネットワーク(BVB) ミュンヘン(バイエルン国立図書館)	ALEPH	バイエルン	110館 1500万件のタイトル情報と3000万件の所蔵情報

目録のMARC形式への変換，地域〔全体のインフラとなる〕図書館ネットワークのシステム開発の計画と運営，地方の〔小さな図書館のオンライン目録などの〕図書館システムの運営の支援，ドキュメントデリバリーサービスの構築は，今日の図書館ネットワークが担う使命の一例である。またそれに加えて，電子図書館の構築，目録の拡充，新聞の保存，地域の図書館・出版社・書庫・資料館のシステムの提供，リポジトリの運営，有料データベースや電子書籍の共同ライセンスの取得などがその役割として挙げられる。たとえば「ノルトライン=ヴェストファ

ーレン州大学図書館センターネットワーク」（HBZ）は，電子的な査読のあるオープン・アクセス・パブリケーションを主催し，ドイツ図書館統計の補助をし，電子化出版物中央目録（Zentrales Verzeichnis Digitalisierter Drucke：ZVDD）の主催を行っている。また「バーデン＝ヴュルテンベルク州図書館サービスセンター」（BSZ）は「ドイツ・インターネット図書館」（DIB，5.4.3参照）を主催し，レファレンス・ネットワークサービス「InfoDesk」を運営し，図書館・資料館・博物館ポータル（BAM-Portal）によって資料館や博物館のためのサービスをも実現している。

しかし，最も重要な業務は図書館システムセンターの運営である。これは，参加館が中央目録作成ツール，あるいは検索ツールとして使っている共同のオンライン目録の作成を行うもので，ここから各参加館のローカルシステムへのデータ供給が行われている。

大多数の学術図書館は今日，6つの地域の図書館ネットワークのどれかに所属しているが，これらのさらなる統合が予定されている。システムは前ページの表のとおり各州が責任を持っている。

地域図書館ネットワーク間の連携協力は，ドイツ国立図書館（DNB，3.2.1(1)参照）に事務局を置く研究チームの中で進められている。しかしながら，各地域図書館ネットワークの目録データを互いに交換したり，あるいは国全体の共通目録を作成したりするようなことは，これまでのところ実現していない。HBZを除くほとんどの地域図書館ネットワークは，OCLCが運営するWorldCatにデータを提供している。最近では連携を強化する努力も始まっており，共通のデータ保存庫や地域を越えたインターフェイス，それにデータを一義的に特定する指標を開発している。2010年からは，地域図書館ネットワークやドイツ国立図書館の間で，スキャンして取り込んだ目次やカバーの紹介文，索引などを共有している。

国立の共通目録がない点については，「カールスルーエ・ヴァーチャル目録」（Karlsruher Virtueller Katalog：KVK）がその代役を務めている。これはカールスルーエ工科学院（Karlsruher Institut für Technologie：KIT），すなわち以前のカールスルーエ大学の図書館によって運営されている。KVKは，地域ごとにさまざまなソフトウェアを導入していたネットワークデータベースを，一つのヴァーチャルな総合目

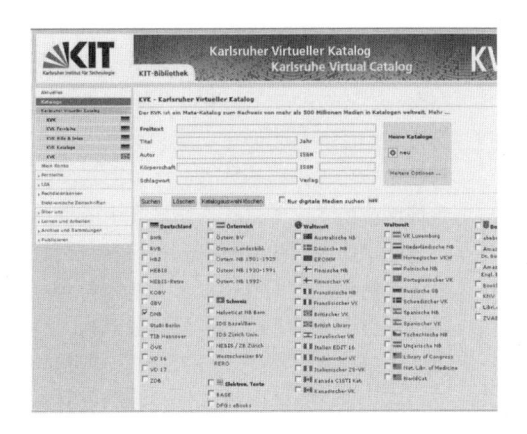

「カールスルーエ・ヴァーチャル目録」（http://www.ubka.uni-karlsruhe.de/kvk.html）の検索ページ。ドイツ語以外に4カ国語で用意されている。

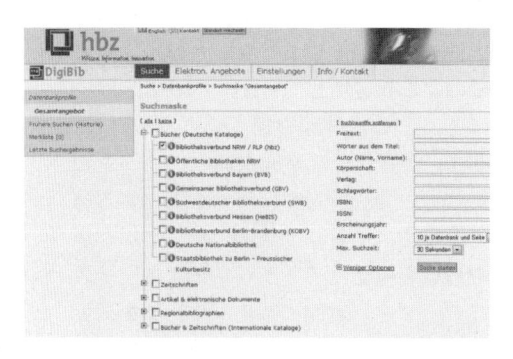

「digibib」(http://www.digibib.net)では簡易検索と詳細検索が可能。

録へと結び付けたものである。KVKの検索フォームからは，ドイツの各地域図書館ネットワークの目録のほか，たとえばWorldCatやイギリスやフランスの共同目録，国際的な書店であるアマゾンなど，世界中の50もの図書館目録や書店の目録を同時検索することができる。KVKはドイツの最重要の検索ツールになっており，毎月150万人の利用がある。さらに，KVKのアイディアと技術を利用した数々の電子目録が，各地域（たとえばラインラント＝プファルツ州やボーデン湖地方），分野（たとえば近東や北アフリカ），蔵書（全州横断目録など），あるいは媒体（ビデオなど）ごとに，KIT大学図書館によって作成されている。電子図書館やポータルサイトの構築のさいに，あるいは地域図書館ネットワークを横断するオンライン予約システムを導入するさいには，続々と同様の検索ツールが，地域のネットワークシステムによって開発され，提供されている。

さらには，ケルンの大学図書館センターで開発された「電子図書館ノルトライン＝ヴェストファーレン」(DigiBib)があり，これにはドイツのみならずオーストリア，スイスのドイツ語圏，ルクセンブルグの公法上の研究機関のすべての図書館が参加できる。DigiBibを通して利用者は，一つの検索インターフェイスで同時に数多くの情報源を検索でき，そこには世界中から，300を超える図書館の蔵書目録，フルテキストサーバ，インターネットの検索エンジン，そして文献データベースが含まれる。検索結果には，見つけた文書がオンラインで読めるのか，ドキュメントデリバリーサービスで提供されるのか，図書館あるいはオンラインブックショップで入手できるのかが示される。検索結果が「ゼロ」の場合には，専門別に整理されたリンク集からオンラインデータベースやCD-ROMのデータベース（百科事典や専門データベース）へと誘導されるか，あるいは質の高いウェブサイトへとつながる。大学に所属する人や図書館の登録利用者は，「DigiBib認証ログイン」によって，無料のコンテンツのほか，図書館がライセンスを取得したデータベースやフルテキストを利用できる。世界中からのゲスト利用者は「外部アクセス」から無料のデータベースやフルテキストを利用できる。さらにHBZの「3カ国目録」を使って，ドイツ語圏のすべての図書館の所蔵情報を調べることができる。現在のところ，ノルトライン＝ヴェストファーレン州，ラインラント＝プファルツ州，バイエルン州，ドイツ中北部ならびにオーストリアのデータ

が取り込まれ，全部で約3100万冊の所蔵情報がある。

5.3.2 雑誌総合目録データベース(ZDB)と電子雑誌図書館(EZB)

単行書の目録作成が地域の図書館ネットワークごとに分散して行われたのに対し，雑誌に関してははじめから連邦全体にわたる中央システムが導入された。つまり「雑誌総合目録データベース」(Zeitschriftendatenbank：ZDB)で，すでに40年の歴史を持っている。同データベースは，ドイツ学術振興会（DFG，5.2.1参照）の財政的支援のもとわずかな数の図書館とともに始まったが，現在では，4,300もの機関が図書館協力ネットワーク単位でZDBのデータ入力に参加している。オーストリアの図書館をも含めた170館の大規模図書館が，印刷版・電子版の定期刊行物の書誌と所蔵する巻号情報をデータベースに直接入力する。今日では，ZDBには約950万冊の所蔵巻号情報と150万タイトルの書誌情報があり，そのうち50万タイトル以上が現在も刊行中の雑誌である。中央編集部がデータの調整と標準化を行い，情報の質とデータの一貫性を保証している。書誌データの質の高さから，ZDBのデータは規範的な役割をも果たしている。このため，またZDBに協力体制が機能していることともあいまって，全参加館のあいだで効果的な分業が実現している。

運営はベルリン国立図書館（SBB，3.2.1(2)参照）で，システムの維持管理はドイツ国立図書館（DNB，3.2.1(1)参照）で行われている。ベルリン国立図書館の役割は，データベースの編集を行うことのみならず，ドイツ国立図書館とともにZDBの拡大・発展に寄与することである。なお，ZDBへはすべての図書館と研究機関が参加可能である。

ZDBに登録されたタイトル情報と所蔵巻号情報は，逆に各地域の図書館ネットワークにも提供され，中央のZDBの中でのみならず，地域の図書館ネットワークのデータベースや地域の図書館のOPACにおいても，検索が可能である。こういったZDBの地域を越えた特性により，そのデータは本来の目的を越えた目的，たとえば，相互貸出や資料保存における協力，図書館の蔵書構築などにも利用することが可能になっている。

ZDBに登録された電子雑誌や電子新聞は，現在では10万タイトルを超え，さらに増え続けている。無料でアクセスできるインターネット上のZDBの目録からは，それぞれの地域の図書館ネットワークの貸出や文献提供サービスを受けることができる。

ZDBはDNBとともに，たとえば，雑誌情報プラットフォームを開発し，雑誌のライセンス情報や管理の可能性を拡大するような，さらなるサービスも行っている。自動化されたインポートとアップデートの手続きによって，プロバイダーからの情報がZDBに組み込まれる。ウェブ上の目録作成プログラムが開発され，それによって専門図書館や学術機関が蔵書データを簡単に提供できるというものである。ZDBは新しい目録規則への移行

（5.3参照）にも歩調を合わせている。

ZDBはレーゲンスブルク大学の主催する電子雑誌図書館（EZB, 後述）と共同で，地域の図書館ネットワークや各図書館へのデータ提供サービスを行っている。ZDBは，標準化された手続きにより，両データベースのデータを，方式を統合して地域の図書館ネットワークや各図書館に提供する。これにより，各図書館ネットワークや図書館の蔵書目録から，両データベース内に登録されている印刷版・電子版の雑誌を検索し，所蔵の有無，アクセスの可否を知ることができる。

これと並行して電子雑誌図書館（Elektronische Zeitschriftenbibliothek：EZB）は，共通のデータベースで雑誌の収集と管理を行い，無料あるいはライセンスを取得した電子雑誌を共通のインターフェイスで参加館に提供している。すべての参加機関は，自館で所蔵するライセンス取得済みの雑誌を独自に管理して，各図書館の利用者のための情報を組み込むことができ，自館のウェブサイトに，どのタイトルがそれぞれの図書館から利用可能かを示す仕様を盛り込むことができる。これには，「信号システム」が使われている。すべてのタイトルに赤緑黄のマークがついており，緑信号は，その定期刊行物がインターネット上で無料で読めることを，黄信号はその雑誌を図書館の登録利用者のみが，図書館内あるいはパスワードによる認証で外部から利用できることを，赤で示された電子雑誌は〔当該図書館では〕ライセンスが取得されておらず，全文を読むことはできないことを示してい

る（ただししばしば目次と要旨にはアクセス可能である）。これらの資料に対しては，出版社による有料の「ペイ・パー・ビュー」サービスがある。2010年には，EZBに約5万2000タイトルが登録されており，そのうち2万7000タイトルが無料でアクセス可能な専門雑誌で，7,000タイトルがはじめから電子ジャーナルとして生まれた（ボーンデジタルの）オンラインジャーナルである。EZBを利用している図書館は560館で，そのうち120館以上が外国の図書館である。

5.3.3　古い出版物の目録

ドイツには，20世紀になるまで国立図書館が存在しなかったため，印刷技術の発明以来ドイツで出版された書物すべてを網羅する国立の目録も存在しなかった。遡及的に国家レベルの目録を作成することも，これまで一度も取りざたされたことがない。そのかわり，地域を越えた重要性を持つ目録を作成する試みがあり，各世紀ごとに，目録作成に最適な蔵書を持つ図書館が，その蔵書の基礎の上に実施している。

まずは，ベルリン国立図書館（SBB，3.2.1(2)参照）が1904年に創設した「インキュナブラ総合目録」（Gesamtkatalog der Wiegendrucke）である。インキュナブラは，15世紀に印刷された印刷物のことで，その多くがドイツで印刷され，現在は世界中に散らばっている。目録はこれらを完全に網羅し，その所蔵館を示そうとするものである。これまでに11巻が刊行されており，データベースとしてもアクセス

できる。登録されるインキュナブラのタイトル数は 3 万タイトルと見積もられており，ドイツの図書館だけでも約 12 万 5000 冊を所蔵している。

また，バイエルン国立図書館（BSB，3.2.1(3)参照）は，1988 年からロンドンの英国図書館の主導の下，「インキュナブラ・ショート・タイトル目録」（ISTC：Incunabla Short Title Catalogue）のドイツ事務局を運営している。主要ページのデジタル画像を収載したこの目録の CD-ROM は，ドイツに存在するインキュナブラのデータベースとして利用できる。約 7 万 6000 冊のインキュナブラが登録されている。4 万 4000 冊がなおデータ入力中である。

インキュナブラに続く世紀の書物の目録作成は，協力事業によって実施されている。「16 世紀のドイツ語圏で出版された印刷物の目録」（Verzeichnis deutscher Drucke des 16. Jahrhunderts：VD16）は，バイエルン国立図書館がヴォルフェンビュッテルのアウグスト公爵図書館（口絵参照）との協力により 1983 年に編集を始めたもので，すでに完結している。

印刷版の 22 巻に登録されたタイトル情報は，現在ではデータベースに移行され，補遺の中で大幅に情報が付加されている。VD 16 のデータベースには，約 10 万のタイトルと 240 館の 38 万件の所蔵情報がある。

ドイツ学術振興会（DFG，5.2.1 参照）のプロジェクト「VD 17」のコンセプトは，そのモデルである VD 16 に倣ったものである。ただし，これははじめからデータベースとして作成され，また言語にかかわらず，17 世紀のドイツ語圏で印刷され，出版されたすべての作品を対象にしている。タイトルや所蔵情報のほか，指紋のような，古い印刷物を特定するために開発された特別な指標も生まれた。2010 年には，27 万以上のタイトルと 65 万点以上の所蔵資料が目録化されている。1601 年から 1700 年までのあいだに出版された本は，全部で 30 万タイトルになると見積もられている。DFG の支援金により，VD16 と VD17 に登録された印刷物は，数年前からデジタル化されている。インターネット上で階層的に整理されて公開されている。

古い出版物の国家目録プロジェクトのうち最も新しいのは，2009 年に始まった「18 世紀のドイツ語圏で出版された印刷物の目録」（Verzeichnis der im deutschen Sprachraum erschienenen Drucke des 18. Jahrhunderts：VD18）である。2019 年までに 60 万タイトルが登録され，フルテキストが利用できるようになる予定である。

遡及的国家目録を補うものとして，『ドイツ歴史蔵書ハンドブック』が挙げられる。これはフォルクスワーゲン財団に資金援助を受けたドイツの図書館の共同事業で，書誌学の教授ベルンハルト・ファービアン氏によって編集され，27 巻でゲオルク・オルムス社から出版された。図書目録と異なり，これは個別の資料ではなく，図書館の蔵書に注目している。印刷の始まりから 19 世紀の終わりまでの出版物の在庫目録を自認しており，言語の区別なくあらゆるジャンルの文献を対象としている。年代順，かつ分類ごとに約

バイエルン州フランケンにあるかつてのアモールバッハ・ベネディクト修道院図書館は，1803年の教会財産没収以来ライニンゲン侯爵個人の所有で，1789〜1799年に建てられた修道院の建物にある初期古典派の傑作である。書架や精巧な浮き彫りの入口階段を含め，部屋の装飾を素朴な白とライトグレーで統一している。3万1000冊ある蔵書は今日ではほとんど増えることがなく，『歴史蔵書ハンドブック』に目録化されている。

1,500のあらゆるタイプの図書館の歴史的コレクションの全体を見渡している。州ごとの構成になっているが，これはドイツの図書館の地域的特徴を反映したものである。

『ドイツ歴史蔵書ハンドブック』は，学術・図書館業務のための新しいツールとなっており，歴史研究のあらゆる分野で使われている。その後対象はドイツの隣国にまで広がっている。250以上の図書館のコレクションを4巻にわたって記録した『オーストリア歴史蔵書目録』のほか，『ドイツ歴史蔵書ハンドブック・ヨーロッパ版』が生まれ，厳選された図書館から，大規模で重要なコレクションについての概観を示している。3つの部門のハンドブックをあわせると，中欧の歴史的文化史となる。

5.4 利用者サービス，情報提供サービスにおける連携

ドイツの図書館の利用部門における際立った共同事業は，「遠隔貸出」で，「地域を越えた相互利用」あるいは「ドイツ相互利用」とも呼ばれる。19世紀にまで遡ることのできる伝統を持ち，現在では標準的なサービスとなっている。しかしながら現在，所蔵を確認してすぐに資料を取り寄せることのできる，現代的な〔メールやファックスを使った〕文献申込・提供サービスのシステムとは，競合する関係にある。

5.4.1 地域を越えた相互利用システム

利用者が求める図書，雑誌その他の情報源をすべて所蔵することは，かつてはいかなる図書館にもできなかったし，そして現在でもそれができる図書館はごくわずかである。そのため，相互に助け合う原則に基づいた相互利用が，20世紀のはじめに発展した。今日これは，「地域を越えた相互利用システム」として連邦全土に広がっている。このサービスは，研究と教育のみならず，職業教育，継続教育，そして職業上の活動に必要な学術的文献の仲介役として，大きく貢献している。

ドイツの図書館の蔵書を概観し，地域を越えた相互利用を行うために，第二次

世界大戦後「地域中央目録」が作成された。対象とする範囲は，州の境界と一致しているものもあったが，部分的には州の境界を越えることもあった。当初，通常は規模の大きな，地域図書館の使命を持つ図書館に籍を置いていた目録は，その後部分的に地域図書館ネットワークセンター（5.3.1 参照）の手に委ねられるようになっていった。今日まだドイツに存在している中央目録は，ベルリン，ドレスデン，フランクフルト・アム・マイン，ゲッティンゲン，ハレ，ハンブルク，イェーナ，ケルン，ミュンヘン，シュトゥットガルトの 10 か所の相互貸出センターにその事務所を置いている。

それぞれの地域に生じた相互貸出システムにとって，中央目録は，求められた文献を仲介するための欠くことのできないツールであった。1990 年代初頭までに，当時のドイツ連邦共和国の 7 つの中央目録は，それだけで 5000 万件以上のデータを持っていた。現在では中央目録は，OPAC に取り込まれていない古い蔵書にとってのみ重要な意味を持っている。相互貸出を管理する中央目録の役割は，共同データベースへと移行し，最近ではカールスルーエ・ヴァーチャル目録（KVK）や DigiBib（5.3.1 参照）などの検索システムに取って代わられつつある。

相互貸出の利用数は，1966 年から 1978 年のあいだに倍増し，200 万件となった。1995 年には 300 万件を超える遠隔貸出が行われた。さらに 2009 年には相互貸出は 420 万件となった。また相互貸出に参加する図書館も増え続けていた。現在では 1,100 館以上の図書館が地域を越えた相互貸出を認めている。相互貸出を行っている図書館名とその省略記号は，ベルリン国立図書館（SBB，3.2.1(2)参照）が中央略記号センターとして編集する「略記号目録」（Sigel-Verzeichnis）に記載されている。

従来の申込み方法の代わりに，現在ではオンラインでの図書館間相互利用が始まっている。利用可否がオンラインで確認でき，申込みのあった論文が電子媒体で提供されるため，このシステムにより相互貸出は迅速化された。ただし，2008

シュトゥットガルトのヴュルテンベルク州立図書館は，バーデン＝ヴュルテンベルク州図書館サービスセンターができるまで，中央目録の事務所であった。1765 年に設立された同図書館は，有名な聖書コレクションなど，際立った古典籍資料や特殊コレクションを所蔵し，また『国際ヘルダーリン目録』を出版する「ヘルダーリン資料館」（Hölderlin-Archiv）とともに研究所を運営している。さらには，戦争の歴史と第一次世界大戦以降の現代史のための専門図書館「現代史図書館」もここに統合されている。

年1月1日より，情報化社会の著作権の取扱いを定める，二つ目の法律が発効し，新しく加わった条項に，複写製品の送付についての規定が設けられた。これにより，申込みのあった文書を申込者に直接オンラインで提供することはできなくなった。つまり，オンライン相互貸出の枠組みにおいては，スキャンされた論文は，図書館間でのみやり取りされ，利用者は紙に印刷されたものを受け取ることになった。

相互貸出は国内にとどまるものではない。通常は，地域の自治体図書館システムにおいては，中央図書館と郊外の図書館，あるいは移動図書館との間で「内部相互貸出」が行われているが，いくつかの州では地域内相互貸出が構築されており，これは国内相互貸出へ移行してきている。そして最後に，国際相互貸出が挙げられる。これにドイツも参加しており，ベルリン国立図書館が蔵書確認センターとしての機能を果たしている。

5.4.2 電子ドキュメントデリバリーサービス「スビト」

従来からの図書館間相互貸出と並んで，近年，より迅速なドキュメントデリバリーを目的とする新しい形の「遠隔貸出」が増えつつある。これは，現代のIT技術を利用し，図書館から図書館に対してではなく，図書館から利用者に対して直接文献を届けるものである。利用者が文献データベースへアクセスできることを前提とするが，各図書館あるいは各地域図書館ネットワークのOPACがインターネットで提供されるようになってきた現在，この前提は充たされている。電子的な申込み経路・販売経路を活用することで，この10年のあいだに，一連の有料ドキュメントデリバリーサービスが誕生した。

特に，ハノーファー・キール・ケルンの中央専門図書館（3.2.1(4)参照）や，特別収集領域計画に指定されている図書館は，論文のコピーや著作権の範囲内での単行本のコピーを国内外のエンドユーザーに直接届けるべく，効果的な文献提供システムの構築を進めている。以前は，各地域の図書館ネットワークの本部も，類似した地域横断システムを構築していた。たとえば，〔ゲッティンゲンを事務局とする〕共同図書館ネットワークに提供されているオンライン文献提供システム「GBVdirekt」は，毎年10万件の文献提供を行っていた。しかし2007年には，これは，他の多くの直接文献提供サービスとともに，廃止されている。

現在，連邦全土にわたる最も重要なドキュメントデリバリーサービスは，1994年に「文献情報サービスの促進へ向けた連邦・州イニシアチブ」によって主導されたプロジェクト「スビト」（subito）である。以来subitoは，顧客重視のサービスとして自らを位置付けている。2003年には公益法人化した。登録会員あるいはド

キュメント提供者は，規模の大きい総合図書館・専門図書館で，現在のところ38館である。事務所はベルリンにあり，職員はフルタイムで働いている。

subitoのドキュメントデリバリーサービスは，インターネットを利用し，オンライン検索，申込み，そして専門的文献を利用者の職場へ直接届けるサービスを行っている。複写して提供される雑誌論文や，返却の必要な本，論集，博士論文などを含む。申込みは電子的に行われ，論文のコピーの提供方法は，電子ファイル，ファックス，郵送から選択が可能である。デリバリーの完了までにかかる時間は，土・日・祝日を除き，通常サービスで最大72時間，速達サービスで24時間である。その後文献提供館の業務はきわめて迅速化し，現在ではsubitoでの申込みは平均11時間で処理されている。

subitoでどのようなサービスを受けることができるのかは，利用者がドイツ語圏内に居住しているかどうかで決まる。ドイツ語圏にはドイツ，オーストリア，スイスが含まれ，それ以外の国は圏外となる。また，利用者個人による依頼か，図書館経由の依頼かによってもサービスは異なる。料金は利用形式（複写物の提供か資料の貸出か），文献提供の速さ，送付方法，利用者の居住地，出版社や著作権認可機関「ヴォルト」（Wort）とのライセンス契約，そして通常，利用者の所属によって決められている。利用者は，商業利用でない利用者（学生や大学教員，公的研究機関の研究員など），商業用の利用者および個人に分類される。「subito Library Service」という，（英米を除く）国内外の図書館をのみ対象にし，商業用の利用者が利用できないサービスには，特別料金が定められている。このサービスを使って，図書館は利用者に，雑誌論文を72時間以内に提供できる。

数年前に，国内外の出版社がsubitoに対して，国内外への電子的文献提供の停止を求めて訴訟を起こした。ドイツ国内では，2008年に和解が成立した。これは，出版社とsubitoのあいだで新しい協力形態が生まれたことによる。たとえばティーメ出版とは電子書籍の利用の分野での共同プロジェクトが始まった。一方，外国の出版社とは，この問題はそれぞれのライセンス契約の中で取り決められるこ

ニーダーザクセン州のハノーファー大学＝技術情報図書館(TIB，3.2.1(4)参照)は，過去数十年のあいだ常に拡大・拡張を続けてきた。1965年に建てられた新館に1986年と1991年にさらなる建物が加わり，2002年には分館が建てられた。現在では5つの分館で合計1,700席の閲覧席が提供されている。連邦と各州から資金を得ているが，ドキュメントデリバリーなどのサービスによる独自の収入が増えてきている。

とになった。

2008年1月1日，情報社会における著作権についての二つ目の法律が発効した。新しく編集された条項において，複写物の送付について定められている。国内の電子的文献提供は今後，著作権評価団体ヴォルトとのライセンス契約や弁済契約で定められることになる。ライセンス移譲料金や著作権使用料は subito の利用者に課せられる。

このような制限が設けられる前には，subito の利用は増え続け，毎年約130万件に上っていた。2008年以降利用は減少し，現在では毎年約65万件である。利用数の減少は，もう少し緩やかにではあるが，従来の図書館間相互利用においても見られる。これは，著作権上の制限や，高額なライセンス料，著作権使用料のほか，ナショナル・ライセンス（5.2.1参照）や大学内ライセンスによって，利用者が直接アクセスできる電子雑誌が増えたことによるものである。

5.4.3　情報提供サービスにおける連携

チャットを使った同時的なレファレンスであれ，メールや問い合わせフォームを使ったレファレンスであれ，ウェブ上での情報提供サービスは，図書館や情報機関の従来の情報提供サービスを急速に拡大した。図書館や情報機関が参加すると，情報提供サービスはとりわけ実りあるものとなるが，このような図書館のサービスには，以下のようなものがある。

ドイツ・インターネット図書館（Deutsche Internetbibliothek：DIB）は，ブレーメン市立図書館，ベルテルスマン財団，それにドイツ図書館協会（dbv）の主催するコンソーシアムによって，地域を越えた共同プロジェクトとして2000年に始まった。2008年からはバーデン＝ヴュルテンベルク州の図書館サービスセンターによって運営されている。この共同事業には，ドイツ，オーストリア，スイスの50以上の公共・学術図書館が参加し，メールを使った無料のレファレンスサービスと，6,500のドイツ語圏のウェブサイトを紹介

ドイツ・インターネット図書館に参加している60の図書館の一つが，バーデン＝ヴュルテンベルク州のボーデン湖フリードリヒスハーフェン市立図書館である。2007年に，全面のガラス張り建築で好評の「湖畔メディア館 K42」（建築はブラウンガー＆ヴェルツ）に移転した。5万人から10万人規模の人口のドイツの都市の市立図書館で，フリートリヒスハーフェン以上の貸出を行っているところはない。つまり，蔵書10万冊に対し70万冊の貸出があるのである。新しい建築のハイライトの一つは，「小石」と名付けられた円形のイベントホールで，あらゆる年齢層を対象に定期的に催し物が行われている。

したテーマ別・注釈付きのリンク集を提供している。

　類似するインターネット上の学術情報協力事業としては，ケルンの大学図書館センターが構築した「DigiAuskunft」や，コンスタンツのバーデン＝ヴュルテンベルク州図書館サービスセンターが構築した「InfoDesk」がある。一方〔米国の〕Online Computer Library Center（OCLC）の運営する世界規模の情報提供サービスとして，「QuestionPoint」がある。ベルリン中央州立図書館（ZLB）はこれを26の言語で提供している。QRコードにより，携帯電話からもサービスが利用できるようになっている。

6 図書館の未来，未来の図書館

6.1 大枠条件と戦略

　図書館の未来とはどのようなものだろうか？ 10年後あるいは20年後にも，図書館は今私たちが知っているような図書館の姿をしているのだろうか？ デジタル革命によってその終わりが告げられてしまっているだろうか，ひょっとして自動化されたデータベースや検索エンジンに押し退けられたり，あるいは完全に取って代わられていたりするのだろうか？ いや，そのような悲観的予言に逆らって図書館が生き残り続けているのだとしたら，それは未来にはどのような姿をしているのだろうか。ひょっとするとただの概念に，ヴァーチャルな空間になってしまっているのだろうか，それともまだ屋根があり壁に囲われた物理的な場所として残っているだろうか？

　2011年6月にベルリンで開催される100周年記念大会のモットーに，情報・図書館職業組合（BIB, 4.5.3参照）とドイツ図書館司書協会（VDB, 4.5.4参照）は，「未来のための図書館，図書館のための未来」を選んだ。このモットーは，大会のプログラムであると同時に，ドイツの図書館に対する要請でもある。教育，情報，知は，未来を作るリソースであり，情報リテラシー，生涯学習，グローバルな知の移動，溢れる情報〔への対応〕や競争力のある研究〔の創出〕は，読書推進や教育による移民の社会的統合と同様に，社会・教育政策の喫緊の課題である。こういった社会の声が，教育と情報への自由なアクセスをすべての市民層に提供するよう，図書館員に呼びかけているのである。図書館員は，教育と情報社会の未来

　用途替えをされた古い建物と現代の新館を組み合わせた図書館の一例が，メクレンブルク＝フォアポンメルン州立図書館である。1779年に設立されたこの図書館は118年間ものあいだ大聖堂のすぐ近くの，しかし非常に狭い環境にあったが，2004年に新しい地区に移ってきた。かつては官僚の住居だった代表的メクレンブルク・ルネッサンス様式の旧館に図書館の事務所が置かれ，そこからガラスの橋で繋がった増築部分に，開架書架の並ぶ閲覧室と書庫とがある。

ポツダム＝バーベルスベルクのコンラート・ヴォルフ映画テレビ大学（ブランデンブルク州）は，ドイツに5つあるメディア大学のうち最も古く最も大きい大学で，映画・テレビの分野の教育を行う。芸術的・学術的学習過程を，実践的なプログラムと結び付けることに重きを置いている。2000年に移転してきたモダンな大学校舎の，バーベルスベルクメディア街の中央に位置するロケーションは，大学のこの目的に適うものである。図書館もその中にある。写真の「魚の頭」にはビデオデッキが付いている。

を作り上げる作業に，積極的にかかわっていくべきであるし，またかかわっていきたいと考えている。しかし，図書館自身も，情報を仲介するために，また我々の時代の知を集めるために，文化遺産を守り，つねに新しい情報と教育のサービスを発展させていくために，確かな未来を必要としている。

　ドイツに限ったことではないが，しかしドイツではとりわけ，近年，図書館の使命や自己理解に関するこれまでの確信が失われてしまった。本を読むということは，デジタル化されたメディアの影響下にあってはもはや自明のことではなく，本の終焉さえ告げられているほどである。図書館の利用者も，21世紀になって変化してきた。彼らは，20世紀以前の利用者と比べ，良い教育を受け，豊かで，活動的で，成熟している。現代の利用客は，余暇の時間に何をするか，非常に自覚的に決定をする。というのも，自由な時間というのはわずかしかないのだから。図書館は，自由時間の市場で他の施設と競争をしなければならなくなってきたのである。また公務というものの性質も変わり始めており，個別のサービスを民営化し，その施設をコスト・パフォーマンスの観点から分析できるようになった。

　この10年の大きな社会的・経済的・技術的変化は，一連の重要な問いを投げかけている。新しい技術は近い将来，図書館をヴァーチャルな空間に押しやって，サイバースペースの中にネットワーク化された図書館でその埋め合わせをしてしまうのではないか？　世界中の文書館，美術館，図書館は，人類の記憶の巨大なネットワークへと取り込まれてしまうのではないか？　出版社，図書館，データベース作成者，著者そして読者からなる今日の一般的・学術的コミュニケーションシステムは，本質的な大変革を眼前にして，本や雑誌と同じように疑問に付されているのではないか，そして新たに定義しなおされる必要があるのではないか？

　2011年現在，図書館がまだ学問と教育のための主要な情報提供者だったとしても，5年から10年後には，いくつかの情報提供者の一つになってしまう，そんな兆候は，すでにはっきりとある。しかしそれはどのような結果になるのか？

今日の視点からそれほど遠くない未来を見つめたとき，考慮するに値する 5 つの仮説がある。

仮説 1：教育そのものは，進歩を遂げた 21 世紀においてはきわめて重要なテーマとなり，社会全体に，特に経済に決定的な影響を与えるようになる。

仮説 2：これからの数十年は，情報の入手そのものではなく，重要で正確な情報を厳選することが問題となる。量ではなく質が重要となる。

仮説 3：現実に人々が出会う場となる図書館という「中央広場(マルクトプラッツ)」が，PC 画面の前に座って「グローバル・ヴィレッジ」を覗き込む孤独な場所とは異なるものとして作り出されなければならない。

仮説 4：明日の図書館は現実の物理的空間として存在し，共同体の文化的生活の自明な一部として社会的生活の中に組み込まれなければならない。現実の図書館なしには，都市は生命がないも同然であり，世界中にネットワーク化された機械のヴァーチャル構築物の中では，市民は本当の休息を得ることはできない。

仮説 5：印刷された本とデジタル化されたメディアの関係は，次の 10 年のあいだに 50 対 50 で均衡する。その後の数十年では，デジタル資料の増加はごくわずかにとどまる。

メディアの多様化は，図書館の発展に，良い意味でも悪い意味でも影響を与える。新しい保存媒体や読取装置を導入する際の高いコストは，図書館設置者をひるませることになるが，これはとりわけそのメディアが未来においても使用可能であるか，また今後も市場に出続けるのかが不透明であるため，なおさらそうである。2000 年ごろには，電子書籍は今後利益を生む未来の市場と見られており，その後すぐにただの周辺的な現象に過ぎないと笑われたが，つい最近になって鮮やかな

ネッカースウルム・メディア館(バーデン＝ヴュルテンベルク州)は，本，雑誌，録音資料，映画，電子媒体，インターネット情報の時代に即した資料を利用者に提供する。そしてまた，若者と年輩者の出会いの場を自認している。さまざまな素材を使った特徴的な正面部分を持つ 2004 年開館の新館には，「知」を，まるでこのシースルーの建物のように見渡すことのできるものにしたいという思いが込められている。建築家のベヒラーとクルムラウフが意図したのは，これまでの図書館建築に代わり，電子資料の価値と本の未来を新しく打ち出し，それを建築によって実現するような構想である。二つの建物とそれをつなぐガラスの廊下によって，活動的なゾーンと静かなゾーンが分けられている。

復活を遂げ、2010年代の成長市場と目されている。これは技術的革新の予測の難しさを証明しているが、それは保存メディアであれ、インターネットを利用した新しい販売ルートであれ、同じといえるだろう。

従来の形であれ、電子媒体であれ、出版社、本の製造者、メディアの製作者を取り巻く環境は、図書館の未来に決定的な役割を演じる。電子的に利用可能な定期刊行物の市場は、学術図書館にとっては非常に重要である。多くの利用者が印刷された雑誌を好むにもかかわらず、学術雑誌の多くが電子雑誌としてのみ発行されるようになってすでに久しい。出版社によって始められた価格高騰のスパイラルは、印刷版の撤退に拍車をかけている。作家のディーター・E・ツィマー氏によれば、それゆえ電子的出版形式が印刷された本や従来の図書館に取って代わることには疑問の余地がない。同氏によれば、印刷されたものは、確かに今後も存在はし続けるだろうが、どんどん周辺へと追いやられていく。彼の確信するところによれば、ヴァーチャルな世界において図書館は現在急速に拡大しており、10年後、あるいは20年後には、そこで得ることのできる情報は従来の大規模図書館以上になるかもしれないのである。

多くの専門家や著作者によれば、図書館の根本的な意義は、さまざまな理由から、今も誤解されたままであるし、また政策的に実現されていない。その最も重要な要因は、図書館の機能についての専門家の認識不足と、千年もの歴史を持つこの施設のイノベーション能力に対する信頼の不足である。図書館が情報社会からの新しい要請に適応していくとは、明らかに思われていないのである。このような軽視の結果が、助成金の長きにわたる滞りで、これが多くの図書館でかなりの財政の悪化を招いている。図書館の持つ役割の重要性と、情報と教育の中心的施設としての図書館の存続の必要性は、アングロサクソン系やスカンジナビア系の国々では自明のこととされているが、ドイツにおいては、政策決定者の確信するところとなるには至っておらず、この点において、ドイツの図書館員と図書館のロビイストはまだ成功を収めているとはいえないのである。

2001年に開館したイェーナのテューリンゲン大学・州立図書館（建築家はヘックマン、クリステル、ユング）は、電子情報時代の図書館にまだ建物が必要かという疑問に答えるものとなっていると言えるかもしれない。400万点の資料を提供するこの一層型システムの図書館は、中央図書館と3つの大きな分館、それに街中に散らばった多数の分館からなるが、その数は少しずつ減っていくことになっている。

図書館の未来は、「その場でアクセスし、地球上の情報を入手する」（ローカルアクセス／グローバルインフォメーション）というキーワードに特徴付けられる。あらゆる部類の図書館が、メディアのデジタル化、資料の移送、情報提供そして知の組織化を推し進め、そのさい先進的な役割を果たし、未来への道を示すことは、政治家の意図に適うものである。また同時に図書館は、あらゆる種類の文化的生産活動やイベント、問い合わせのための窓口とならなければならない。どのような場合にも、これまで以上に経営学的視点を強く尊重しなければならない。

6.2　未来の公共図書館像、そのモデル

　果たして未来の図書館は、とくに未来の公共図書館は、あまりにもとっぴな発想に陥ることなくイメージするならば、どのような姿をしているのだろうか。図書館支援センターに勤める図書館員クラウス・ダームは最近、現在と未来を現実的に結びつける、考えるに値する4つのモデルを示した。

快適な図書館

　図書貸出数に比べてはるかに多い利用者数が示すように、誰もが利用できる社会的コミュニケーションのための空間に対する需要は、明らかに高い。今日でもすでに、現代の図書館からカフェテリアを排除して考えることはできない。英米系の図書館には、いわゆるリビングルームのような気持ちのよい家具の調えられた空間が設置されているが、ここでは利用者は、会話へ、インターネットサーフィンへ、カフェタイムへ、あるいはリラックスして読書へと没頭することができる。内装は、柔軟性に富む、「機能重視でない」空間とならなければならない。さらに、開館時間を夜や週末にまで延長することは自明のこととなろう。未来の図書館は、インスピレーションを共有するための場、雰囲気がよくスタイリッシュな場であり、そこでは人々が好んで時間を過ごし、誰に強制されることもなく情報検索の世界、本その他の現代のメディアの世界と出会うのである。

ネットワーク図書館

　時代に即した図書館は、すでに久しく、バリアフリーの、またすべての住民の層に利用できる情報の仲介者として、あらゆる教育レベルに対するサービスを行っている。どんな図書館もすべてを備えるわけにはいかないので、未来の公共図書館は、図書館ネットワークの一員となり、何倍もの文献やメディアへのアクセスを可能にする必要がある。利用者がサービスを自宅から、学校からあるいは職場から利用できる場合には、共同の目録ネットワークはとりわけ有効である。今後は公共図書館と学術図書館の混合ネットワークによる図書館サービスに、より一層の一体性が求められる。これが実現すれば、利用者は図書館利用カードのみでネットワークに属するどの図書館をも利用できるようになり、インターネットで申し込んだどのようなメディアも、中央図

サッカー・ワールドカップの開催された2006年，ドイツ連邦共和国は「ドイツ，アイディアの国」というイメージキャンペーンを行い，先進的で想像力豊かな国としてのイメージを打ち出した。1,200の応募から選ばれた「アイディアの国の365地点」には，いくつかの図書館が含まれていた。これは，図書館がイノベーションに溢れた場として審査員に認められたものである。「電子雑誌図書館」（EZB，5.3.2参照）を成功させたレーゲンスブルク大学図書館のほか，ベルリン自由大学の文献学図書館，コットブス大学情報・コミュニケーション・資料センター（IKMZ，口絵参照），ハノーファーの技術情報図書館（TIB），ミュンヘンの国際児童図書館（IJB），ヴォルフェンビュッテルのアウグスト公爵図書館（口絵参照），そしてマールバッハのドイツ文学資料館が表彰された。成功を受けて，コンテストはその後も継続された。毎年表彰される365の場所には，再びいくつかの個別の図書館のほか，ラインラント＝プファルツの州立図書館センター（2009年）や，「図書館で会おう」というイメージキャンペーンを展開したドイツ図書館協会（dbv）（2010年）などが選ばれた。

書館から借りたり，あるいは追加料金を払って家に送ってもらったりする，そんなサービスが組織的に保証されることになる。

コンビネーション図書館

今日，異なった団体に運営された機能の異なる図書館が，協力関係を築くことなく互いに競い合っていることがしばしばある。経済状況の厳しい時代にあっては，投資を評価するさいに，シナジーの可能性を検証することは重要である。小さい図書館の建物，空間，そして組織を融合し，大きな図書館へと組み替えることは，未来に開かれた選択肢の一つである。いくつもの文化・教育施設が一つの町にあるようなところでは，それらを空間的に統合することが検証される。この意味においては，相応の空間が提供されるのであれば，郷土博物館，学校図書館，メディアセンター，資料館，市民大学，美術館そして図書館は，より大きな成果を出すことのできる一つの情報・メディアセンターとして合併されることもあるかもしれない。

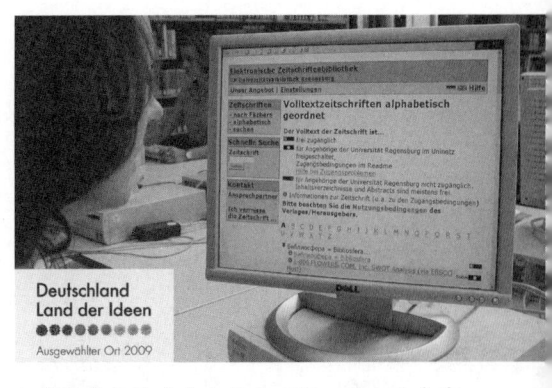

市立図書館エージェンシー

大都市あるいは中規模の都市でしばしば見かける，図書館の設置母体の多様性，機能の多様性は，それらを空間的に統合することがさまざまな理由から実現不可能であったり，あまり意味がないと考えられたりするような場合には，別の方法で，つまりネットワーク化された図書館としてさらなる発展を促すことが可能である。ここでは特に，たいていのところまだ小さな孤島のように互いにばらばらに存在している学校図書館を念頭に置いている。未来の市立図書館は，このような場合，これらを統合し，調整する図書館エージェンシーになりうる。中心には，

市内のすべての学校のための学校図書館オフィスを設立する。これは学校図書館員に教育と助言を与え，書籍その他のメディアの購入や，専門に見合った蔵書の構築と整理を助け，スタッフの勤務時間を調整し業務指標を作成する。

さて，それ以上には何があるだろうか？ 図書館のトレンドはどこへ向かうのだろうか？ いずれにしても，公共図書館は多機能の図書館へと変貌するだろう。つまり，文献の仲介という伝統的な機能に加えて，どのような情報源に対してもより幅広く，深く情報をインデックス化し，利用可能にしていく機能が加わるのである。さらに，インターネットという情報媒体の導入とともに，図書館にはすでに「情報ネットワークのナビゲーター」という新しい役割が加わり，この役割は拡大されてきている。また3つ目の役割として，イベントの開催や文化事業がある。というのも，州のレベルではしばしば，図書館は学校外で常時活動す

ひょっとすると今後人々は，図書館に，知識の集積という機能を越えて，建物が視覚的に美しいこと，リラックスしコミュニケーションを図ることのできる環境を提供することを，今日以上に求めるようになるかもしれない。2000年に開館したバイエルン州ノイファールンの図書館は，ガラスでできた「船首」とさまざまな形の窓，そして光の差し込む階段ホールのある船の形に造られた。新しい図書館建築の道を示したものと言える。

る唯一の教育・文化機関であるからである。図書館はますますさまざまな協調関係を築いていくことになる。ますますさまざまな機関と協力して仕事をするようになり，ますます多くの公共図書館と学校図書館，それに学校情報館が連携し，統合されていくことになる。これによって図書館は高いシナジー効果と多様な利用を実現するのである。市民大学（2.1.5参照）や町立資料館，博物館との緊密な連携，そしてさらには労働局やハローワーク，観光案内所との連携が期待されており，またこれらは間違いなく意味のあるものとなるだろう。適応性，連携能力，新しい図書館モデルやプロジェクトへの柔軟な姿勢が，図書館を率いる者の重要な能力となるのである。

6.3 学術図書館の現実とビジョン

図書館の現在と未来の展開について問うのであれば，いわゆる情報社会における図書館の役割が指摘されなければならない。情報社会においては，情報が基本的な資源となり，情報媒体そのものが急激な変化にさらされているが，ここでは図書館の役割も常に変わり続けているの

である。社会のあらゆるエリアにおいて，情報の需要は増しており，しかし同時に情報はすでに溢れている。図書館は情報の需要に応え，伝統的な，あるいは電子的な媒体を提供するが，これによって図書館の性質，機能そして自己認識が変わってくるのである。これらは基本的にはすべてのタイプの図書館に関係するが，とりわけ情報需要の変化は，学術・研究・教育の領域において顕著で，それゆえ学術図書館は公共図書館以上に図書館機能の転換に強く影響を受けている。

まず，本の時代の終焉と電子メディアの勝利のみを確信する幻想の誤りを確認しておくことは有益である。本は，あるいは一般的に印刷された媒体は，自分の場所を主張できる。なぜなら，それらは「新しい媒体」に対して疑いもなくより多くのメリットを持っているからである。印刷本においてのみ問題となる美術的観点や本の愛好家の好みなどを別にしても，たとえば，電気エネルギーや電子機器が不要で，場所を選ばず，寿命が長いことは証明済みであり，長いテキストも読みやすく，作品も一般に信頼性が高いことなどが例として挙げられるだろう。この認識は学問の世界にも妥当で，質の保証，評判，学問的信頼性などは重要なファクターである。長期的には，おそらく利用者の目的に最も合う媒体が長く残るのである。

学術評議会 (WR) をはじめ，さまざまな重要な委員会は，印刷されたメディアは研究と教育のための情報入手のさいに高い重要性を保ち続けるだろう，しかし同時に電子的出版物も際立って増加するだろうと確信している。結果的には，これらの二つの機能により，学術図書館の一つの形として，印刷された出版物とデジタル出版物，印刷された情報源とデジタルの情報源をともに使いこなすことのできる図書館が近いうちに現れる。つまり，ハイブリッド図書館である。予算の増加が見込めない以上，両者の割合は慎重に考慮されなければならないし，需要と供給の観点から継続的に調整されなければならない。学術図書館はすでに，以前は主流だった蔵書構築中心の考え方をやめ，分散して購入する方法を採用し始めている。しかしそれにもかかわらず，資料購入費は悩みの種であり続けている。

情報の需要と供給に関して言えば，分野によってギャップも生じている。自然科学や工学，医学や情報工学の分野では，印刷媒体はもはや主要な情報源とは見なされておらず，それどころか図書館は情報提供者としての重要な役割を失いかねない状況である。しかしその一方で，他の学問分野に属する人々にとっては，「文献学」の分野においてすら経済的圧力やデジタル化の発達により古典的な蔵書構築は後退したものの，図書館は依然印刷された資料のアーカイブであり続けている。このため，とりわけ大学図書館はさまざまな学問文化への適合という難しい課題に直面している。

確かに，図書館統計の示すところによれば，印刷された資料は依然として増加している。しかしその一方で，電子ジャーナルや電子書籍，遡及的に電子化され

た図書館資料，あるいはデータベースやそのほかの電子資料など，電子出版物の占める割合は，それ以上のスピードで増大している。オンラインでアクセス可能な情報量を見るのであれば，図書館の貸出数が減ったとしても，驚くには当たらないだろう。

逆のトレンドとしては，図書館が学習の場へと変貌しつつあることが挙げられる。国立図書館でも大学図書館でも，閲覧室や開架書架エリアには，利用者が殺到しているが，これは多くの場合閲覧席の数を凌駕する勢いであり，短期的には何らかの規制が，長期的には許容量の増加が必要となってくる。欧州の近隣諸国では，学習センターや学習環境の構築などの事例もいくつかみられるようになってきたが，ドイツではこれは緒に就いたばかりである。また学術図書館のみならず公共図書館でも，自身を学習場所として理解する傾向にあり，利用者の学習やナレッジ・マネジメントを助けることも，図書館の業務として構想され始めている。

つまり，さまざまな「ヴァーチャル化」が進む中で，図書館は依然として物理的な場所であり続けている。それゆえ，建築の計画やスペース不足の解消は，図書館がこの先 10 年間取り組まなければならないことのリストの上位に上ってくる。ドイツの再統一以来，数多くの図書館が新築，増築され，あるいは全面的に改築されたが，それでもなお書庫スペースの拡大や閲覧席の増加は多くの図書館において緊急の課題である。昔ながらの閲覧室が最近再び注目を集めているのも，この館内利用の増加に反応しているのだと見るべきかもしれない。

教育機関としての図書館は，読解力やメディアリテラシー，情報リテラシーという重要な能力が獲得される場所である。公共図書館が，主に子どもたちや若者に，基礎的な読解力を身につけ，印刷されたメディアの使い方を学ぶプログラムを提供するのに対し，学術図書館は，学生その他の利用者に，アカデミックレベルの情報リテラシーを獲得するためのサービスを提供する。情報リテラシー教育や，たとえば「学術研究の方法」といったテーマの図書館独自の教育イベントの開催，それに図書館の催し物の大学カリキュラムへの統合などの諸施策による「教える図書館」(Teaching Library)の構築は，図書館の役割を強め，プレゼンスを高め，利用者を開拓する。

さまざまな大学の調査が示すとおり，大学図書館は，学術的に重要なインターネット情報源が目録化され，使いやすい検索エンジンから利用できるようになることを望んでいる。図書館は，「情報の海のナビゲーター」として機能し，利用者の限られた受容能力を超える情報の洪水に，適切なツールでもって対処しなければならない。さらに，図書館は電子メディアの提供数を拡大し，しかしその一方で，いくつかの分野では今も変わらず図書が最も重要な媒体である以上，図書や雑誌についても保存をおろそかにしないようにしなければならない。デジタル図書館の拡張は，電子雑誌やフルテキスト，データベースその他のインターネット情

報源へのアクセスのみならず，積極的な情報マネジメントをも含意する。これは，デジタル情報源や従来の情報源の専門化したサービスを束ねるポータルサイト，それに検索エンジンの構築を含む。これに成功したなら，図書館は，デジタル化された世界と印刷された世界を結び付ける真のハイブリッド図書館となり，これが図書館の存在を保証することにもなろう。

加えて，学生は情報リテラシー，メディアリテラシーの積極的な仲介と，新しい形式の研究メソッド（オンラインチュートリアルや授業のための電子版必読書リストなど）や，学術出版（電子出版など）による支援を必要としている。このような要請に応えるため，図書館はそれに見合う技術的・組織的インフラと，図書館員の知識と能力を必要としている。後者のためには，教育と研修が欠かせない。

とはいえ，学術図書館は教育機関であるのみならず，文化機関でもある。この意味においては，学術図書館は，文化遺産や紙媒体で伝えられてきた知をアーカイブし，目録化し，保存し，それによってこれを未来の世代の利用に供するという使命を持っている。「文字文化財保護連盟」(Allianz zur Erhaltung des schriftlichen Kultur-guts) は，存続の危ぶまれている文化的・学術的継承物のオリジナルを確実に保存し，こういった資料の継承を国家の任務として人々に理解してもらうことを目的としている。同連盟は，ばらばらだった資料保存措置を，蔵書構築の国家戦略へと発展させることにすでに成功している。

6.4　電子図書館

数年前から，加速される電子図書館の構築に注目が集まってきた。学問や研究の場からの要求に従って，大学図書館は電子資料や電子出版物の提供センターへと発展してきた。ドイツ学術振興会（DFG，5.2.1 参照）の支援プログラムによっても，電子情報の供給は進められた。

社会全体でのデジタル化は文化的使命であり，したがって図書館は，伝えられてきたあらゆる書物をデジタル化することによって自身を不要な存在とする義務があるという，現代のマスコミを代表する意見は，確かに図書館側からきっぱり

調査によると，1840 年以降に出版された約 1 億 3500 万冊の図書のうち，約 12％が傷み，利用できなくなっていると言う。さらに 30％がひどく黄ばみ，悪化を防ぐためには利用を控えるべきとされている。本を救うのに個別の補修が行われるのは特別の場合のみであって，それ以外は，たとえばライプツィヒの「書籍保護センター」（ザクセン州）が行っているような大量脱酸処理が行われる。

と却下された。それにもかかわらず，現在多くの学術図書館にとって「デジタル化」は魔法の言葉である。

　何年も前からミュンヘンとゲッティンゲンに大量デジタル化の可能な「デジタル化センター」が稼働しており，これらは依頼を受けてのデジタル化も行っている。またさまざまな大学図書館や州立図書館がデジタル化センターを設立し，蔵書の一部を独力で，あるいは共同事業によってデジタル化し始めている。グーグル社は大量電子化事業を進めているが，ドイツではバイエルン国立図書館（BSB，3.2.1(3)参照）がそのパートナーになっている。グーグル・ブックサーチのような資本力のある商業的デジタル化プロジェクトとの競争には，図書館は決して勝つことができないが，図書館のサービスの強みは量ではなく，デジタル化された資料とメタデータの質に，またとりわけ無料アクセスと長期的利用の保証という点にある。

　2005年には，協力体制のもと，無料で見ることのできるデジタル化資料の共同検索システム「デジタル資料中央目録」

ドイツ学術振興会(DFG，5.2.1参照)の支援を受けたバイエルン州ミュンヘン，ニーダーザクセン州ゲッティンゲンのデジタル化センターは，資料のデジタル化とデジタル資料のウェブ上での公開を行い，「分散型デジタル研究図書館」(Verteilte Digitale Forschungsbibliothek)の構築を支えている。ミュンヘンのバイエルン国立図書館に併設されたデジタル化センター（MDZ）は，いくつかのプロジェクトを敢行する傍ら，委託デジタル化作業をも請け負っている。1999年には，ゲッティンゲン・デジタル化センター（GDZ）の主導のもと，14の関係機関とともに9つの特別収集領域図書館が，所蔵する雑誌のデジタル化に向けたコンソーシアムを形成した。この「DigiZeitschriften，ドイツ電子雑誌アーカイブ」では約200の雑誌が完全にあるいは部分的にオンラインで提供されている。

(Zentral Verzeichnis Digitalisierter Drucke) が生まれた。このポータルサイトは，デジタルコレクションやデジタル図書館の概要を提示してくれるのみならず，同時にデジタル化プロジェクトの驚くべき多様性を反映しており，これはその背後にある「哲学」の多様性を教えてくれる。対象を選ぶさいの共通の基準となるのは，学術的・博物館学的・法的観点であり，また需要重視の観点である。

　長期的には，より重要なのはもちろん，現在構築の始まったばかりの「ドイツ・デジタル図書館」(Deutsche Digitale Bibliothek：DDB) である。これは2011年末から，多種多様な利用者に，ドイツ語圏の文化・学術の電子資料へのアクセスを可能な限り無料で提供することになる。3万の文化・学術機関からの情報が，ネットワークで繋がれる。DDBのポータルサイトは，EUのプロジェクトで，欧州の文化遺産の提供を目的に2008年に稼働し始めた

欧州デジタル文化遺産ポータル「Europeana」(4.5.9参照)の一部分を成し，DDBのデジタルコレクションはこのポータルに提供されることになる。

ドイツの各種研究所や学術機関とともに，図書館団体も，文化遺産を含めた学術情報を広め，世界中からのアクセスを保証するインターネットの可能性を支援している。オープン・アクセスの運動は，学術情報コミュニケーションの未来の戦略を謳うものであるが，これは伝統的な学術情報流通方式のほかに，インターネットの可能性を学術情報の交換に利用し，そのさい「誰もがアクセスできるという原則」を重視する。多くの大学に設置された大学出版社は，今後，電子形式での出版を進め，印刷版を部分的に，あるいは全面的に断念するオープン・アクセスの出版社へと発展していく可能性がある。

「誰もがアクセスできるという原則」は，学術情報の生産者や，文化遺産の管理者一人ひとりの積極的な関与を前提としている。著作者や著作権保有者は，このような出版形式をとる場合，すべての利用者に無料のアクセスと利用権を委譲し，さらに出版物の完全版を，オープン・アクセスを支援する信用に足る機関のアーカイブサーバに預け，長期間の利用可能性が保証されるようにする必要があるのである。

古典的な学術情報流通のもう一つの選択肢となるこの出版モデルは，出版社と競合関係にあるため，出版社側からはオープン・アクセス出版に批判的な意見が出ている。同じことが多くの著者にも当てはまる。彼らは，学術情報の発信者にとっても，またその受け取り手にとっても，このような出版形態は危険性が高いものであると見ている。彼らは出版の質，データの完全性，文書の長期的アクセス可能性を，さらには学術コミュニティにおけるそのインターネット出版物の認知度についても，それが研究者個人の評価やキャリアの前提となるため，危惧している。

「電子出版物の長期的保存」は，間違いなく大きな課題である。新しいドイツ国立図書館法は，ドイツで出版された「無形の資料」を収集し，保存し，それによって一般の人々のために長期間利用に供するための前提である。州のレベルでも，地域の納本図書館がインターネット上の出版物を収集できるよう，この収集方針を拡大することが意図されている。長期保存の技術的・図書館的・機関的前提条件は，すでに何年も前から開発され，試みられてきている。「Nestor－デジタルリソースの長期的保存と利用のための専門情報ネットワーク」は，このテーマに関心を持つ人々のため，また長期的保存のあらゆる局面のための情報交換プラットフォームとして2003年から運営されている。また，長期保存のさいのデータの完全性と情報の信頼性を保証するためのドイツ工業規格(DIN)が，現在構想されている。

2004年に始まった「Kopal－デジタル情報の長期的保存の共同構築」は，技術やソフトウェアの開発，ワークフローの領域でNestorを補う。これは，集積した

デジタル資料の完全性と信頼性・便利性を長期的に保証できる，信用に足るデジタルアーカイブを構築するために，どのような分業が可能かを示すことを意図したものである。2006年にKopalは，デジタル長期保存アーカイブとして業務を開始した。プロジェクト担当者であるドイツ国立図書館（DNB, 3.2.1(1)参照）とニーダーザクセン州立・ゲッティンゲン大学図書館の何万もの電子文書が保存され，その中には，1997年からドイツ国立図書館がすべての大学から入手した5万5000の電子版の博士論文が含まれている。次の段階としては，長期的に電子資料を読める状態に保ち，文書の利用可能性を保証するため，〔電子情報を新しい記録媒体に移行する〕マイグレーションと〔最新の技術環境の上で，古い技術環境を擬似的に再現することで電子情報の利用を図る〕エミュレーションのプロセスが検証されることになる。

図書館のもう一つの課題は，インターネットである。グーグルのような検索エンジンは，今日すでに1000万以上のウェブページをインデックス化しており，グーグル・スカラーやグーグル・プリント，グーグル・アース，グーグル・ニュースなどのサービスは，図書館と競合する関係にある。また，ソーシャル・ソフトウェアの一つでインターネットの発展形式として典型的なWeb2.0を利用した，ウィキペディアやブログのなどの双方向のプラットフォームも同様である。学生や大学の研究者を含む図書館利用者は，調べ物の手始めとしてまず検索エンジンを使い，その後さらに調べるさいにやっと図書館の専門ツールを使う。それゆえインターネットの玉石混交の情報源を図書館が技術的・論理的にネットワーク化していくことは，この問題の有効な解決になると思われる。セマンティック・ウェブ（Web3.0）の構築やリンクト・オープン・データ・システムは，検索や情報入手の可能性を広げる。そのさい重要なのは，法的制約なしに利用できる（オープンな）インターネット上のデータに，自動的に適切な説明を記述してほかのデータと結び付け（リンクし），それによってそのデータの意味内容を検索に生かすことである。〔スキャンした目次ページをリンク付けするなどして〕図書館のオンライン目録を拡充していくことも，今後一層重要になってくる。

圧倒的に巨大な商業的サービス提供者との競合を，図書館が量的に解決できるとは思われない。しかし質的には，高いスタンダードを保持する限りにおいて，図書館は自分たちの製品をアピールできるだろう。それにはすべての学術的に価値の高いリソースの，ぶれることのない目録規則に則った高品質の目録の作成や，専門分野の，あるいは学際的な検索・ナビゲーションシステムの構築が欠かせない。連邦全域にわたる重要な事例としては，国レベルの学術ポータル「ヴァスコーダ」（5.2.1参照）の中に作成された各種仮想専門図書館があるが，ほかにも〔レーゲンスブルク大学図書館の開発したデータベースナビゲーター〕「データベース情報システム」（Datenbank-Infosystem : DBIS）

ゲッティンゲン・デジタル化センター（GDZ）は，グーテンベルクの生誕600周年を記念して，ゲッティンゲン州立・大学図書館の所蔵する羊皮紙のグーテンベルク聖書の全1,282ページをスキャンし，インターネット版とCD-ROM版で公開した。グーテンベルクが新しい技術を使ったはじめの印刷物と，2000年に行われたこの同じ印刷物のデジタル化のあいだには，約550年にわたる本と図書館の歴史が横たわっている。

や電子雑誌図書館（EZB，5.3.2参照）などがこれに当てはまる。また，電子雑誌や電子新聞，電子図書，データベースの利用ライセンスの獲得もここで新たに言及される必要がある。変わっていく情報サービスや利用者行動に応えるため，図書館は中長期的には，ヴァーチャルな研究・学習環境と時代に合った情報マネジメントを可能にする，「統合電子情報システム」を構築しなければならない。ドイツ学術振興会（DFG，5.2.1参照）は，そのような学術情報提供のための共同のシステムの構築を，2015年までの支援プログラムの枠組みで援助している。図書館が，情報提供サービスにインターネットを利用するのは自明のことであるが，それのみならず，利用者とコンタクトをとるためにも，インターネット・コミュニケーション技術を徹底して導入していかなければならない。

6.5 結論と展望

　公共図書館であれ，学術図書館であれ，図書館がこれまで描いてきたようなやり方で市民にサービスを提供するには，その存続が保証され，適切な物的・人的予算が設置者にあてがわれる必要がある。図書館の未来は，単なるその中身や技術の問題ではなく，政治的次元の問題でもあるのである。また，政治的責任者に対してのみならず，メディアや全住民に，図書館が情報社会において重要な役割を果たす存在であるということをはっきり理解してもらう必要がある。これらの役割と期待に応えるためにこそ，図書館は情報社会の課題を認識し受け入れ，また技術的革新と組織的改善を徹底し，さらにはドイツの図書館の政治的・財政的・構造的脆弱さを克服し，効率的に実り多い結果を生み出さなければならない。そうしてこそ，図書館は未来も現在のような存在，多くの可能性を開く「ポータル」であり続けることができるのである。

訳者あとがき

　本書は，2011年6月に第4版が出版されたドイツの図書館の入門書（原題は『過去と未来への入り口　ドイツの図書館』(Portale zu Vergangenheit und Zukunft. Bibliotheken in Deutschland.)）の全訳である。ただし勝手ながら，2010年7月に日本を訪れ，各所で講演を行ったBID前会長バーバラ・リゾン氏による第3版への序文を追加した。また翻訳にあたっては部分的に第3版の英語版を参照し，さらには原著者に許可を得た上で若干の書き直しをさせていただいた。また，原著はオールカラーで，見た目にも美しいが，翻訳版ではその一部だけでもと思い，巻頭にカラーの口絵を入れた。

　ドイツの図書館についての国内の文献としては，『ドイツの図書館　過去・現在・未来』（日本図書館協会，2008）や『ドイツにおける学術情報流通』（日本図書館協会，2008）などがあり，本書の翻訳にあたっても大いに参考にさせていただいた。しかしこれらの優れた研究があるにもかかわらず本書を日本でも紹介したいと思ったのには，いくつかの理由がある。本書は，BIDの会長クラウディア・ルクス氏が序文でも書いているとおり，ドイツの図書館の概要を知るための基本書と言えるもので，全9カ国語に翻訳されている良書である。ドイツ図書館について調べるさいの辞書代わりにも使えるコンパクトな解説に加え，豊富な写真とそれに添えられた個別の図書館の紹介によって，ドイツの図書館を立体的にイメージすることが可能になっている。

　またその情報の新しさも，本書の大きな特徴であろう。世界的に図書館をめぐる環境はめまぐるしく変化しているが，特にドイツでは，一つには東西再統一による図書館の合併等に伴うニーズから図書館の建築ラッシュが起こったこと，もう一つには図書館のIT化が日本に比べて遅れて始まり，その分一気に日本をはるかに越えて進んだこと，さらにはEU統合の拡大・深化により教育制度に大きな変化があったことなどから，この10年は激動の時代だったと言ってよい。本書は，ドイツの図書館の歴史，文化・教育政策の中での位置づけなど，基本的な事項を押さえつつも，2011年初頭までの最新の事情を盛り込んだものとなっている。

　この本のもう一つの特徴は，ドイツの図書館関連団体と図書館の協力体制について記述した第4，5章である。日本と違いドイツは連邦制の国であり，しかも図書館行政を含む教育・文化事業は連邦ではなく各州に委ねられているため，国全体の図書館をまとめるのは非常に困難なことであった。しかしその分，私には逆に，連携協力体制を機能させるための努力がドイツでは日本以上に積極的になされているように感じられる。ただ，そ

の具体的な体制については日本で紹介されることがこれまで少なく，本書の出版元であり，ドイツの図書館の最上位の取りまとめ役であるBIDの機能についても，あまり理解されてこなかったように思う。日本の図書館員に，どこか1カ所のみ読むことを薦めるとするならば，間違いなくこの箇所である。

さて，ここで，ドイツの図書館の特徴について若干の解説をしておきたい。

まず，簡単に数値的な日独の比較をしておこう。本書の14ページに掲載された2009年の統計と，日本図書館協会の同年の統計を比較するなら，図書館数は日本の3,226館に対してドイツが10,855館（ただし規模の小さい図書館が多い），総蔵書数は日本の約4億冊に対してドイツが3億6000万冊，職員数は日本の約3万6000人に対してドイツが2万3000人である。統計の取り方も基準も異なるため，この数値だけで日独の比較をするのは難しいが，これらの数値から私は，ドイツの図書館の規模はごく大雑把にいって日本と近いものである，と理解している。

しかしその制度は，まるで別物と言ってよいほど根本的に異なる。ドイツの図書館を見渡して何より驚くのが，その歴史の古さと，それゆえの図書館の起源の多様性，そしてそれに伴う制度の複雑さである。日本では国立・県立・市町村立の公共図書館，各大学の所有のする大学図書館，それに若干の専門図書館と私立図書館を数えれば，おおまかにはすべての図書館をつかんだことになる。しかし

ドイツではこれに加え，キリスト教会の所有する，一般に公開された大規模な図書館，あるいはボランティアの運営による小さな図書館が公共図書館の重要なファクターとして機能していたり，また大学図書館と地域の学術図書館（日本では県立図書館くらいの規模の図書館）が共同運営されている場合もある。ドイツでは，図書館制度は上から人工的に作られてきたものではなく，自然発生的に生まれてきたものを後付けで近代的な制度の中に整理しようと試みられたものと言える。そしてそれを図書館全体として機能させるためにさまざまな連携協力が行われていることは，前述のとおりである。

次に，本書の読者に忘れず伝えておきたいのは，実のところドイツの図書館（特に公共図書館）は有料だということである。むろん入館と閲覧までは無料で，その点で「すべての市民へのサービス」としての機能には配慮されているものの，貸出や予約その他のサービスを受けるためには，訳者の知る限り，2,000円から4,000円程度の年会費を支払う必要がある。これは，ドイツ人にとってはあまりにも当たり前のことらしく，本書にその点についての言及がないのもそのためであろう。ドイツ人の図書館員に日本では無料が原則であることを伝えると，たいていひどく羨ましがられる。しかし，私にはこの有料制には，ポジティブな面もあるように思えてならない。たとえば，ドイツの多くの図書館で，ベストセラー本については，貸出に3ユーロ（350円程度）を徴収し，その資金で複数冊購入す

訳者あとがき

ることで，財政に負担をかけることなくユーザーのニーズを満たすことに成功している。これは一例に過ぎないが，ドイツの図書館は，独自の財源を持つことによって，日本と比べるならばはるかに自由でアイディアに富んだ独自のサービスを展開させることに成功しているように思うのだ。日独どちらの図書館制度がより優れているかを述べるのは簡単ではないが，日本の図書館が堅牢な制度に守られているのに対し，ドイツの図書館ははるかに複雑で不安定である一方，その短所を長所に変える自由には恵まれており，それがドイツの図書館のダイナミズムを生み出していると言えるだろう。

　本書の出版にあたっては，実に多くの方々のご助力をいただいた。名前を一人ひとり挙げることはできないが，国立国会図書館の先輩・同僚や，大学時代の独文研究室の友人，原著者をはじめとするドイツの図書館関係者・友人には内容面で多くの助言をいただいた。また，翻訳中に二度ほどドイツの図書館を視察してくる機会をいただいたが，業務多忙な職場を長く空けることを快く許してくださった上司や同僚には，この場を借りて感謝の意を表したい。

　また，東洋大学元教授の内藤衛亮先生には，この本の生まれるきっかけとなった出会いをいくつも作っていただいた。本当に本になるという確信なく翻訳を進めていた私にかけていただいた，この本の出版を疑うことなど一度もなかったかのような先生の励まし（とプレッシャー？）なくしては，翻訳は完成しなかったように思う。また，前述の『ドイツにおける学術情報流通』の編者である慶應義塾大学の酒井由紀子さんには，ドイツの図書館に関する本の出版の先輩としてさまざまなご助力をいただいた。

　それから，クリステル・マーンケさんの名を挙げないわけにはいかない。「あなたがこの本を訳さない？」と，ゲーテ・インスティトゥートの当時の図書館長クリステル・マーンケさんに言われてから，早くも2年が経つ。マーンケさんには，ドイツの図書館制度についての手ほどきを受けたのみならず，その後上述のドイツへの出張のための奨学金をいただいたが，このような経験なしには，この翻訳は間違いなく不可能であった。またその後もゲーテ・インスティトゥートには本書の出版のための金銭的援助もいただいた。この本の出版が実現したことで，これまでいただいた数多くのご厚意に少しでも感謝の意を示すことができたなら幸いである。

　そして，利益が上がるとは言い難いこのような分野の図書の出版を引き受けてくださった日本図書館協会には，深く感謝申し上げる。また日本図書館協会の内池有里さんには，事務的な面ではもちろんのこと，精神的にもどれほど助けられたかわからない。心よりお礼申し上げる。

　最後に，この一連の作業にあたっては，家族に迷惑をかけた。協力に感謝している。

2011年9月

索引

【図書館，地名アルファベット順】

<Amorbach（アモールバッハ）>
Fürstlich Leiningensche Bibliothek　ライニンゲン侯爵図書館　122
(http://www.fuerst-leiningen.de/de/_sehenswert_benediktinerabtei_bibliothek.html)

<Augsburg（アウグスブルク）>
Staats- und Stadtbibliothek Augsburg　アウグスブルク州立・市立図書館　57
(http://www.augsburg.de/index.php?id=168)
Stadtbücherei Augsburg　アウグスブルク市立図書館　口絵 4
(http://www.stadtbuecherei.augsburg.de/)

<Aurich（アウリヒ）>
Landschaftsbibliothek Aurich　アウリヒ地域図書館　55
(http://www.ostfriesischelandschaft.de/index.php?id=4/)

<Bamberg（バンベルク）>
Staatsbibliothek Bamberg　バンベルク州立図書館　19
(http://www.staatsbibliothek-bamberg.de/)

<Berlin（ベルリン）>
Bibliothek des Deutschen Bundestages　ドイツ連邦議会図書館　口絵 2, 63
(http://www.bundestag.de/dokumente/bibliothek/index.html)
Universitätsbibliothek der Universität der Künste Berlin (UdK)　ベルリン芸術大学図書館　61
(http://www.udk-berlin.de/sites/universitaetsbibliothek/content/index_ger.html)
Grimm-Zentrum, Humboldt Universität zu Berlin　グリム兄弟センター（ベルリン・フンボルト大学図書館）　口絵 2
(http://www.grimm-zentrum.hu-berlin.de/)
Philologische Bibliothek der Freien Universität Berlin　文献学図書館（ベルリン自由大学）　133
(http://www.fu-berlin.de/sites/philbib/index.html)
Reichstagsbibliothek　帝国議会図書館　21
Staatsbibliothek zu Berlin – Preußischer Kulturbesitz (SBB)　ベルリン国立図書館　19, 25, 26, 42, 44, 46, 49, 50-52, 93, 102, 111, 119, 120, 123, 124
(http://staatsbibliothek-berlin.de/)
Volkswagen-Universitätsbibliothek　フォルクスワーゲン大学図書館　62
Zentral- und Landesbibliothek Berlin (ZLB)　ベルリン中央州立図書館　25, 45, 68, 127
Amerika-Gedenk-Bibliothek (Berlin)　アメリカ記念図書館　44, 68
(http://www.zlb.de/)

<Bernburg（ベルンブルク）>
Stadtbibliothek Bernburg (Saale)　ベルンブルク・アン・デア・ザーレ市立図書館　73
(http://www.bibliothek-bernburg.de/html/start.htm)

<Biberach an der Riß（ビベラハ・アン・デア・リス）>
Stadtbücherei Biberach an der Riß　ビベラハ・アン・デア・リス市立図書館　口絵 4
(http://www.biberach-riss.de/Home/)

<Bochum（ボーフム）>
Universitätsbibliothek Bochum　ボーフム大学図書館　37
(http://www.ub.ruhr-uni-bochum.de/)

<Bremen（ブレーメン）>

Stadtbibliothek Bremen　ブレーメン市立図書館　74, 126
　(http://www.stadtbibliothek-bremen.de/)
＜Burghausen（ブルクハウゼン）＞
Werksbücherei der Wacker AG　ヴァッカー化学株式会社図書館　79
＜Cottbus（コットブス）＞
Informations-, Kommunikations- und Medienzentrum (IKMZ) der BTU Cottbus　コットブス・ブランデンブルク工科大学情報・コミュニケーション・資料センター　口絵 1, 133
　(http://www.tu-cottbus.de/einrichtungen/de/ikmz/)
＜Dortmund（ドルトムント）＞
Stadt- und Landesbibliothek Dortmund　ドルトムント市立・州立図書館　口絵 1, 56
　(http://www.dortmund.de/de/leben_in_dortmund/bildungwissenschaft/bibliothek/start_bibliothek/)
＜Dresden（ドレスデン）＞
Sächsische Landesbibliothek-: Staats- und Universitätsbibliothek　ザクセン州立図書館＝州立・大学図書館　24, 27, 102, 109
　(http://www.slub-dresden.de/)
＜Düsseldorf（デュッセルドルフ）＞
Stadtbüchereien Düsseldorf　デュッセルドルフ市立図書館　81
　(http://www.duesseldorf.de/stadtbuechereien/)
＜Eichstätt（アイヒシュテット）＞
Universitätsbibliothek Eichstätt-Ingolstadt　アイヒシュテット大学図書館（Katholische Universität Eichstätt　アイヒシュテット・カトリック大学）　38, 44
　(http://www.ku-eichstaett.de/bibliothek/allgemein/profil/)
＜Emden（エムデン）＞
Johannes a Lasco Bibliothek Große Kirche Emden　ヨハネス・ア・ラスコ図書館　64, 65
　(http://www.jalb.de/5224-187-235-29.html)
＜Erfurt（エアフルト）＞

Universitätsbibliothek Erfurt　エアフルト大学図書館　58
　(http://www.uni-erfurt.de/bibliothek/ub/)
＜Frankfurt am Main（フランクフルト・アム・マイン）＞
Deutsche Nationalbibliothek　ドイツ国立図書館　46-50, 52, 55, 77, 96, 102, 111-115, 117, 119, 139, 140
　(http://www.d-nb.de/)
Stadtbücherei Frankfurt　フランクフルト・アム・マイン市立図書館　69
　(http://www.frankfurt.de/sixcms/detail.php?id=2962&_ffmpar[_id_inhalt]=2374561)
＜Friedrichshafen（フリードリヒスハーフェン）＞
Medienhaus am See　フリードリヒスハーフェン市立図書館　126
　(http://www.medienhaus-am-see.de/)
＜Gotha（ゴータ）＞
Forschungsbibliothek Gotha　ゴータ研究図書館　27, 58
　(http://www.uni-erfurt.de/bibliothek/fb/)
＜Göttingen（ゲッティンゲン）＞
Niedersächsische Staats- und Universitätsbibliothek Göttingen　ニーダーザクセン州立・ゲッティンゲン大学図書館　105, 111, 140
　(http://www.sub.uni-goettingen.de/)
＜Gütersloh（ギュータースロー）＞
Stadtbibliothek Gütersloh　ギュータースロー市立図書館　98
　(http://www.stadtbibliothek-guetersloh.de/)
＜Halberstadt（ハルバーシュタット）＞
Stadtbibliothek "Heinrich Heine"　「ハインリヒ・ハイネ」図書館　92
　(http://www.halberstadt.de/de/bibliothek_neu_leben.html)
＜Halle an der Saale（ハレ）＞
Hauptbibliothek der Franckeschen Stiftungen　フランケ財団中央図書館　26, 44, 57, 58
　(http://www.francke-halle.de/main/)
Universitäts- und Landesbibliothesen Anhalt

147

ハレ大学・州立図書館　20, 26
（http://bibliothek.uni-halle.de/）
＜Hamburg（ハンブルク）＞
Bücherhallen Hamburg (HÖB)　ハンブルク公共図書館　46, 78
（http://www.buecherhallen.de/）
＜Hamm（ハム）＞
Zentralbibliothek der Stadtbüchereien Hamm　ハム市立中央図書館　72
（http://www.hamm.de/stadtbuecherei.html）
＜Hannover（ハノーファー）＞
Gottfried-Wilhelm-Leibniz Bibliothek – Niedersächsische Landesbibliothek　ゴットフリート・ヴィルヘルム・ライプニッツ図書館　40, 56
（http://www.gwlb.de/）
Technische Informationsbibliothek und Universitätsbibliothek Hannover (TIB)　技術情報図書館　46, 52, 53, 125, 133
（http://www.tib.uni-hannover.de/）
＜Heidelberg（ハイデルベルク）＞
Bibliotheca Palatina　ハイデルベルク宮廷文庫　18
Universitätsbibliothek Heidelberg　ハイデルベルク大学図書館　59
（http://www.ub.uni-heidelberg.de/）
＜Hildesheim（ヒルデスハイム）＞
Dombibliothek Hildesheim　ヒルデスハイム大聖堂図書館　15
（http://www.dombibliothek-hildesheim.de/〉
＜Jena（イェーナ）＞
Thüringer Universitäts- und Landesbibliothek Jena　テューリンゲン大学・州立図書館　131
（http://www.thulb.uni-jena.de/）
＜Karlsruhe（カールスルーエ）＞
Badische Landesbibliothek　バーデン州立図書館　107
（http://www.blb-karlsruhe.de/）
KIT Bibliothek　カールスルーエ工科学院図書館　60, 117, 118
（http://www.ubka.uni-karlsruhe.de/hylib/suchmaske.html）
＜Kiel（キール）＞
Deutsche Zentralbibliothek für Wirtschaftswissenschaften (ZBW)　ドイツ経済学中央図書館　44, 46, 52, 54
（http://www.zbw.eu/）
＜Koblenz（コブレンツ）＞
Stadtbibliothek Koblenz　コブレンツ市立図書館　69
（http://www.koblenz.de/stadtleben_kultur/k42_bildung_bibliotheken.html）
＜Köln（ケルン）＞
Deutsche Zentralbibliothek für Medizin (ZBMED)　ドイツ医学中央図書館　46, 52-54
（http://www.zbmed.de/）
＜Königswinter（ケーニヒスヴィンター）＞
Schulmediothek der Christophorusschule　クリストフォルス学校情報館自習センター　76
＜Landau（ランダウ）＞
Stadtbibliothek Landau　ランダウ市立図書館　66
（http://www.landau.de/index.phtml?La=1&NavID=343.89.1）
＜Leipzig,（ライプツィヒ）＞
Deutsche Bücherei (DNB)　ドイチェ・ビューヒェライ（ドイツ国立図書館）　22-25, 47-49, 111
Anne-Frank-Shoah-Bibliothek　アンネ・フランク・ショアー図書館　48
Universitätsbibliothek Leipzig　ライプツィヒ大学図書館　26
（http://www.ub.uni-leipzig.de/）
＜Lübeck（リューベック）＞
Bibliothek der Hansestadt Lübeck　ハンザ都市リューベック図書館　22
（http://stadtbibliothek.luebeck.de/）
＜Marbach am Neckar（マールバッハ・アム・ネッカー）＞
Deutsches Literaturarchiv　ドイツ文学資料館

64, 65, 133
（http://www.dla-marbach.de/）
＜München（ミュンヘン）＞
Bayerische Staatsbibliothek (BSB)　バイエルン国立図書館　46, 49-52, 102, 121, 138
（http://www.bsb-muenchen.de/index.php）
Universitätsbibliothek München　ミュンヘン大学図書館　59
（http://www.ub.uni-muenchen.de/）
Internationale Jugendbibliothek München　国際児童図書館　74, 133
（http://www.ijb.de/files/Seite00.htm）
＜Neckarsulm（ネッカースウルム）＞
Mediathek Neckarsulm　ネッカースウルム・メディア館　103
（http://www.mediathek-neckarsulm.de/）
＜Neufahrn（ノイファールン）＞
Gemeindebücherei　ノイファールン自治体図書館　134
（http://neufahrn.de/index.php?id=0,71）
＜Oldenburg,（オルデンブルク）＞
Landesbibliothek Oldenburg　オルデンブルク州立図書館　55
（http://www.lb-oldenburg.de/）
＜Ottobeuren（オットーボイレン）＞
Bibliotheca Ottenburana　ベネディクト修道院図書館　18
＜Potsdam（ポツダム）＞
Stadt- und Landesbibliothek Potsdam　ポツダム市立・州立図書館　24
（http://slb.potsdam.org/）
Hochschule für Film und Fernsehen „Konrad Wolf"　コンラート・ヴォルフ映画テレビ大学　129
（http://www.hff-potsdam.de/）
＜Regensburg（レーゲンスブルク）＞
Fürst Thurn und Taxis Hofbibliothek　レーゲンスブルク・トゥルン＝ウント＝タクシス侯爵宮殿図書館　45
（http://www.bibliothek.uni-regensburg.de/bestaende/hofbibliothek/index.html）

Universitätsbibliothek Regensburg　レーゲンスブルク大学図書館　120, 133, 141
（http://www.bibliothek.uni-regensburg.de/index.html）
＜Schwerin（シュヴェリーン）＞
Landesbibliothek Mecklenburg-Vorpommern　メクレンブルク＝フォアポンメルン州立図書館　26, 128
（http://www.lbmv.de/）
＜Sigmaringen（ジグマリンゲン）＞
Fürstlich Hohenzollernsche Hofbibliothek　ホーエンツォレルン侯宮廷図書館　17, 46
＜Stuttgart（シュトゥットガルト）＞
Württembergische Landesbibliothek Stuttgart　ヴュルテンベルク州立図書館　17, 123
（http://www.wlb-stuttgart.de/）
＜Tübingen（テュービンゲン）＞
Universitätsbibliothek Tübingen　テュービンゲン大学図書館　110
（http://www.uni-tuebingen.de/einrichtungen/universitaetsbibliothek/home.html）
＜Ulm（ウルム）＞
Stadtbibliothek Ulm　ウルム市立図書館　口絵1
（http://www.ulm.de/kultur_tourismus/bibliotheken_und_literatur/stadtbibliothek.30713.3076,3963,3669,30713.htm）
＜Weimar（ワイマール）＞
Herzogin Anna Amalia Bibliothek　アンナ・アマーリア公妃図書館　口絵 3, 26, 44, 58
（http://www.klassik-stiftung.de/index.php?id=37）
＜Westerstede（ヴェスターシュテーデ）＞
Stadtbücherei Westerstede　ヴェスターシュテーデ市立図書館　73
（http://www.stadtbuecherei-westerstede.de/index.php?id=66）
＜Wolfenbüttel（ヴォルフェンビュッテル）＞
Herzog August Bibliothek　アウグスト公爵図書館　口絵 3, 16, 58, 111, 121, 133
（http://www.hab.de/）

149

＜Würzburg（ヴュルツブルク）＞
Stadtbücherei Würzburg　ヴュルツブルク市立図書館　133
（http://www.wuerzburg.de/stadtbuecherei/index.html）

【事項　アルファベット順】

[A]
AACR2 → Anglo-American Cataloguing Rules
Academic LinkShare　アカデミック・リンクシェア　8, 111
Allianz zur Erhaltung des schriftlichen Kulturguts　文字文化財保護連盟　137
Allianzlizenzen　共同ライセンス　110, 116
Anglo-American Cataloguing Rules (AACR)　英米目録規則　115
Arbeitsgemeinschaft der Spezialbibliotheken e.V. (ASpB)　専門図書館研究会　63, 91, 102
ARGE Alp　ARGE アルプス　107
Artothek　美術工芸品貸出センター　口絵4, 67, 69, 123
ASpB → Arbeitsgemeinschaft der Spezialbibliotheken
Assistent an Bibliotheken　図書館アシスタント　34

[B]
BA → Besprechungen und Annotationen
BAföG = Bundesausbildungsförderungsgesetz　連邦教育促進法　37
BAM-Portal　図書館・資料館・博物館ポータル　117
BAT → Bundesangestelltentarif
BBA → Bundesverein der Assistent/innen und anderer Mitarbeiter/innen an Bibliotheken
BDB → Bundesvereinigung Deutscher Bibliotheksverbände
BEA → Bibliotheksentwicklungsagentur
Beauftragter der Bundesregierung für Kultur und Medien (BKM)　連邦政府文化・メディア担当部　31, 43, 89, 90

Berliner Titeldrucke　ベルリン目録　21
Berufsakademie　職業アカデミー　39, 62
Berufsbildungsgesetz　職業教育法　34
Berufsschule　職業学校　33, 34, 86, 94
Berufsverband Information Bibliothek e.V. (BIB)　情報・図書館職業組合　86, 88, 93-96, 112, 128
Besondere Benutzergruppen　特別利用者　77
Besprechungen und Annotationen (BA)　『書評と注解』　113
BIB → Berufsverband Information Bibliothek
BIBLIO 2　ビブリオ2　107
Bibliotheca Baltica　バルト海図書館　107
Bibliotheca Hertziana (Rom)　ヘルツ図書館　65
Bibliothek & Information Deutschland e.V. (BID)　ドイツの図書館と情報　7, 9-11, 13, 88, 89, 94-96, 98, 101, 102
Bibliothek & Information International (BII)　図書館と情報インターナショナル　89, 102
Bibliothek des Jahres　ライブラリー・オブ・ザ・イヤー　64, 72, 78, 92, 105, 113
Bibliothek 2007　図書館2007　12, 99
Bibliotheken '93　図書館'93　106
Bibliotheksarbeit für besondere Benutzergruppen　特別利用者　77
Bibliotheksdienst　『図書館サービス』　28, 89
Bibliotheksentwicklungsagentur (BEA)　図書館庁　99
Bibliotheksgesetz　図書館法　8, 12, 30, 89
Bibliotheksindex (BIX)　図書館インデックス　93
Bibliotheksplan '73　図書館計画'73　24, 88, 106
Bibliotheksportal des knb　「図書館ポータル」（knbのホームページ）　28, 93, 104
Bibliotheksrabatt　図書館割引　42
Bibliotheksschule　図書館学校　84, 85
Bibliotheksverbund　地域図書館ネットワーク　86, 114-120, 123
BIB-OPUS Online-Dokument-Server　オンライ

ン・ドキュメントサーバ BIB-OPUS　94
BIB-Rezensenten　レビューアー　112, 113
bibweb = Bibliothekarische Weiterbildung im Internet bibweb：図書館員のためのインターネットトレーニング　97, 98
BID　→ Bibliothek & Information Deutschland e.V.
BII　→ Bibliothek & Information International
Bildagentur　図版仲介業者　35, 82, 86
BIX → Bibliotheksindex
BKM　→ Beauftragter der Bundesregierung für Kultur und Medien
Blindenbibliothek　視覚障害者図書館　77
BMBF = Bundesministerium für Bildung und Forschung　連邦教育研究省　31
Borromäusverein (BV)　ボロメーウス協会　23, 73
Börsenblatt des Deutschen Buchhandels　『ドイツ出版流通協会誌』　41
Börsenverein des Deutschen Buchhandels e.V.　出版流通協会　40, 41, 46
Bologna-Prozess　ボローニャ・プロセス　8, 13, 38, 40
Braille-Punktschrift　ブライユ点字　77
BuB → Buch und Bibliothek
Buch und Bibliothek – Forum für Bibliothek und Information　『BuB：図書館と情報フォーラム』　94
Büchereizentrale　図書館センター　32, 44, 71
Buchhandel　書籍取扱業　40-42
Buchpreisbindung　価格固定　41, 42
Bundesangestelltentarif (BAT)　ドイツ連邦公務員給与規定　83
Bundesverein der Assistent/innen und anderer Mitarbeiter/innen an Bibliotheken e.V. (BBA)　図書館アシスタント・図書館従業員協会　93
Bundesvereinigung Deutscher Bibliotheksverbände (BDB)　ドイツ図書館協会全国連盟　13, 88, 101
Büro der europäischen Bibliotheksverbände (European Bureau of Library, Information and Documentation Associations = EBLIDA)　欧州図書館・情報・ドキュメンテーション協会連合　88, 94, 103
BV → Borromäusverein

[C]
CCMed → Current Contents Medicine
CENL　→ Conference of European National Librarians
Clearingstelle für den Internationalen Leihverkehr　国際相互貸出蔵書確認センター　124
Codex　コデックス　17
Conference of European National Librarians (CENL)　欧州国立図書館長会議　103
Current Contents Medicine (CCMed)　54

[D]
DAISY　デイジー　77
DBI → Deutsches Bibliotheksinstitut
DBK → Deutsche Bibliothekskonferenz
dbv → Deutscher Bibliotheksverband
DDB → Deutsche Digitale Bibliothek
DDC → Dewey Decimal Classification
Deutsche Bibliothekskonferenz (DBK)　ドイツ図書館会議　88, 106
Deutsche Digitale Bibliothek (DDB)　ドイツ・デジタル図書館　9, 49, 138
Deutsche Forschungsgemeinschaft (DFG)　ドイツ学術振興会　9, 24, 31, 49, 51, 52, 58, 60, 90, 102, 108-111, 121, 137, 138, 141
Deutsche Gesellschaft für Informationswissenschaft und Informationspraxis e.V. (DGI)　ドイツ情報科学技術協会　13, 79, 88, 91, 100, 101
Deutsche Internetbibliothek (DIB)　ドイツ・インターネット図書館　117, 126
Deutsche Lesesäle　ドイツ語閲覧室（ゲーテ・インスティトゥート）　99, 100
Deutsche Nationalbibliografie　『ドイツ全国書誌』　22, 48, 114

151

Deutscher Bibliothekartag　ドイツ図書館司書大会　94, 95, 103
Deutscher Bibliothekskongress　→ Leipziger Kongress für Information und Bibliothek
Deutscher Bibliotheksverband (dbv)　ドイツ図書館協会　12, 28, 63, 76, 78, 86, 88-93, 95, 96, 102, 112
Deutscher Leihverkehr　ドイツ相互利用　110, 122
Deutscher Volkshochschulverband e.V.　ドイツ市民大学協会　36
Deutsches Archäologisches Institut　ドイツ考古学研究所　65
Deutsches Bibliotheksinstitut (DBI)　ドイツ図書館研究所　12, 28, 87, 91
Deutsches Buch- und Schriftmuseum　ドイツ書籍活字博物館　49
Deutsches Exilarchiv　ドイツ亡命関連資料館　48
Deutsches Historisches Institut　ドイツ歴史研究所　65
Deutsches Institut für Medizinische Dokumentation und Information – DIMDI　ドイツ医学情報研究所　54, 80
Deutschland – Land der Ideen　「ドイツ，アイディアの国」　133
Dewey Decimal Classification (DDC)　デューイ十進法分類　114
DFG　→ Deutsche Forschungsgemeinschaft
DGI　→ Deutsche Gesellschaft für Informationswissenschaft und Informationspraxis
DIB　→ Deutsche Internetbibliothek
Die Deutsche Bibliothek　ディー・ドイチェ・ビブリオテーク　25, 47, 115
DigiAuskunft　127
Digibib　→ Digitale Bibliothek Nordrhein-Westfalen
Digitale Bibliothek　電子図書館　12, 59, 105, 116, 118, 137
Digitale Bibliothek Nordrhein-Westfalen (DigiBib)　電子図書館ノルトライン＝ヴェストファーレン　118, 123
Digitalisierungszentrum　デジタル化センター　50, 52, 138, 140
DigiZeitschriften　ドイツ電子雑誌アーカイブ　138
DIMDI　→ Deutsches Institut für medizinische Dokumentation und Information (Köln)
Diözesanbibliothek　教区図書館　45, 64
DiViBib GmbH　有限会社 DiViBib　97
Dokumentar　ドキュメンタリスト　81, 82, 101
Dombibliothek　大聖堂図書館　15, 16, 64
Duale Hochschule　デュアル大学　37, 39, 58
Duales System (Ausbildung)　デュアルシステム　34, 86

[E]

EBLIDA　→ Büro der Europäischen Bibliotheksverbände
Einheitsbücherei　統一図書館　23, 68
Einigungsvertrag　統一条約　30
Einschichtiges Bibliothekssystem　一層の図書館システム　60, 61, 131
Einzwanzig (21) gute Gründe für gute Bibliotheken　『図書館が良い21の理由』　9, 89
E-Book　電子書籍　8, 40, 67, 97, 116, 125, 130, 135
ekz-Bibliotheksservice GmbH (ekz)　図書館購買センター　74, 87, 88, 95, 97, 112
E-Learning　eラーニング　97
Elektronische Zeitschriftenbibliothek (EZB)　電子雑誌図書館　60, 80, 119, 120, 141
Elektronisches Publizieren　電子出版　82, 108, 109, 137
Eliport – Das evangelische Literaturportal e.V.　エリポート　プロテスタント文献ポータル　73
Empfehlungen zum Ausbau der wissenschaftlichen Bibliotheken　「学術図書館拡張についての勧告」　105
Enquête-Kommission des Deutschen Bundestages

索引

„Kultur in Deutschland"「ドイツの文化」（連邦議会諮問委員会）8, 12, 99
Entsäuerung　脱酸化処理　49
EUCLID　→ European Association for Library and Information Education and Research
EUCOR　ライン川上流域ヨーロッパ大学連合　107
EUREGIO Maas-Rhein　EUREGIO マース＝ライン　107
Europeana = Europäische Digitale Bibliothek　欧州デジタル文化遺産ポータル「Europeana」9, 49, 104, 138
European Association for Library and Information Education and Research (EUCLID)　図書館情報教育と研究のための欧州協会　91
Exzellenzinitiative zur Förderung von Wissenschaft und Forschung　エリート大学創設計画　8, 37
EZB　→ Elektronische Zeitschriftenbibliothek

[F]

Fachangestellter für Medien- und Informationsdienste (FAMI)　メディア・情報サービス専門員　35, 81, 84, 86, 94
Fachhochschulbibliothek　専門大学図書館　25, 26, 58, 61
Fachinformationssystem (FIS)　専門情報システム　79
Fachinformationszentrum (FIZ)　専門情報センター　79, 80
Fachinformationszentrum Karlsruhe (FIZ Karlsruhe)　カールスルーエ専門情報センター　79, 80
Fachstelle　図書館支援センター　28, 32, 40, 57, 71-73, 76, 78, 87, 90, 113, 132
Fachstellen-Server　図書館支援センター・サーバ　72
Fahrbibliothek　移動図書館　24, 28, 44, 66, 69-72, 124
FAMI　→ Fachangestellter für Medien- und Informationsdienste

Fernunterricht　通信教育　37, 86
Firmenbibliothek　企業内専門図書館　62
FIS　→ Fachinformationssystem
FIZ　→ Fachinformationszentrum
Forschungsbibliothek　研究図書館　48, 50, 58
Fort- und Weiterbildung　継続教育と再教育　36, 4, 67, 78, 86, 99, 106, 122
Fortbildungsdatenbank　研修データベース　87, 93
Franckesche Stiftungen (Halle)　フランケ財団　26, 44, 57, 58
Fraunhofer-Gesellschaft　フラウンホーファー協会　43

[G]

GBV = Gemeinsamer Bibliotheksverbund　共同図書館ネットワーク　116, 124
GBVdirekt　124
GDZ　→ Göttinger Digitalisierungszentrum
Gefängnisbibliothek　刑務所図書館　66, 69, 78, 92
Gefangenenbibliothek　収監者図書館　78
Gelehrtenbibliothek　学者の図書館　17
Gemeinsame Körperschaftsdatei (GKD)　団体名典拠ファイル　114
Gemeinsame Normdatei (GND)　共同典拠ファイル　114
Gerichtsbibliotheken　裁判所図書館　62, 63, 65
Gesamtkatalog der Wiegendrucke (GW)　インキュナブラ総合目録　51, 120
Gewerkschaftsbibliothek　労働組合図書館　28
GG　→ Grundgesetz
GI　→ Goethe-Institut
GKD　→ Gemeinsame Körperschaftsdatei
Global Trade Item Number (GTIN)　国際取引商品コード　42
GND　→ Gemeinsame Normdatei
Goethe-Institut (GI)　ゲーテ・インスティトゥート　9, 11, 13, 42, 65, 88, 99, 100, 102
Göttinger Digitalisierungszentrum (GDZ)　ゲッ

153

ティンゲン・デジタル化センター　138, 140
Graues Schrifttum　灰色文献　53, 62, 63
Grundgesetz (GG)　基本法　15, 29-31, 37, 43, 44, 66, 77
GTIN = Global Trade Item Number　国際取引商品コード
Gutenberg, Johannes　ヨハネス・グーテンベルク　18, 45, 140
GW → Gesamtkatalog der Wiegendrucke

[H]
Hamburger Bücherhallen (HÖB)　→　Bücherhallen Hamburg
Handbuch der historischen Buchbestände in Deutschland　『ドイツ歴史蔵書ハンドブック』　121, 122
Handbuch deutscher historischer Buchbestände in Europa　『ドイツ歴史蔵書ハンドブック・ヨーロッパ版』　122
HBFG → Hochschulbauförderungsgesetz
HBZ → Hochschulbibliothekszentrum (Köln)
Hermann von Helmholtz-Gemeinschaft Deutscher Forschungszentren　ヘルマン・フォン・ヘルムホルツ・ドイツ協会　43
Hochschulautonomie　大学の自治　33
Hochschulbauförderungsgesetz (HBFG)　大学建設促進法　37
Hochschulbibliothekszentrum (HBZ)　大学図書館センター　65, 93, 98, 118, 126
Hochschulrahmengesetz (HRG)　大学大綱法　37
Hochschulrektorenkonferenz (HRK)　大学学長会議　33
Hofbibliothek　宮廷図書館　17-21, 49, 52, 56, 58
HRG → Hochschulrahmengesetz
HRK → Hochschulrektorenkonferenz
Humboldt-Universität　フンボルト大学　26, 59, 85-87
Hybride Bibliothek　ハイブリッド図書館　135, 137

[I・J]
ID → Informationsdienst
IFLA　→ International Federation of Library Associations and Institutions
IFLA-Nationalkomitee　IFLA国内委員会　102, 103
Industrie- und Handelskammer　商工会議所　86, 87
InfoDesk　117, 127
Information Broker　情報ブローカー　81
Informationsdienst (ID)　『ekz情報サービス』　96, 112
Informationswirt　インフォメーションマネージャー　81, 82, 84, 85
Inkunabel　インキュナブラ　45, 51, 52, 120, 121
Innere Mission　キリスト教内啓蒙活動　23
Institut für Bibliotheks- und Informationswissenschaft (HU Berlin)　図書館情報学研究所（フンボルト大学）　85, 86
Institut für Buch- und Handschriftenrestaurierung　書籍・写本修復センター　52
Instruktionen für die alphabetischen Kataloge (PI = Preußischen Instruktionen)　プロイセン目録規則　21
Interkulturelle Bibliotheksarbeit　多文化サービス　91
International Federation of Library Associations and Institutions (IFLA)　国際図書館連盟　7, 9, 11, 67, 88, 89, 94, 102, 103, 107
Internationale Frankfurter Buchmesse　フランクフルト・ブックフェア　41, 101
Internationale ISBN-Agentur　国際標準図書番号（ISBN）国際センター　42, 51
Internationale ISMN-Agentur　国際標準音楽番号（ISMN）国際センター　51
Internationale Standardbuchnummer (ISBN)　国際標準図書番号　42, 51
Internationaler Leihverkehr　国際相互貸出　124
ISBN = Internationale Standardbuchnummer　国

際標準図書番号　42, 51
ISSN-Zentrum　ISSNセンター　49
IuD-Programm　情報・ドキュメンテーションプログラム　31
Jahrbuch der Deutschen Bibliotheken　『ドイツ図書館年鑑』　95
Jugendbibliothek　ヤングアダルト図書館　69, 73, 74, 91, 97

[K]
Karl-Preusker-Medaille　カール・プロイスカー・メダル　89
Karlsruher Virtueller Katalog (KVK)　カールスルーエ・ヴァーチャル目録
KIBA　→ Konferenz der informations- und bibliothekswissenschaftlichen Ausbildungs- und Studiengänge
Kinderbibliothek　児童図書館　73, 74
Kirchliche Öffentliche Bibliothek　教会公共図書館　72, 73
KIT → Karlsruher Institut für Technologie
Klosterbibliothek　修道院図書館　16, 18, 64
KMK → Kultusministerkonferenz
KOBV = Kooperativer Bibliotheksverbund Berlin-Brandenburg　ベルリン・ブランデンブルク協力図書館ネットワーク　116
Kommerzielle Leihbibliothek　貸本店　22
Kommunale Gemeinschaftsstelle für Verwaltungsmanagement　行政マネジメントのための自治体共同センター　31
Kompetenznetzwerk Langzeitarchivierung und Langzeitverfügbarkeit digitaler Ressourcen (NESTOR)　デジタルリソースの長期的保存と利用のための専門情報ネットワーク　139
Konferenz der Kultusminister der Länder (KMK)　各州文部大臣会議　28, 31, 33, 90, 92
Konferenz der informations- und bibliothekswissenschaftlichen Ausbildungs- und Studiengänge (KIBA)　情報学・図書館学教育課程会議　91

Kopal - Kooperativer Aufbau eines Langzeitarchivs digitaler Informationen　デジタル情報の長期的保存の共同構築　12, 139, 140
Krankenhausbibliothek　患者図書館　66, 69, 78, 91
Kreisbibliothek　郡立図書館　65
Kulturausschuss　文化委員会　32
Kulturautonomie　文化的自治　30, 87
Kulturhoheit　文化主権　30, 33, 39, 43
Kunsthistorisches Institut　芸術史研究所図書館　65
Kunsthochschule　芸術大学　37, 39
KVK → Karlsruher Virtueller Katalog

[L]
Landesbibliografie　州目録　56
Landeskirchliche Bibliothek　地区教会の図書館　44
Ländliche Zentralbibliothek　地方の中央図書館　25
Langzeitarchivierung　長期保存　47, 63, 104, 139, 140
Lebenslangen Lernen　生涯学習　12, 31, 37, 101, 104, 128
Leipziger Kongress für Information und Bibliothek (=Deutscher Bibliothekskongress)　ドイツ情報・図書館ライプツィヒ大会（＝ドイツ図書館大会）　11, 13, 89, 94, 95, 101
Lektoratsdienst　書評サービス　73, 96, 100, 112
Lektoratskooperation (LK)　書評協力　112-113
Leseförderung　読書推進　25, 40, 67, 70, 72, 73, 76, 98, 128
LIBER = Ligue des Bibliothèques Européennes de Recherche　欧州研究図書館協会　103
Linked Open Data-System　リンクト・オープン・データ・システム　140
LIS　→ Wissenschaftliche Literaturversorgungs- und Informationssysteme
LK → Lektoratskooperation
LK-Lektor　書評担当者　112

Lux, Claudia　クラウディア・ルクス　7-11, 102

[M]
MAB → Maschinelles Austauschformat für Bibliotheken
MARC 21 = Machine Readable Cataloguing
Maschinelles Austauschformat für Bibliotheken (MAB)　図書館のための機械的交換フォーマット　114
Master of Library and Information Science (MALIS)　図書館情報学修士号　85
Max-Planck-Gesellschaft　マックス・プランク協会　43
Max-Planck-Institut　マックス・プランク研究所　65
MDZ → Münchener Digitalisierungszentrum
Medibus = Mediengesellschaft für blinde und sehbehinderte Menschen　視覚障害者医学協会　77
Medienkompetenz　メディアリテラシー　35, 67, 73, 75, 77, 136, 137
Medienzentrum　教育メディアセンター　35, 76
Mohn, Reinhard　ラインハルト・モーン　97
Münchener Digitalisierungszentrum (MDZ)　ミュンヘン・デジタル化センター　52, 138
Musikbibliothek　音楽図書館　47, 58, 66, 67, 69

[N]
NABD → Normenausschuss Bibliotheks- und Dokumentationswesen
NAPLE = National Authorities on Public Libraries in Europe　欧州公共図書館公社　103
Nationallizenz　ナショナル・ライセンス　60, 109, 110, 126
NESTOR → Kompetenznetzwerk Langzeitarchivierung und Langzeitverfügbarkeit digitaler Ressourcen

Neuerscheinungsdienst　新刊情報サービス　48
Normenausschuss Bibliotheks- und Dokumentationswesen (NABD)　図書館・ドキュメンテーション規格委員会　93

[O]
One Person Library (OPL)　ワン・パーソン・ライブラリー　63, 94
Onleihe　オンライエ　8, 67, 97, 113
Open Access　オープン・アクセス　54, 91, 117, 139
OPL → One Person Library

[P・Q]
Pädagogische Hochschule　教育大学　37, 39, 58
Papierspaltung　中打ち　49
Pay-per-view　ペイ・パー・ビュー　54, 80, 120
Parlamentsbibliotheken　議会図書館　43, 62, 63, 65
Patientenbibliothek　患者図書館　66, 69, 78, 91
Personennamendatei (PND)　著者名典拠ファイル　114
Pflichtexemplarrecht　納本を受ける権利　47, 55-57, 68, 111, 139
PI = Preußische Instruktionen → Instruktionen für die alphabetischen Kataloge
PISA-Studie = Programme for International Student Assessment　国際学習到達度調査　40, 75, 76
PND → Personennamendatei
Preisbindung　価格固定　41, 42
Preußischer Gesamtkatalog　プロイセン総合目録　21
Privatbibliothek　個人図書館　16, 17, 19
Publizistenpreis der deutschen Bibliotheken　ドイツ図書館ジャーナリスト賞　92
Pultbibliothek　卓上図書館　18

156

QuestionPoint　127

[R]

Rahmenvereinbarung Forschungsförderung　研究推進外郭協定　31
RAK　→ Regeln für die Alphabetische Katalogisierung
RAK-WB (Regeln für Wissenschaftliche Bibliotheken)　学術図書館目録規則　114
Ratsbücherei　市議会図書館　56
RDA = Resource Description and Access　9, 115
Regeln für den Schlagwortkatalog (RSWK)　件名目録規則　114
Regeln für die Alphabetische Katalogisierung (RAK)　アルファベット順目録規則　113, 115
Regionalbibliothek　地域図書館　24, 43, 45, 55-58, 110
Regionales Verbundsystem　地域図書館ネットワーク　86, 114-120, 123
Report　リポート　53, 64
RFID = Radiofrequenz Identifikation　電波による個体識別　7, 97
Richtungsstreit　路線論争　23
RSWK　→ Regeln für den Schlagwortkatalog

[S]

Saalbibliothek　閲覧室図書館　18, 20
Sammlung Deutscher Drucke　ドイツ刊行物収集計画　49-52, 111, 112
SBB-PK　→ Staatsbibliothek zu Berlin – Preußischer Kulturbesitz
Schlagwortnormdatei (SWD)　キーワード典拠ファイル　114
Schulbibliothek　学校図書館　34, 35, 42, 65, 66, 69, 71, 75, 76, 81, 82, 133, 134
Schulbibliothekarische Arbeitsstelle　学校図書館支援センター　76
Semantic Web　セマンティック・ウェブ　9, 53, 115, 140
Sondersammelgebiet　特別収集領域　24, 27, 49, 52, 58, 60, 105, 108-111, 124, 138
Soziale Bibliotheksarbeit　社会的図書館活動　77
St. Michaelsbund　聖ミヒャエル協会　23, 73
Staatliche Allgemeinbibliothek　州立一般図書館　24
Staatliche Büchereistelle　図書館局　71
Staatliche Fachstelle für Öffentliche Bibliotheken　図書館支援センター　28, 32, 40, 57, 71-73, 76, 78, 87, 90, 113, 132
Standardisierungsausschuss　標準化委員会　115
Standing Order　113
Statistisches Bundesamt　連邦統計局　33, 63
Stiftung Lesen　読書基金　40
Stiftung Bücherhallen Hamburg　ハンブルク公共図書館財団　46
Stiftung Preußischer Kulturbesitz　プロイセン文化財団　16, 44, 50
STN = Scientific and Technical Information Network　79
subito – Dokumente aus Bibliotheken e.V.　スビト　54, 110, 124-126
SWD　→ Schlagwortnormdatei

[T・U]

Tag der Bibliotheken　図書館の日　92
Tarifvertrag Öffentlicher Dienst (TVöD)　公共サービス労働協約　83
Teaching Library　教える図書館　136
Thekenbücherei　カウンター図書館　23, 24
Truppenbücherei　軍隊図書館　78
TVöD　→ Tarifvertrag Öffentlicher Dienst
UNESCO-Manifest Lehren und Lernen mit der Schulbibliothek　ユネスコ学校図書館宣言「すべての者の教育と学習のための学校図書館」　75
Universitätsbibliothek　総合大学図書館　58-61
Universitätsverlag　大学出版社　139
Urheberrecht　著作権　8, 40, 102, 103, 123-126,

37, 76, 72, 133, 134

[V]

VBA → Verein der Bibliothekare und Assistenten

vbnw → Verband der Bibliotheken des Landes Nordrhein-Westfalen

VD 16 = Verzeichnis der im deutschen Sprachbereich erschienenen Drucke des 16. Jahrhunderts 16世紀のドイツ語圏で出版された印刷物の目録 121

VD 17 = Verzeichnis der im deutschen Sprachraum erschienenen Drucke des 17. Jahrhunderts 17世紀のドイツ語圏で出版された印刷物の目録 121

VD 18 = Verzeichnis der im deutschen Sprachraum erschienenen Drucke des 18. Jahrhunderts 18世紀のドイツ語圏で出版された印刷物の目録 121

VDB → Verein Deutscher Bibliothekare

VdDB → Verein der Diplom-Bibliothekare an wissenschaftlichen Bibliotheken

Verband der Bibliotheken des Landes Nordrhein-Westfalen e.V. (vbnw) ノルトライン＝ヴェストファーレン州図書館協会 90

Verein der Bibliothekare und Assistenten e.V. (VBA) 図書館員・図書館アシスタント協会 93

Verein der Diplom-Bibliothekare an wissenschaftlichen Bibliotheken e.V. (VdDB) 学術図書館学士協会 93, 95

Verein Deutscher Bibliothekare e.V. (VDB) ドイツ図書館司書協会 86, 88, 94, 95, 128

Verzeichnis Lieferbarer Bücher (VLB) 『在庫図書目録』41, 48

VHS → Volkshochschule

Virtuelle Fachbibliothek 仮想専門図書館 12, 54, 80, 108, 110, 111

VLB → Verzeichnis Lieferbarer Bücher

Volksbücherei 民衆図書館 22-24

Volkshochschule (VHS) 市民大学 8, 32, 36,

[W]

WB → Wissenschaftliche Bibliothek

Web 2.0 8, 36, 140

Webis = webbasierte Informationssystem Sammelschwerpunkte an deutschen Bibliotheken ドイツの図書館における収集重点領域 Webis 110

Werksbibliothek 企業内一般図書館 62, 66, 78, 79, 91

WGL → Wissenschaftsgemeinschaft Gottfried Wilhelm Leibniz

Wiener Erklärung ウィーン宣言 103

Wissenschaftliche Allgemeinbibliothek 学術一般図書館 24, 25, 27

Wissenschaftliche Literaturversorgungs- und Informationssysteme (LIS) 学術文献・情報提供システム 108

Wissenschaftliche Stadtbibliothek 学術市立図書館 18, 56, 57, 68

Wissenschaftlicher Bibliothekar 学術図書館員 84, 95

Wissenschaftsgemeinschaft Gottfried Wilhelm Leibniz (WGL) ライプニッツ学術連合 31, 43, 80

Wissenschaftsrat (WR) 学術評議会 28, 31, 38, 61, 105, 106, 135

WorldCat 117, 118

WR → Wissenschaftsrat

[Z]

ZBW → Deutsche Zentralbibliothek für Wirtschaftswissenschaften – Leibniz-Informationszentrum Wirtschaft

ZDB → Zeitschriftendatenbank

Zeitschriftendatenbank (ZDB) 雑誌総合目録データベース 8, 27, 28, 51, 114, 119, 120

ZEIT-Stiftung Ebelin und Gerd Bucerius ツァイト財団エベリン＆ゲルト・ブケリウス 92

Zentrale Fachbibliothek 中央専門図書館 24,

25, 27, 43, 46, 50, 53, 54, 79, 80, 108, 124
Zentrales Verzeichnis Digitalisierter Drucke (ZVDD) 電子化出版物中央目録 117
Zentrum für Bucherhaltung GmbH 書籍保存センター 49
Zentrum für Bibliotheks- und Informationswissenschaftliche Weiterbildung 図書館情報学研修センター 87
Zielgruppenorientierte Bibliotheksarbeit 特定の利用者のための図書館活動 78
ZVDD → Zentrales Verzeichnis Digitalisierter Drucke
Zweischichtiges Bibliothekssystem 二層の図書館システム 59, 60, 110

【事項　数字・五十音順】

[数字]
16世紀のドイツ語圏で出版された印刷物の目録　VD 16 = Verzeichnis der im deutschen Sprachbereich erschienenen Drucke des 16. Jahrhunderts 121
17世紀のドイツ語圏で出版された印刷物の目録　VD 17 = Verzeichnis der im deutschen Sprachraum erschienenen Drucke des 17. Jahrhunderts 121
18世紀のドイツ語圏で出版された印刷物の目録　VD 18 = Verzeichnis der im deutschen Sprachraum erschienenen Drucke des 18. Jahrhunderts 121

[アクロニム]
ARGE アルプス　ARGE Alp 107
bibweb：図書館員のためのインターネットトレーニング　bibweb = Bibliothekarische Weiter- bildung im Internet 97, 98
『BuB：図書館と情報フォーラム』　Buch und Bibliothek – Forum für Bibliothek und Information 94
EUREGIO マース＝ライン　EUREGIO Maas-Rhein 107
『ekz 情報サービス』　Informationsdienst (ID) 96, 112
e ラーニング　E-Learning 97
IFLA 国内委員会　IFLA-Nationalkomitee 102, 103
ISSN センター　ISSN-Zentrum 49
QuestionPoint 127
Standing Order 113
STN = Scientific and Technical Information Network 79

[あ行]
アカデミック・リンクシェア　Academic Link-Share 8, 111
アルファベット順目録規則　Regeln für die Alphabetische Katalogisierung (RAK) 113, 115
一層の図書館システム　Einschichtiges Bibliothekssystem 60, 61, 131
移動図書館　Fahrbibliothek 24, 28, 44, 66, 69-72, 124
インキュナブラ　Inkunabel 45, 51, 52, 120, 121
インキュナブラ総合目録　Gesamtkatalog der Wiegendrucke (GW) 51, 120
インフォメーションマネージャー　Informationswirt 81, 82, 84, 85
ウィーン宣言　Wiener Erklärung 103
英米目録規則　Anglo- American Cataloguing Rules (AACR) 115
閲覧室図書館　Saalbibliothek 18, 20
エリート大学創設計画　Exzellenzinitiative zur Förderung von Wissenschaft und Forschung 8, 37
エリポート　プロテスタント文献ポータル　Eliport – Das evangelische Literaturportal e.V. 73
欧州研究図書館協会　LIBER = Ligue des Bibliothèques Européennes de Recherche 103
欧州公共図書館公社　NAPLE = National Authorities on Public Libraries in Europe 103

欧州国立図書館長会議　Conference of European National Librarians (CENL)　103
欧州デジタル文化遺産ポータル「Europeana」Europeana = Europäische Digitale Bibliothek　9, 49, 104, 138
欧州図書館・情報・ドキュメンテーション協会連合　Büro der europäischen Bibliotheksverbände (European Bureau of Library, Information and Documentation Associations = EBLIDA)　88, 94, 103
教える図書館　Teaching Library　136
オープン・アクセス　Open Access　54, 91, 117, 139
音楽図書館　Musikbibliothek　47, 58, 66, 67, 69
オンライエ　Onleihe　8, 67, 97, 113
オンライン・ドキュメントサーバ BIB-OPUS　BIB-OPUS Online-Dokument-Server　94

[か行]
カウンター図書館　Thekenbücherei　23, 24
価格固定　Preisbindung　41, 42
各州文部大臣会議　Konferenz der Kultusminister der Länder (KMK)　28, 31, 33, 90, 92
学者の図書館　Gelehrtenbibliothek　17
学術一般図書館　Wissenschaftliche Allgemeinbibliothek　24, 25, 27
学術市立図書館　Wissenschaftliche Stadtbibliothek　18, 56, 57, 68
学術図書館員　Wissenschaftlicher Bibliothekar　84, 95
学術図書館学士協会　Verein der Diplom-Bibliothekare an wissenschaftlichen Bibliotheken e.V. (VdDB)　93, 95
「学術図書館拡張についての勧告」Empfehlungen zum Ausbau der wissenschaftlichen Bibliotheken　105
学術図書館目録規則　Regeln für Wissenschaftliche Bibliotheken (RAK-WB)　114
学術評議会　Wissenschaftsrat (WR)　28, 31, 38, 61, 105, 106, 135
学術文献・情報提供システム　Wissenschaftliche Literaturversorgungs- und Informationssysteme (LIS)　108
貸本店　Kommerzielle Leihbibliothek　22
仮想専門図書館　Virtuelle Fachbibliothek　12, 54, 80, 108, 110, 111
学校図書館　Schulbibliothek　34, 35, 42, 65, 66, 69, 71, 75, 76, 81, 82, 133, 134
学校図書館支援センター　Schulbibliothekarische Arbeitsstelle　76
カールスルーエ専門情報センター　Fachinformationszentrum Karlsruhe (FIZ Karlsruhe)　79, 80
カール・プロイスカー・メダル　Karl-Preusker-Medaille　89
患者図書館　Krankenhausbibliothek; Patientenbibliothek　66, 69, 78, 91
議会図書館　Parlamentsbibliotheken　43, 62, 63, 65
企業内一般図書館　Werksbibliothek　62, 66, 78, 79, 91
企業内専門図書館　Firmenbibliothek　62
基本法　Grundgesetz (GG)　15, 29-31, 37, 43, 44, 66, 77
宮廷図書館　Hofbibliothek　17-21, 49, 52, 56, 58
教育大学　Pädagogische Hochschule　37, 39, 58
教育メディアセンター　Medienzentrum　35, 76
教会公共図書館　Kirchliche Öffentliche Bibliothek　72, 73
教区図書館　Diözesanbibliothek　45, 64
行政マネジメントのための自治体共同センター　Kommunale Gemeinschaftsstelle für Verwaltungsmanagement　31
共同典拠ファイル　Gemeinsame Normdatei (GND)　114
共同図書館ネットワーク　GBV = Gemeinsamer Bibliotheksverbund　116, 124

160

共同ライセンス　Allianzlizenzen　110, 116
キリスト教内啓蒙活動　Innere Mission　23
キーワード典拠ファイル　Schlagwortnormdatei (SWD)　114
クラウディア・ルクス　Lux, Claudia　7-11, 102
軍隊図書館　Truppenbücherei　78
郡立図書館　Kreisbibliothek　65
芸術史研究所図書館　Kunsthistorisches Institut　65
芸術大学　Kunsthochschule　37, 39
継続教育と再教育　Fort- und Weiterbildung　36, 4, 67, 78, 86, 99, 106, 122
刑務所図書館　Gefängnisbibliothek　66, 69, 78, 92
ゲッティンゲン・デジタル化センター　Göttinger Digitalisierungszentrum (GDZ)　138, 141
ゲーテ・インスティトゥート　Goethe-Institut (GI)　9, 11, 13, 42, 65, 88, 99, 100, 102
研究推進外郭協定　Rahmenvereinbarung Forschungsförderung　31
研究図書館　Forschungsbibliothek　48, 50, 58
研修データベース　Fortbildungsdatenbank　87, 93
件名目録規則　Regeln für den Schlagwortkatalog (RSWK)　114
公共サービス労働協約　Tarifvertrag Öffentlicher Dienst (TVöD)　83
国際学習到達度調査　PISA-Studie = Programme for International Student Assessment　40, 75, 76
国際相互貸出　Internationaler Leihverkehr　124
国際相互貸出蔵書確認センター　Clearingstelle für den Internationalen Leihverkehr　124
国際図書館連盟　International Federation of Library Associations and Institutions (IFLA)　7, 9, 11, 67, 88, 89, 94, 102, 103, 107
国際取引商品コード　Global Trade Item Number (GTIN)　42
国際標準音楽番号（ISMN）国際センター　Internationale ISMN-Agentur　51
国際標準図書番号　Internationale Standardbuchnummer (ISBN)　42, 51
国際標準図書番号（ISBN）国際センター　Internationale ISBN-Agentur　42, 51
個人図書館　Privatbibliothek　16, 17, 19
コデックス　Codex　17

[さ行]
『在庫図書目録』　Verzeichnis Lieferbarer Bücher (VLB)　41, 48
裁判所図書館　Gerichtsbibliotheken　62, 63, 65
雑誌総合目録データベース　Zeitschriftendatenbank (ZDB)　8, 27, 28, 51, 114, 119, 120
視覚障害者医学協会　Medibus = Mediengesellschaft für blinde und sehbehinderte Menschen　77
視覚障害者図書館　Blindenbibliothek　77
市議会図書館　Ratsbücherei　56
児童図書館　Kinderbibliothek　73, 74
市民大学　Volkshochschule (VHS)　8, 32, 36, 37, 76, 72, 133, 134
社会的図書館活動　Soziale Bibliotheksarbeit　77
収監者図書館　Gefangenenbibliothek　78
修道院図書館　Klosterbibliothek　16, 18, 64
州目録　Landesbibliografie　56
州立一般図書館　Staatliche Allgemeinbibliothek　24
出版流通協会　Börsenverein des Deutschen Buchhandels e.V.　40, 41, 46
生涯学習　Lebenslangen Lernen　12, 31, 37, 101, 104, 128
商工会議所　Industrie- und Handelskammer　86, 87
情報学・図書館学教育課程会議　Konferenz der informations- und bibliothekswissenschaftlichen Ausbildungs- und Studiengänge (KIBA)

91
情報・ドキュメンテーションプログラム　IuD-Programm　31
情報・図書館職業組合　Berufsverband Information Bibliothek e.V. (BIB)　86, 88, 93-96, 112, 128
情報ブローカー　Information Broker　81
職業アカデミー　Berufsakademie　39, 62
職業学校　Berufsschule　33, 34, 86, 94
職業教育法　Berufsbildungsgesetz　34
書籍・写本修復センター　Institut für Buch- und Handschriftenrestaurierung　52
書籍取扱業　Buchhandel　40-42
書籍保存センター　Zentrum für Bucherhaltung GmbH　49
書評協力　Lektoratskooperation (LK)　112-113
書評サービス　Lektoratsdienst　73, 96, 100, 112
書評担当者　LK-Lektor　112
『書評と注解』　Besprechungen und Annotationen (BA)　113
新刊情報サービス　Neuerscheinungsdienst　48
図版仲介業者　Bildagentur　35, 82, 86
スビト　subito – Dokumente aus Bibliotheken e.V.　54, 110, 124-426
聖ミヒャエル協会　St. Michaelsbund　23, 73
セマンティック・ウェブ　Semantic Web　9, 53, 115, 140
専門情報システム　Fachinformationssystem (FIS)　79
専門情報センター　Fachinformationszentrum (FIZ)　79, 80
専門大学図書館　Fachhochschulbibliothek　25, 26, 58, 61
専門図書館研究会　Arbeitsgemeinschaft der Spezialbibliotheken e.V. (ASpB)　63, 91, 102
総合大学図書館　Universitätsbibliothek　58-61

[た行]
大学学長会議　Hochschulrektorenkonferenz (HRK)　33
大学建設促進法　Hochschulbauförderungsgesetz (HBFG)　37
大学出版社　Universitätsverlag　139
大学大綱法　Hochschulrahmengesetz (HRG)　37
大学図書館センター　Hochschulbibliothekszentrum (HBZ)　65, 93, 98, 118, 126
大学の自治　Hochschulautonomie　33
大聖堂図書館　Dombibliothek　15, 16, 64
卓上図書館　Pultbibliothek　18
脱酸化処理　Entsäuerung　49
多文化サービス　Interkulturelle Bibliotheksarbeit　91
団体名典拠ファイル　Gemeinsame Körperschaftsdatei (GKD)　114
地域図書館　Regionalbibliothek　24, 43, 45, 55-58, 110
地域図書館ネットワーク　Regionales Verbundsystem; Bibliotheksverbund　86, 114-120, 123
地区教会の図書館　Landeskirchliche Bibliothek　44
地方の中央図書館　Ländliche Zentralbibliothek　25
中央専門図書館　Zentrale Fachbibliothek　24, 25, 27, 43, 46, 50, 53, 54, 79, 80, 108, 124
長期保存　Langzeitarchivierung　47, 63, 104, 139, 140
著作権　Urheberrecht　8, 40, 102, 103, 123-126, 139
著者名典拠ファイル　Personennamendatei (PND)　114
ツァイト財団エベリン＆ゲルト・ブケリウス　ZEIT-Stiftung Ebelin und Gerd Bucerius　92
通信教育　Fernunterricht　37, 86
デイジー　DAISY　77
ディー・ドイチェ・ビブリオテーク　Die Deutsche Bibliothek　25, 47, 115

162

デジタル化センター　Digitalisierungszentrum　50, 52, 138, 140

デジタル情報の長期的保存の共同構築　Kopal - Kooperativer Aufbau eines Langzeitarchivs digitaler Informationen　12, 139, 140

デジタルリソースの長期的保存と利用のための専門情報ネットワーク　Kompetenznetzwerk Langzeitarchivierung und Langzeitverfügbarkeit digitaler Ressourcen (NESTOR)　139

デュアルシステム　Duales System　34, 86

デュアル大学　Duale Hochschule　37, 39, 58

デューイ十進分類法　Dewey Decimal Classification (DDC)　114

電子化出版物中央目録　Zentrales Verzeichnis Digitalisierter Drucke (ZVDD)　117

電子雑誌図書館　Elektronische Zeitschriftenbibliothek (EZB)　60, 80, 119, 120, 141

電子出版　Elektronisches Publizieren　82, 108, 109, 137

電子書籍　E-Book　8, 40, 67, 97, 116, 125, 130, 135

電子図書館　Digitale Bibliothek　12, 59, 105, 116, 118, 137

電子図書館ノルトライン＝ヴェストファーレン　Digitale Bibliothek Nordrhein-Westfalen (DigiBib)　118, 123

電波による個体識別　RFID = Radiofrequenz Identifikation　7, 97

「ドイツ，アイディアの国」　Deutschland – Land der Ideen　133

ドイツ医学情報研究所　Deutsches Institut für Medizinische Dokumentation und Information – DIMDI　54, 80

ドイツ・インターネット図書館　Deutsche Internetbibliothek (DIB)　117, 126

ドイツ学術振興会　Deutsche Forschungsgemeinschaft (DFG)　9, 24, 31, 49, 51, 52, 58, 60, 90, 102, 108-111, 121, 137, 138, 141

ドイツ刊行物収集計画　Sammlung Deutscher Drucke　49-52, 111, 112

ドイツ考古学研究所　Deutsches Archäologisches Institut　65

ドイツ語閲覧室（ゲーテ・インスティトゥート）　Deutsche Lesesäle　99, 100

ドイツ市民大学協会　Deutscher Volkshochschulverband e.V.　36

『ドイツ出版流通協会誌』　Börsenblatt des Deutschen Buchhandels　41

ドイツ情報科学技術協会　Deutsche Gesellschaft für Informationswissenschaft und Informations- praxis e.V. (DGI)　13, 79, 88, 91, 100, 101

ドイツ情報・図書館ライプツィヒ大会（＝ドイツ図書館大会）　Leipziger Kongress für Information und Bibliothek (=Deutscher Bibliothekskongress)　11, 13, 89, 94, 95, 101

ドイツ書籍活字博物館　Deutsches Buch- und Schriftmuseum　49

『ドイツ全国書誌』　Deutsche Nationalbibliografie　22, 48, 114

ドイツ相互利用　Deutscher Leihverkehr　110, 122

ドイツ・デジタル図書館　Deutsche Digitale Bibliothek (DDB)　9, 49, 138

ドイツ電子雑誌アーカイブ　DigiZeitschriften　138

ドイツ図書館会議　Deutsche Bibliothekskonferenz (DBK)　88, 106

ドイツ図書館協会　Deutscher Bibliotheksverband (dbv)　12, 28, 63, 76, 78, 86, 88-93, 95, 96, 102, 112

ドイツ図書館協会全国連合　Bundesvereinigung Deutscher Bibliotheksverbände (BDB)　13, 88, 101

ドイツ図書館研究所　Deutsches Bibliotheksinstitut (DBI)　12, 28, 87, 91

ドイツ図書館司書協会　Verein Deutscher Bibliothekare e.V. (VDB)　86, 88, 94, 95, 128

ドイツ図書館司書大会　Deutscher Bibliothekartag　94, 95, 103

ドイツ図書館ジャーナリスト賞　Publizisten-

preis der deutschen Bibliotheken 92
ドイツ図書館大会 → ドイツ情報・図書館ライプツィヒ大会
『ドイツ図書館年鑑』 Jahrbuch der Deutschen Bibliotheken 95
ドイツの図書館と情報 Bibliothek & Information Deutschland e.V. (BID) 7, 9-11, 13, 88-89, 94-96, 98, 101, 102
ドイツの図書館における収集重点領域 Webis Webis = webbasierte Informationssystem Sammelschwerpunkte an deutschen Bibliotheken 110
「ドイツの文化」（連邦議会諮問委員会） Enquête-Kommission des Deutschen Bundestages „Kultur in Deutschland" 8, 12, 99
ドイツ亡命関連資料館 Deutsches Exilarchiv 48
ドイツ歴史研究所 Deutsches Historisches Institut 65
『ドイツ歴史蔵書ハンドブック』 Handbuch der historischen Buchbestände in Deutschland 121, 122
『ドイツ歴史蔵書ハンドブック・ヨーロッパ版』 Handbuch deutscher historischer Buchbestände in Europa 122
ドイツ連邦公務員給与規定 Bundesangestelltentarif (BAT) 83
統一条約 Einigungsvertrag 30
統一図書館 Einheitsbücherei 23, 68
ドキュメンタリスト Dokumentar 81, 82, 101
読書基金 Stiftung Lesen 40
読書推進 Leseförderung 25, 40, 67, 70, 72, 73, 76, 98, 128
特定の利用者のための図書館活動 Zielgruppenorientierte Bibliotheksarbeit 78
特別収集領域 Sondersammelgebiet 24, 27, 49, 52, 58, 60, 105, 108-111, 124, 138
特別利用者 Besondere Benutzergruppen 77
図書館'93 Bibliotheken '93 106
図書館2007 Bibliothek 2007 12, 99

図書館アシスタント Assistent an Bibliotheken 34
図書館アシスタント・図書館従業員協会 Bundesverein der Assistent/innen und anderer Mitarbeiter/innen an Bibliotheken e.V. (BBA) 93
図書館インデックス Bibliotheksindex (BIX) 93
図書館員・図書館アシスタント協会 Verein der Bibliothekare und Assistenten e.V. (VBA) 93
図書館情報学研究所（フンボルト大学） Institut für Bibliotheks- und Informationswissenschaft (HU Berlin) 85, 86
図書館学校 Bibliotheksschule 84, 85
『図書館が良い21の理由』 21 gute Gründe für gute Bibliotheken 9, 89
図書館局 Staatliche Büchereistelle 71
図書館計画'73 Bibliotheksplan `73 24, 88, 106
図書館購買センター ekz-Bibliotheksservice GmbH (ekz) 74, 87, 88, 95, 97, 112
『図書館サービス』 Bibliotheksdienst 28, 89
図書館支援センター・サーバ Fachstellen-Server 72
図書館情報学研修センター Zentrum für Bibliotheks- und Informationswissenschaftliche Weiterbildung 87
図書館情報学修士号 Master of Library and Information Science (MALIS) 85
図書館情報教育と研究のための欧州協会 European Association for Library and Information Education and Research (EUCLID) 91
図書館・資料館・博物館ポータル BAM-Portal 117
図書館センター Büchereizentrale 32, 44, 71
図書館庁 Bibliotheksentwicklungsagentur (BEA) 99
図書館・ドキュメンテーション規格委員会 Normenausschuss Bibliotheks- und Dokumen-

tationswesen (NABD) 93
図書館と情報インターナショナル　Bibliothek & Information International (BII) 89, 102
図書館のための機械的交換フォーマット　Maschinelles Austauschformat für Bibliotheken (MAB) 114
図書館の日　Tag der Bibliotheken 92
図書館法　Bibliotheksgesetz 8, 12, 30, 89
「図書館ポータル」(knb のホームページ) Bibliotheksportal des knb 28, 93, 104
図書館割引　Bibliotheksrabatt 42

[な行]
中打ち　Papierspaltung 49
ナショナル・ライセンス　Nationallizenz 60, 109, 110, 126
二層の図書館システム　Zweischichtiges Bibliothekssystem 59, 60, 110
納本を受ける権利　Pflichtexemplarrecht 47, 55-57, 68, 111, 139
ノルトライン＝ヴェストファーレン州図書館協会　Verband der Bibliotheken des Landes Nordrhein-Westfalen e.V. (vbnw) 90

[は行]
灰色文献　Graues Schrifttum 53, 62, 63
ハイブリッド図書館　Hybride Bibliothek 135, 137
バルト海図書館　Bibliotheca Baltica 107
ハンブルク公共図書館財団　Stiftung Bücherhallen Hamburg 46
美術工芸品貸出センター　Artothek　口絵 4, 67, 69, 123
ビブリオ 2　BIBLIO 2　107
標準化委員会　Standardisierungsausschuss 115
ブライユ点字　Braille-Punktschrift 77
フラウンホーファー協会　Fraunhofer-Gesellschaft 43
フランクフルト・ブックフェア　Internationale Frankfurter Buchmesse 41, 101

フランケ財団　Franckesche Stiftungen 26, 44, 57, 58
プロイセン総合目録　Preußischer Gesamtcatalog 21
プロイセン文化財団　Stiftung Preußischer Kulturbesitz 16, 44, 50
プロイセン目録規則　PI = Preußische Instruktionen = Instruktionen für die alphabetischen Kataloge 21
文化委員会　Kulturausschuss 32
文化主権　Kulturhoheit 30, 33, 39, 43
文化的自治　Kulturautonomie 30, 87
フンボルト大学　Humboldt-Universität 26, 59, 85-87
ペイ・パー・ビュー　Pay-per-view 54, 80, 120
ヘルツ図書館　Bibliotheca Hertziana (Rom) 65
ヘルマン・フォン・ヘルムホルツ・ドイツ協会　Hermann von Helmholtz-Gemeinschaft 43
ベルリン・ブランデンブルク協力図書館ネットワーク　KOBV = Kooperativer Bibliotheksverbund Berlin-Brandenburg 116
ベルリン目録　Berliner Titeldrucke 21
ボローニャ・プロセス　Bologna-Prozess 8, 13, 38, 40
ボロメーウス協会　Borromäusverein (BV) 23, 73

[ま行]
マックス・プランク協会　Max-Planck-Gesellschaft 43
マックス・プランク研究所　Max-Planck-Institut 65
ミュンヘン・デジタル化センター　Münchener Digitalisierungszentrum (MDZ) 52, 138
民衆図書館　Volksbücherei 23-24
メディア・情報サービス専門員　Fachangestellter für Medien- und Informationsdienste (FAMI) 35, 81, 84, 86, 94

メディアリテラシー　Medienkompetenz　35, 67, 73, 75, 77, 136, 137
文字文化財保護連盟　Allianz zur Erhaltung des schriftlichen Kulturguts　137

[や行]

ヤングアダルト図書館　Jugendbibliothek　69, 73, 74, 91, 97
ユネスコ学校図書館宣言「すべての者の教育と学習のための学校図書館」UNESCO-Manifest Lehren und Lernen mit der Schulbibliothek　75
ヨハネス・グーテンベルク　Gutenberg, Johannes　18, 45, 140

[ら・わ行]

ライプニッツ学術連合　Wissenschaftsgemeinschaft Gottfried Wilhelm Leibniz (WGL)　31, 43, 80
ライブラリー・オブ・ザ・イヤー　Bibliothek des Jahres　64, 72, 78, 92, 105, 113
ライン川上流域ヨーロッパ大学連合　EUCOR　107
ラインハルト・モーン　Mohn, Reinhard　97
リポート　Report　53, 64
リンクト・オープン・データ・システム　Linked Open Data-System　140
レビューアー　BIB-Rezensent　112, 113
連邦教育研究省　Bundesministerium für Bildung und Forschung (BMBF)　31
連邦教育促進法　Bundesausbildungsförderungsgesetz (BAfög)　37
連邦政府文化・メディア担当部　Beauftragter der Bundesregierung für Kultur und Medien (BKM)　31, 43, 89, 90
連邦統計局　Statistisches Bundesamt　33, 63
労働組合図書館　Gewerkschaftsbibliothek　28
路線論争　Richtungsstreit　23
ワン・パーソン・ライブラリー　One Person Library (OPL)　63, 94

■写真一覧（著作権者）

口絵1上：ウルム市立図書館（M. Wacker StB Ulm）
口絵1中：コットブス・ブランデンブルク工科大学情報・コミュニケーション・資料センター（R. Schuster）
口絵1下：ドルトムント市立・州立図書館（J. Feist, ekz）
口絵2上：アンナ・アマーリア公妃図書館研究センター（U. Schwarz, Klassik Stiftung Weimar）
口絵2中：ドイツ連邦議会図書館（J.F. Muller, Bundestagsbibliothek）
口絵2下：グリム兄弟センター（M. Bulaty）
口絵3上：アウグスト公爵図書館（Herzog August Bibliothek）
口絵3下：アンナ・アマーリア公妃図書館（Herzogin Anna Amalia Bibliothek）
口絵4上：ベルリン自由大学文献学図書館（P. v. Recklinghausen）
口絵4中：ビベラハ・アン・デア・リス市立図書館（J. Seefeldt）
口絵4下：アウグスブルク市立図書館（J. Schambeck）

7：クラウディア・ルクス（T. Deussen）
11：バーバラ・リゾン（B. Lison）
15：円形古写本（ヒルデスハイム大聖堂図書館）（L. Engelhardt）
16：『ハインリヒ獅子公の福音書』（アウグスト公爵図書館）（HAB）
17上：『世界年代記』（ホーエンツォレルン侯宮廷図書館）（C. Seelbach）
17下：『ベルトルト祈祷書』（ヴュルテンベルク州立図書館）（Wurtt. LB）
18：オットーボイレン・ベネディクト会修道院図書館（C. Seelbach）
19上：ベルリン国立図書館（SBB PK, Wikipedia）
19下：バンベルク州立図書館（C. Seelbach）
20上下：ハレ大学・州立図書館（ULB Halle）
21：帝国議会図書館（Bildarchiv Preus. Kulturbesitz, Berlin）
22上：ドイチェ・ビューヒェライ（Appaloosa, Wikipedia）
22下：ハンザ都市リューベック図書館（J. Fligge）
24：ポツダム市立・州立図書館（C. Seelbach）
25：メルカトルとホンディウスの世界地図（ベルリン国立図書館）（Staatsbibliothek zu Berlin）
26：ライプツィヒ大学図書館（Fa. Ahrend-Mauser）
27：エアフルト・ゴータ大学研究図書館（S. Muller-Naumann）
37：ボーフム総合大学図書館（Universitat Bochum, Wikipedia）
38：アイヒシュテット大学図書館インゴルシュタット経済学分館（C. Seelbach）
41：カールスルーエの書店（BLB, B. Ehlig）
44：アイヒシュテット・カトリック大学中央図書館（C. Seelbach）
45：レーゲンスブルク・トゥルン＝ウント＝タクシス侯爵宮殿図書館（L.W. Splitta, Furst Thurn und Taxis Zentralarchiv）
47：ドイツ国立図書館フランクフルト館（St. Jockel, DNB）
48：ドイツ音楽資料館のあるドイツ国立図書館ライプツィヒ館（B. Kaiser, DNB）
50：ベルリン国立図書館第2館（C. Seelbach）
52：バイエルン国立図書館（BSB München）
53：ドイツ医学中央図書館（ZBMED）
54：ドイツ経済学中央図書館（L. Roth, ZBW）
55上：アウリヒ地域図書館（C. Seelbach）
55下：オルデンブルク州立図書館（C. Seelbach）
56：ライプニッツの計算機（Gottfried Wilhelm Leibniz Bibliothek – Niedersachsische Landesbibliothek Hannover）
57上：アウグスブルク州立・市立図書館（C. Seelbach）
57下：フランケ財団図書館（W. Ziegler）
59上：歴史図書館（ミュンヘン大学図書館）（J. Feist, ekz）
59下：ヴァルター・フォン・デア・フォーゲ

ルヴァイデの『マネッセ写本』（Lossen, UB Heidelberg）
60：カールスルーエ工科学院図書館（Th. Mechau）
63：フリードリヒ・シラー，フランツ・カフカ，ギュンター・グラスの手紙（ドイツ文学資料館）（DLA, Marbach）
64：ヨハネス・ア・ラスコ図書館（T. Riehle）
66：ランダウ市立図書館（J. Feist, ekz）
69 上：コブレンツ市立図書館の移動図書館（J. Seefeldt）
69 下：フランクフルト・アム・マイン市立図書館の移動図書館（StB Frankfurt a.M.）
72：ハム市立中央図書館（Stadt Hamm）
73 上：ヴェスターシュテーデ市立図書館（J. Feist, ekz）
73 下：ベルンブルク・アン・デア・ザーレ市立図書館（J. Feist, ekz）
74 上：国際児童図書館（C. Seelbach）
74 下：ブレーメン市立図書館（StB Bremen）
76：CJDクリストフォルス学校情報館自習センター（CJD Chr. Schule Konigswinter）
79：ヴァッカー化学株式会社企業内一般図書館（Wacker AG）
81：デュッセルドルフ市立図書館（ekz, Reutlingen）
83：ドイツ国立図書館フランクフルト館（C. Seelbach）
92：ハルバーシュタット市立「ハインリヒ・ハイネ」図書館（J. Feist, ekz）
97：図書館購買センターの全自動コーティング機（ekz）
98：ギュータースロー市立図書館（C. Seelbach）
100：ゲーテ・インスティトゥートのジャカルタ図書館（Goethe-Institut Jakarta）
105：ニーダーザクセン州立・ゲッティンゲン大学図書館（SUB Gottingen）
106：ベルリン国立図書館第2館（C. Seelbach）
107：バーデン州立図書館（C. Seelbach）
109 上：ザクセン州立図書館＝ドレスデン州立・大学図書館（M. Weimar）
109 下：ザクセン州立図書館＝ドレスデン州立・大学図書館（H. Ahlers）
110：テュービンゲン大学図書館（C. Seelbach）
113：ヴュルツブルク市立図書館（C. Seelbach）
122：アモールバッハ・ベネディクト会修道院図書館（C. Seelbach）
123：ヴュルテンベルク州立図書館（J. Siener, WLB）
125：ハノーファー大学＝技術情報図書館（TIB）
126：フリードリヒスハーフェン市立図書館の湖畔メディア館K42（J. Seefeldt）
128：メクレンブルク＝フォアポンメルン州立図書館（Kummer）
129：コンラート・ヴォルフ映画テレビ大学図書館（HS Potsdam-B.）
130：ネッカースウルム・メディア館（D. Strauss）
131：テューリンゲン大学・州立図書館（P. Scheene, Universitat Jena）
133：レーゲンスブルク大学図書館（K. Hoibl）
134：ノイファールン図書館（J. Feist, ekz）
137：書籍保護センター（C. Seelbach）
138：ミュンヘン・デジタル化センター（MDZ）
141：ゲッティンゲン・デジタル化センターのグーテンベルク聖書の電子版（GDZ）
著者紹介：ユルゲン・ゼーフェルト
著者紹介：ルートガー・ジュレ（B. Ehlig）

表紙上左：ドイツ国立図書館ライプツィヒ館（Klaus- D. Sonntag）
表紙上中：ウルム市立図書館（M.Duckek, 89075 Ulm, Germany）
表紙上右：バイエルン国立図書館（Bayerische Staatsbibliothek）
表紙下左：コットブス・ブランデンブルク工科大学情報・コミュニケーション・資料センター（Ralf Schuster）
表紙下中：ザクセン州立図書館＝ドレスデン州立・大学図書館（H. Ahlers）
表紙下右：ケルン市立図書館（Stadtbibliothek Köln）

■著者・訳者紹介■

ユルゲン・ゼーフェルト（1953 年生まれ）
ケルンで公共図書館制度を学ぶ。ハム市立図書館やドルトムントのヴェストファーフェン・合同発電所専門図書館で司書として勤務した後，1975 年から 85 年までヘルネ市立図書館の部局長代理，1989 年から 91 年までウナ郡立図書館長，1999 年から 2004 年までコブレンツにあるラインラント＝プファルツ州図書館支援センター長を務める。2004 年からラインラント＝プファルツ州立図書館センターの館長，ケルン専門図書館とボンの行政専門大学（FHÖV）で教鞭を取る。1995 年から 98 年まで図書館専門誌『BuB』の共同編集者。1989 年から 2001 年まで dbv 理事。1998 年から dbv ラインラント＝プファルツ州支部事務局長。著書に，『公共図書館の娯楽文学』（共著），『ドイツの図書館　過去・現在・未来』（共著，日本図書館協会より 2008 年に邦訳），『ドイツの図書館と情報社会入門』など多数。

ルートガー・ジュレ（1953 年生まれ）
フライブルクで歴史とドイツ学を学ぶ。ミュンヘンとテュービンゲンで東欧史博士号取得。テュービンゲンとケルンで学術図書館司書課程を終える。1987 年から，カールスルーエにあるバーデン州立図書館に勤務。歴史分野のサブジェクトライブラリアン，バーデン＝ヴュルテンベルク州立目録編集者，技術部長。カールスルーエ大学，マンハイム大学で教鞭を取る。1992 年から 2002 年までの間に，VDB の理事を 2 年，委員を 8 年，またバーデン＝ヴュルテンベルク州支部長を 7 年務める。地域目録や遺稿についての ZfBB の特別号の編集を手掛けるなど，著作多数。

伊藤　白（いとう　ましろ）
2005 年京都大学大学院文学研究科博士後期課程単位認定退学。2005 年より国立国会図書館勤務。2008 年京都大学文学博士号（ドイツ文学）取得。

ドイツ図書館入門―過去と未来への入り口

2011年11月10日　初版第1刷発行©
定　価：本体2600円（税別）

著　者：ユルゲン・ゼーフェルト，ルートガー・ジュレ
訳　者：伊藤　白
発行者：㈳日本図書館協会
　　　　〒104-0033　東京都中央区新川1-11-14
　　　　Tel 03-3523-0811㈹　Fax 03-3523-0841
印刷所：㈲吉田製本工房　㈲マーリンクレイン　　Printed in Japan
JLA201117　ISBN978-4-8204-1111-6
本文用紙は中性紙を使用しています。